历史社会学文库

反求诸己

历史社会科学的实践方法论

罗祎楠　著

图书在版编目(CIP)数据

反求诸己:历史社会科学的实践方法论/罗祎楠著. —北京:商务印书馆, 2024.5(2025.3重印)
(历史社会学文库)
ISBN 978-7-100-23503-7

Ⅰ.①反… Ⅱ.①罗… Ⅲ.①历史社会学-研究 Ⅳ.①K03

中国国家版本馆CIP数据核字(2024)第052900号

历史社会学文库
反求诸己
历史社会科学的实践方法论
罗祎楠 著

商 务 印 书 馆 出 版
(北京王府井大街36号 邮政编码 100710)
商 务 印 书 馆 发 行
南京鸿图印务有限公司印刷
ISBN 978-7-100-23503-7

2024年5月第1版　　开本 889×1194 1/32
2025年3月第2次印刷　　印张 11 1/2

定价：66.00元

本书受

教育部人文社会科学研究一般项目

“国家治理制度能力的历史社会科学分析研究”(22YJAZH076)

与北京大学文科创新项目

“百年未有之大变局与人类制度文明的新旧形态”

资助出版

目　录

引　言　理解我们的时代：社会科学“历史转向”的兴起

如果说，学术研究是学者理解世界的方式，那么本书希望回答：作为研究者的“我们”，如何通过对“历史”的多重感受来理解自身所处的时代？换言之，如果我们不再只是将历史视为所谓的客观“研究对象”，那么又该如何在自身认识世界的实践中扩展“历史”的意涵，进而从历史世界中探寻理解我们时代更加丰富的可能性？本书将“我们”认识世界的实践方式纳入反观与分析，探索如何在“反求诸己”的精神生活中，将“历史”与“时代”沟通起来。

任何学术作品都必然生长于其所处的时代之中。我们的问题意识源于中国社会科学“历史转向”这一大的学术脉络。所谓“历史转向”，并不只是将研究素材从现代扩展到历史，也并不只是搞清楚某些具体历史风物的特点。“历史转向”蕴含着思维方式的整体性变化。此种学术思潮自21世纪初开始，在中国社会学、政治学、历史学、哲学等领域逐渐扩展，与人文社会科学熟悉的“当下主义”(presentism)思维方式构成实质性对话。以实证科学①为代表

① 本书中的“实证思维”特指英文中的实证主义(positivism)研究路径。此种思维将历史社会科学研究视为从历史资料中寻找数据或者证据，构建或检验不同“实体-属性”之间的因果关系。参见 Isaac A. Reed, *Interpretation and Social Knowledge: On the Use of Theory in the Human Sciences*, Chicago: The University of Chicago Press, 2011, pp. 5-6。在中文学术语境中，“实证研究”具有宽泛的意涵和研究传统，这远比（转下页）

的“当下主义”思维相信,所谓“社会科学研究”,乃是按照科学方法流程识别出“研究对象”世界的“客观规律”,历史被视为证明客观规律的素材库。与此不同,“历史转向”则意味着理解世界方式的改变:在历史感受中获得理解我们时代的更多可能性。

此种“历史思维”与传统中国学术之“经世”思想内在相通。南宋经世史学家吕祖谦就曾言:“观史如身在其中,见事之利害、时之祸患,必掩卷自思,我遇此等事当作何处之。如此观史,学问亦可以进,智识亦可以高,方为有益。”①吕祖谦从“事”与“时”的高度“观史”。“观史”者将自身融于所观之史中,他们对历史的感受塑造了理解自身时代问题的依据。吕祖谦相信,在“观史”中可以不断累积智识,这才是“为学”的根本。“经世”之学绵延千年,深刻影响了中国士人的治学价值。

奠定21世纪中国社会科学“历史转向”思想基础的作品是费孝通先生在2003年发表的《试谈扩展社会学的传统界限》。费先生超越同代学者对社会科学的惯常认识,提出社会科学的根本任务在于:“充分认识这种历史荣辱兴衰的大轮回”,从“总体上”把握这一巨大变局的时代。要达成对时代整体性的理解,需要学者打

(接上页)positivism的意义更加丰富。如徐勇等学者强调,实证研究的特点在于,一切从事实出发,通过充分的调查研究获得对历史、田野事实的了解,并以对“事实”的体会(而非只是测量)为基础,构建中国特色的历史社会科学理论。这种基于对事实深入理解和体会的研究方式正是本书的出发点。关于中国特色实证研究的讨论,参见徐勇:《实证思维通道下对“祖赋人权”命题的扩展认识——基于方法论的探讨》,《探索与争鸣》2018年第9期;风笑天:《社会调查中的问卷设计(第三版)》,中国人民大学出版社2014年版,第19页。

① 吕祖谦:《东莱史说》,载王梓材、冯云濠编撰:《宋元学案补遗》卷51《东莱学案补遗》,沈芝盈、梁运华点校,中华书局2012年版,第2991页。

开方法论的格局，重新思考到底应当“如何”领悟自身所处的时代。正如费先生所言，新的方法要求学者“能够‘心有灵犀’，充分‘领悟’这个时代的‘言外之意’”①。

费先生这里所谈的“心有灵犀”“领悟”“言外之意”，指的正是社会科学方法论。② 他明确将新的方法论与主流实证主义“科学方法”区别开来：“它不是我们今天实证主义传统下的那些‘可测量化’、‘概念化’、‘逻辑关系’、‘因果关系’、‘假设检验’等标准，而是用‘心’和‘神’去‘领会’，这种认识论的范畴，不仅仅是文学的修辞法的问题，它就是切切实实生活中的工作方法。”③

所谓“实证研究方法”，就是研究者将观察转化为测量概念的数据，通过实验、统计或控制性比较等操作规程，识别概念间的因果关系。后续研究又可以进一步收集数据或证据，以此证实或证伪已有的关于“客观”因果关系的中层理论。研究者相信自己“超然置身事外”，保持所谓的“价值中立”和“客观性”。他们对历史的感受却是单一的：历史被“冻结”④成证据、数据库，它被隔绝于研究者理解世界的主体过程。“当下主义”思维模式使研究者难以感受到“历史”在研究过程中的丰富意涵。

---

① 费孝通：《试谈扩展社会学的传统界限》，《北京大学学报》（哲学社会科学版）2003 年第 3 期，第 16 页。

② 有学者注意到费孝通的乡土研究的实践方法论特点，即“作为方法的乡土”问题。参见陈占江：《作为方法的乡土——以费孝通著述为中心》，《社会学研究》2023 年第 4 期，第 74 页。

③ 费孝通：《试谈扩展社会学的传统界限》，《北京大学学报》（哲学社会科学版）2003 年第 3 期，第 13 页。

④ 小威廉・H. 休厄尔：《历史的逻辑：社会理论与社会转型》，朱联璧、费滢译，上海人民出版社 2021 年版，第 90 页。

费孝通谈到的“领悟”等方式与“当下主义”思维有着根本的不同,研究者“历史感受”的丰富主体世界向我们敞开。研究的过程并不只是“旁观者”用“纯客观”“中立”的方式“观察”眼前的世界,而是研究者“‘修身’以达到‘经世济民’的过程”。在这样的历程中,“历史”乃是研究者“修身”这一主体活动的一部分。从“经世”的角度看,没有可以脱离于历史的纯粹客观中立的人。我们关于过去、现在与未来的体验融会贯通,塑造了对当前时代的理解。

受到费先生的启发,许多学者开始将“当下主义”重新置于历史感的“反观”之中。转向历史的过程,并不是研究者个体孤立的“我思”。在对共同论题的思考中,“历史转向”开始成为学者共同努力的方向,跨学科的学术共同体认同逐渐形成。仅在近十多年间涌现出的话题就包括如本土化、乡土研究、历史政治学、重返经验的哲学史等。贯穿这些话题的共同问题意识在于历史思维与“当下主义”的根本差异。[①] 对话与争论也推动了学术共同体的分化与整合。不同学科都开始思考自身研究与“历史”的关系,出现了“历史意识”的集体觉醒。在社会学领域,2012 年 11 月中国社会科学杂志社哲学社会科学部与上海大学社会学院召开的“中国社会变迁与社会学前沿:社会学的历史视野”学术会议,标志着“历史转向”成为跨学科学者的集体问题意识。在政治学领域,田野政治学与历

① 叶启政:《社会理论的本土化建构》,北京大学出版社 2006 年版;渠敬东:《破除“方法主义”迷信:中国学术自立的出路》,《文化纵横》2016 年第 2 期;应星:《评村民自治研究的新取向——以〈选举事件与村庄政治〉为例》,《社会学研究》2005 年第 1 期;谢宇:《走出中国社会学本土化讨论的误区》,《社会学研究》2018 年第 2 期;赵吉、徐勇、杨阳等:《回归还是创新:历史政治学的共识与反思》,《探索与争鸣》2022 年第 8 期;程乐松:《重返经验的可能性——中国哲学的哲学史底色及其反思》,《中国社会科学》2023 年第 10 期。

史政治学两大学术共同体在近十年逐渐兴起。① 在历史学领域，历史阐释流派关注如何超越客观主义与相对主义史学研究的束缚，揭示历史学者认识历史的真实过程。② 在哲学领域，学者思考如何回到“知行”本身，探索中国传统实践哲学的意义。③ 不同流派观点各异，但都朝向共同的问题意识，那就是如何超越惯常认识的束缚，从历史中获得对自身时代之势的感受与理解。具体来说，学者们沿着“回归传统”与“文明互鉴”两种路径展开探索。

在第一种路径中，学者将目光投向中国自身的文化传统之中，从中获得理论启发，理解当下中国人行动所蕴含的“活着”的传统。回归传统源于对“当下主义”思维局限的认识。比如，周飞舟反思了社会学通行的实证调查问卷设计的基本方式。他意识到，当研究者选择年龄、性别、家庭规模、收入等变量解释农民工流动问题时：

> 支撑这些解释的，是从后门“偷偷”溜进来的研究者本人对行动者（农民工）的行动价值和意义的理解，实际上构成了对行动的深层意义上的解释：农民工之所以如此这般流动，是为了追求更高的收入，也就是说行动受到利益的驱动和支配。④

---

① 杨光斌：《什么是历史政治学？》，《中国政治学》2019年第2期；徐勇：《田野政治学的核心概念建构：路径、特性与贡献》，《中国社会科学评价》2021年第1期。

② 李红岩：《从阐释学到历史阐释学：何为历史的“正用”》，《探索与争鸣》2020年第11期；晁天义：《阐释学对历史研究的启示》，《史学理论研究》2020年第3期。

③ 赵汀阳：《形成本源问题的存在论事件》，《哲学研究》2021年第12期；程乐松：《重返经验的可能性——中国哲学的哲学史底色及其反思》，《中国社会科学》2023年第10期。

④ 周飞舟：《行动伦理与“关系社会”——社会学中国化的路径》，《社会学研究》2018年第1期，第49页。

周飞舟揭示出,如果把研究者自身如何理解世界也纳入分析,那么就会看到一层未被自己言明,实际上却引导着研究行动的信仰。研究者相信研究对象一定是持守个体主义、精打细算的行动者。叶启政提出,这种信仰并不是凭空而来的,它在某种西方世俗伦理传统中生成出来,并随着各种知识传播的社会媒介,最终成为我们头脑中不加以自觉的常识。①

周飞舟看到,当我们延续这种常识性的分析框架去理解社会行动者的精神世界时,就会出现很大的偏差。要弥补这种偏离,就需要研究者回到自身所处的历史传统中思考研究方法问题。他们应当避免运用某些变异传播后的西方社会理论常识来生硬地分析中国实际,而"能够'设身处地'地站在行动者的立场,就要进入行动者的'精神世界'"。"进入精神世界"并不是要研究者如同考古一般发掘对象的全部"客观"历史信息,而是通过特定"文化传统"赋予的思想资源来理解研究对象。② 文化传统如同透镜,引导着身处其中的我们看到特定的现实。研究者需要自觉地寻找到更好的透镜,而不是被常识的黑布遮蔽了双眼。他们要对自己身处其中以至于"日用而不知"的文化传统保持自觉反观。③ 他们需要走出"习焉而不察"的状态,反思自己和研究对象到底如何受到中国传统潜移默化的影响。只有如此,才能寻找到理解当下现实的"棱

① 叶启政:《社会理论的本土化建构》,北京大学出版社2006年版,第108页。

② 周飞舟:《行动伦理与"关系社会"——社会学中国化的路径》,《社会学研究》2018年第1期,第42页;翟学伟:《仁、义、礼的道德框架及其实践限制——知识社会学的考察》,《社会学研究》2024年第2期。

③ 周飞舟:《行动伦理与"关系社会"——社会学中国化的路径》,《社会学研究》2018年第1期,第52页。

镜”——中国文化中那些“‘活着’的传统”。[①] 传统之所以“活着”，是因为我们对自身时代的理解必然要通过对传统的感受建立起来。“传统”与“当代”并非截然二分的概念范畴。二者融会贯通于我们理解自身时代的认识实践之中，彼此成就、相互塑造。传统使“当代”对于我们而言具有意义，我们对于当代的理解也意味着重新看待传统的意涵。

比如，在实际的田野工作中，对历史传统的自觉，就可以引导研究者看到更深层次的社会现实。有学者在对拆迁的研究中，偶然听到拆迁户谈到“亲情比钱重要”。在理解这句话时，研究者如果对中国传统文化中的“差序格局”有自觉的理解，就可以解读出这句话中蕴含的多层社会事实。这句话所反映的，并不仅是拆迁户的利益博弈，其还蕴含着“差序格局”中以“亲亲”为主的观念。[②] 可见，如果研究者想要自觉地将这些连当事人都难以意识到的思维方式映照出来，就需要重新领会传统典籍中的表述，将其视为理解当下田野事实的“社会学理论”。

所谓“文化传统”，自然还包括“中国共产主义文明”，即“共产党在革命时期建立起来的独特的政治文化”[③]。在应星等学者看来，这一传统由“经史”的维度构造而成。在“经”的维度，“中国共产党基本纲领、理念、路线、政策和政治文化的核心文本”构成了经典的基本范围。经典的作用在于提出并系统阐述重要的理论视

---

① 周飞舟：《行动伦理与“关系社会”——社会学中国化的路径》，《社会学研究》2018 年第 1 期，第 51—52 页。

② 周飞舟：《行动伦理与“关系社会”——社会学中国化的路径》，《社会学研究》2018 年第 1 期，第 57 页。

③ 应星：《“把革命带回来”：社会学新视野的拓展》，《社会》2016 年第 4 期，第 1 页。

角,如“阶级斗争”“民主集中制”“群众路线”“人民战争”等。[①] 通过对这些理论自身意涵和发展脉络的理解,研究者可以获得整全的理论视野。他们以新的视野将历史中分散的微观事件整合起来,形成对历史大势变化的整体把握。当下的社会也就具有了新的意义:研究者可以将其看作历史变化之势中的一个节点。应星有意识地将此研究方式与“实证史学”区分开来。历史实证方法对形形色色的史实展开考证,却依然将历史与当前时代的血脉隔断。应星对共产主义文明的研究,就是要重新打通这种联系,通过对“经史互构”过程的细致剖析,揭示波澜壮阔的革命历史如何依然潜移默化地雕刻着我们时代的精神气质。

第二种路径源于对“西学”的重新反思。学者在中国问题意识的引导下,将西学重新激活,从“跨文明”的历史比较中获得理解我们时代大势的敏锐感受。正如渠敬东所论,中国时代之人势乃是“悠久历史沉淀而成的社会实在、具体实践所发生的创造性经验,以及在面向世界的时代里所遭遇的大问题和大挑战”[②]。要想把握这一大势,仅靠移植概念、测量检验中层理论是不够的,需要在文明的层次把握当代中国变革的大节。“文明”乃是历史长期形成的精神与社会生活形态。此种形态并不是固化的,而是充满主客体辩证运动的历史存在形态。文明内部的矛盾张力赋予身处其中的人们以具体生活境遇。文明中人因境遇而生感受,因感受而述理论。“文明”并非纯粹客体,而是被“文明中人”的思想所照亮的

---

① 应星:《“以史解经”与中国共产主义文明研究的整全性路径》,《开放时代》2021年第4期,第29—36页。

② 渠敬东:《作为文明研究的社会学》,《中国社会科学》2021年第12期,第55页。

世界图景。我们需要探究在不同文明生长的过程中，经典的思想理论家如何“从人类生活的最实在处出发”[①]，阐述自身所处世界的矛盾张力。只有如此，我们才可以从人类最优秀的思想中，获得理解我们自身所处时代的基本参照系。

“当下主义”思维将“中层理论”作为研究的全部，研究者从具体理论中摘取概念，测算历史与现实。这种思维对文明视而不见。看似精致的“科学”研究，却把我们的时代隔绝于人类文明整体发展历程之外。“文明互鉴”的视野要求学者在不同文明整体历史运动的学理思考中获得对当下生活细微处的观照，见微知著，理解我们时代在人类文明发展大势中的地位。

学者们重新审视了经典社会理论映照下的现代文明历程及其与我们时代的关系。比如，从“文明互鉴”的视野理解马克思，便会看到马克思揭示出的资本主义根本矛盾如何映照出我们时代的问题。当资本主义现代文明将整个世界纳入物质性的普遍联系时，也必然将人本身、人与人现实的关联彻底物化、平均化和抽象化。渠敬东揭示出，如果以马克思对西方现代文明的眼光审视我们的时代之势，就会看到这种趋势依然在不断强化。现代人在由数字技术建立起高度抽象的指标体系中，获得了自我意识的虚幻满足，实际上却失去了自我创生的真实动力。[②] “文明互鉴”的视野打破“传统-现代”截然二分的文明发展观。人类发展历史并非走出“落后”的古代文明、全面进入“先进”的现代文明的线性过程。现代文明并不是凭空制作出来的，不同文明在自身传统的精神生活与社

① 渠敬东：《作为文明研究的社会学》，《中国社会科学》2021年第12期，第58页。

② 渠敬东：《作为文明研究的社会学》，《中国社会科学》2021年第12期，第59页。

会结构中生长出“现代”的样子。进一步说，要想理解中国自身精神生活与社会结构成长的过程，就更需要建立对其他文明整体发展历史的深入理解。“不识庐山真面目，只缘身在此山中。”只有在诸文明的比较视野中，我们才能看清中国文明自身的生长状态及其时代命运。我们从其他文明中获得的历史感受正是映照我们自身时代的光源。比如，韦伯（Max Weber）关于儒教与资本主义关系的思想可以激发关于中国时代的问题意识。我们可以这样发问：在国际化与资本逻辑的冲击中，中国人的传统“理性精神”如何塑造不同于现代民族国家的发展态势？

无论是从“回归传统”还是“文明互鉴”的角度理解我们的时代，其动力都来自学者对现实经验的切身感受。当学者觉察到惯常理论所勾画的现实图景与切身感受不符时，便开始自觉回到历史中去寻找与当下感受更加契合的理论。这一过程在政治学者的研究中尤为明显。政治学者对政治理论在现实运用中的效果有着敏锐的感受。比如，近年来兴起的“历史政治学”的问题意识就源于学者感受到“现代”政治设计中的理想制度，如大众民主制等，已经在西方现代政治运行中成为“无效的民主”。这种感受推动学者反思制度设计的“前提理念”。他们发现“理性选择主义”“制度主义”等理论视角难以理解中国现实。杨光斌等提出政治学者要回到古典与革命经典传统中“重述政治学的基础概念”①。新的概念不仅可以引导学者从古今一体的角度看待当今时代，而且可以克服“前提理念”脱离于现实的缺陷，掌握具有科学解释力和改造社

① 杨光斌：《政治学方法论与历史观问题》，《政治学研究》2023年第5期，第166页。

会现实效力的理论武器。

再比如,在对华南等地农村的田野调查中,徐勇等田野政治学者切身观察到了不同于土地承包基本原则的反常现象。他们看到当地出现了“增人就增地,减人就减地”的情况。[①] 他们还发现,当地农民经常将这类随人口而变的土地调整过程与“同一祖宗”联系在一起。这些反常现象推动学者深入探究地区历史,寻找解释问题的理论视角。他们将田野体会与中国历史经典中出现的“天经地义”“理一分殊”等思维方式契合起来,建立了对农民行动理性的新理解。[②] 他们发现,华南农村出现的以人口为中心、以祖宗认同为纽带的土地经营行动,其背后有着独特的理性基础:农民将共同生活的血源宗族作为理解自身行动合理性的本体依据,认定个人生命活动来源于与自己具有血缘关系的祖先。在华南等宗族聚居的村落中,这种认同维系着血缘共同体的基本自治方式:宗族成员敬奉祖先并赋予其神圣地位,相信祖先赋予后人生命、资格、地位、权利和责任。徐勇将其称为“祖赋人权”。通过祖赋人权的理论视角,就可以理解上述田野中的各种反常现象。徐勇进一步将这种理解扩大到对整个中国历史发展趋势的分析。他提出,当代中国的发展呈现出三个持久性变革的主旋律,那就是家户农民、内生性的政府能力和调适性的国家治理。与此同时,此种基本结构也会演生出制度黏性、官僚惰性和权力任性等变异,使中国发展出现

---

① 徐勇:《实证思维通道下对“祖赋人权”命题的扩展认识——基于方法论的探讨》,《探索与争鸣》2018 年第 9 期,第 43 页。

② 徐勇:《祖赋人权:源于血缘理性的本体建构原则》,《中国社会科学》2018 年第 1 期,第 115—116 页。

“周期式变动”的历史副线。①

如何将切身的不契合感“理性化”为对整个时代的理解，这是学者探究的问题。赵鼎新认为，现实与理论间的“不契合”中蕴含着研究者正在经历的时代转变。他提出“道家时间观”来分析这个过程：“任何性质的社会组织、思想和制度，随着它的日益强大，削弱其力量的社会机制也会变得越来越重要。”②在这种内在矛盾的推动下，原本占据支配地位的社会观念退化为边缘观念，而原本的边缘观念则开始上升至支配地位。具体来说，当某些观念在社会上获得优势时，追随者会不遗余力地在思想和实践层面扩大其影响。但是这么做反而出现负效果，这些原本被普遍接受的“常识”观念与复杂现实间的龃龉也愈发显露出来。当这种负面反馈不断出现时，反而使越来越多的社会成员感受到其他社会观念的吸引力。身处此社会过程中的研究者需要对与多数人常识相左的观念保持敏感，从中透视出“中心-边缘”观念相互转化的几变，重新理解历史变化的整体问题。③ 在“道家时间观”中，新旧社会制度与观念的转化运动构成了时代之势。大到国际意识形态的盛衰转换，小到某一学术观念如何从颇受欢迎转变为被学术群体抛弃，学者需要对主流理论的局限性保持敏锐，思考其背后可能蕴含的时代思想之变。

在上述研究过程中，学者在切身现实体验的推动下，超越单一

① 徐勇：《历史延续性视角下的中国道路》，《中国社会科学》2016年第7期，第4页。

② 赵鼎新：《从美国实用主义社会科学到中国特色社会科学——哲学和方法论基础探究》，《社会学研究》2018年第1期，第34页。

③ 赵鼎新：《质性社会学研究的差异性发问和发问艺术》，《社会学研究》2021年第5期，第113—134页。

常识的束缚，不断体验真切的历史感受，并将其推及对当今时代大势的理解。历史思维承认时代连续性，我们必须从过往的历史中获得对当下的理解。秉持历史思维的学者同样相信自身在理解时代问题上的无尽创造性：我们以新的切身经历激活不同的历史感受，超越同时代之人的常识之见，建立对我们时代问题新的理解。

“回归传统”与“文明互鉴”的研究路径都回答了研究者可以秉持“何种”历史感看待时代问题。本书将沿着这一基本思维继续探究，回答更深层次的“方法论”问题：作为研究者的“我们”，该“如何”将历史感与我们对时代的理解连接起来？“反求诸己”便是达成此种认识实践自觉的根本路径。所谓“反求”是不断自觉地将自身认识世界的过程纳入反观与分析，“己”则是因“反求”而呈现出的实践主体性。

费先生在《试谈扩展社会学的传统界限》一文中，已经初步阐述了“反求诸己”的研究取向。作者心中的“己”（或“我”）乃是自觉反观自身认识实践过程的主体。[①] 费先生强调，只有对“己”之认识世界的方式实现自觉，“我们”才可以“‘心有灵犀’，充分‘领悟’这个时代的‘言外之意’”。如费先生所论，我们需要在“反求诸己”的过程中澄清若干问题：我们该如何超越研究对象口头言语表达的局限性，去“意会”社会关系中那些无声运行的“文化”？如何将对象与学术共同体作为与“己”对等的主体，“将心比心”以达成理解？如何从“我”的切身感受出发，自觉领会世界？

---

① 费孝通：《试谈扩展社会学的传统界限》，《北京大学学报》（哲学社会科学版）2003年第3期，第11页。

费先生意识到，上述问题实际构成了一个新的方法论层次。在实证主义占据统治地位的社会科学中，这种从“实践”出发的方法论层次似乎已经被学界遗忘。然而，这样的认识世界的方式，恰恰是中国传统修身经世之学的根本方法：

> （此方法）直接把“我”和世界的关系公开地“伦理化”（ethicization 或 moralization），理直气壮地把探索世界的过程本身解释为一种“修身”以达到“经世济民”的过程（而不是以旁观者的姿态“纯客观”、“中立”的“观察”），从“心”开始，通过“修、齐、治、平”这一层层“伦”的次序，由内向外推广开去，构建每个人心中的世界图景。①

此种方法与实证科学最大的区别便是对认识世界主体的“己”的自觉。研究者不再只是旁观者这般“单维度”的人，而是不断自觉地反观自身认识和改造世界过程的实践（“修身”）主体。② 正是通过“反求诸己”，研究者自觉地构建出“家国天下”大势的“世界图景”。可见，“扩展社会学的传统界限”的实质意涵恰恰在于学者需要将实践方法论纳入自觉。

本书以“反求诸己”为主题，正是探讨“历史转向”的实践方法论问题。我们的讨论聚焦四个基本维度。其一，我们如何从切身

---

① 费孝通：《试谈扩展社会学的传统界限》，《北京大学学报》（哲学社会科学版）2003 年第 3 期，第 14 页。

② 关于费孝通经世致用方法论的探讨，参见陈占江：《作为方法的乡土——以费孝通著述为中心》，《社会学研究》2023 年第 4 期，第 87 页。

经验感受出发，发现惯常认识与感受的不契合，从而意识到常识的局限性。其二，我们如何回到自身研究经历中，探究这种不契合感的来源，寻找与切身体验契合的理论，建立对研究对象新的理解。其三，我们如何在与学术共同体已有研究的比较中，说明新的理解的实质性特点。其四，我们如何将自身研究置于学术共同体公开的讨论中，为学术对话敞开大门。通过对上述问题的探讨，本书呈现出“历史”在认识世界过程中的多重意涵。“历史”不再是与“现实”区分开的“研究对象”，而是通达“现实感受”的实践主体性自觉。

具体来说，全书分为三个主要部分。在第一部分，我们从“认识实践”的视角重新梳理英语世界历史社会科学研究方法不同流派的谱系，说明它们与本书“反求诸己”方法论的差异。进而我们从“史观”与“历史质性分析”两个维度，说明实践“主体性自觉”的方法论意涵。我们只有通过对自身认识世界过程的反观与分析才能将此种意涵呈现出来。因此，这部分的讨论并不是抽象的方法说教，而是结合对“国家理论”与“政治想象”等问题的研究，说明“方法”如何成为我们理解世界的“自觉”方式。第二部分聚焦“政治现代性”这一西方社会科学经典命题。与中西学界讨论此问题的惯常思路不同，我们并没有纠结于诸如“现代性是什么”“中国历史有没有现代性”这样的问题，而是从“认识实践”的视角深入分析构造“现代性”研究的思维模式。进而，我们探讨如何超越“现代性”研究的惯常思维，以新的方式理解传统历史与我们时代的关系。第三部分聚焦“传统文化创造性转化”这一理论问题。以士大夫政治中的“天下情势”研究为例，呈现出认识实践的方法论自觉可以如何激活我们的想象力,在沟通古今的过程中,探寻理解时代问题的多样可能。

“反求诸己”是彻底直面自身研究意义的过程。此过程并非停顿于某种结论,而是指向无尽现实意义世界的研究历程。正如许茨(Alfred Schütz)所说:“无论是谁,只要他希望对各种社会科学的基本概念进行分析,他就必须心甘情愿地踏上一条充满艰辛的哲学旅途,这是因为只有从意识的最原始、最一般的特征出发,才能把社会世界的意义结构推导出来。”①

下面,我们开始这段“实践之思”的历程。

① 阿尔弗雷德・许茨:《社会世界的意义建构:理解的社会学引论》,霍桂桓译,北京师范大学出版社 2017 年版,第 15 页。

第一章 “认识实践”视域中的历史社会科学方法论谱系

引言部分交代了本书的基本问题意识及其在中文学术语境中的发展脉络。从本章开始，我们将系统呈现出历史社会科学[①]实践方法论的主要意涵。我们将在西方历史社会科学方法论“谱系”中凸显“实践方法论”的位置。本章建立的谱系与当事人自己所宣称的“方法特点”不同：“认识实践”视域聚焦对研究者“主体性”的分析，即关注研究者如何“理解”自身所经历的研究过程。[②] 本章将依次讨论历史社会科学各个重要的方法论流派，包括“实证统计”“比较历史分析”“批判实在论”“建构主义”“扎根理论”“反身性分析”。通过揭示不同流派的内在联系、比较优势与共同局限，展现出研究方法的整体图景。本章将揭示不同方法论流派如何遮蔽了自身的主体性，由此引出后面章节将要讨论的问题：历史社会科学该如何突破现有方法论思维的束缚，走向实践方法论自觉？

---

① “历史社会科学”指的是将“历史”视为社会科学研究的有机组成部分的学术实践路径。

② 英语世界将“研究”(inquiry)视为“文化”以讨论方法问题的代表作品，可参见 John R. Hall, *Cultures of Inquiry: From Epistemology to Discourse in Sociohistorical Research*, Cambridge: Cambridge University Press, 1999。

一、"实证统计"逻辑的研究实践及其困境

如何面对强大的定量统计研究传统,是历史社会科学质性研究者共同思考的问题。加里・金(Gary King)、罗伯特・基欧汉(Robert Keohane)与悉尼・维巴(Sidney Verba)共同写作的《社会科学中的研究设计》(以下简称"KKV")强调"定量"与"质性"在方法逻辑上的共同之处,发展出基于"实证统计"逻辑的质性研究方法流派。该书完整论述了此种逻辑的特点,因此被视为质性研究方法教学的经典作品。

该书认为社会科学研究的根本目的是识别出用于"推论"(inference)的因果关系。研究者"通过规范性的研究程序",从观察到的信息中推断出难以直接观察到的事实。[①] 这样的"事实"指的是,被观察事物在统计学意义上的"系统性特征",或变量间"系统性"的因果关系。在"识别"因果关系的过程中,"历史"成为被观察、测量、调查和解释的客观对象。研究者将从历史资料中得到的观察转化成变量的观察值,[②]进而依据统计原则,用观察值测算变量间的因果相关性。这些因果关系被视为"案例"的质性特点。

上述看似顺畅的操作逻辑却笼罩在一片"乌云"之下:保证实

---

① 加里・格尔茨、詹姆斯・马奥尼:《两种传承:社会科学中的定性与定量研究》,刘军译,格致出版社2016年版,第6页。

② 加里・金、罗伯特・基欧汉、悉尼・维巴:《社会科学中的研究设计(增订版)》,陈硕译,格致出版社2023年版,第48—49页。

证统计研究“科学性”的“随机抽样”方法实则无法在对“历史”的研究中实现。在经典统计思维中，世界被想象为由一个个具体的“样本”组成，这些样本可以用来测量变量之间的关系。对研究者而言，这些样本是“平齐”的，它们只是提供变量观察值的数据点。研究者可以自由操控样本，这种操控的方式便是随机抽样。随机抽样也是保证统计结果可靠的前提。尽管不同样本自有其多样特征，但是只要能够保证随机抽样，样本的内生特质就不会影响研究者对统计结果的评估。

然而，对历史的研究却需要建立在截然不同的世界观之上。KKV 意识到，研究者不可能操控被“历史性”所决定的对象：

> 在政治学科学领域的研究中……很多时候解释变量是由“自然”和“历史”赋值，并不为研究者所掌控。因此，在实际研究中，我们所能做的只是如何选取案例（或称单位、样本——引者注）和观察值。①

随机抽样在历史的世界中是行不通的。“历史”不能等同于样本总体（population），时空的流动也无法被研究者彻底分解成一个个处于不同物理时间点上的数据样本。历史案例在时空变化中的每一次观察值都是历史性的。历史的变化永远超出研究者的掌控，以至于他们的每一次测量都只能反映“案例”“变量”在某个具体时空情境中的状态。难以预料的变化“普遍存在于自然界、人类社会及

---

① 加里·金、罗伯特·基欧汉、悉尼·维巴：《社会科学中的研究设计（增订版）》，陈硕译，格致出版社 2023 年版，第 135 页。

政治领域中并且永远不可能被消除”,即使研究者“获得一份普查数据(不仅仅是一个样本)且含有所有想到的解释变量”,仍然不可能得出完美的预测。[①] 在历史面前,研究者丧失了实验室主宰者的地位,他们只能去了解历史,而无法操控历史。他们无法坚持随机抽样的研究逻辑,无法简单地将样本视为平齐的。他们必须承认,每一次的测量值都是在某个具体的时空中得到的,必会受到难以整全了解的时空变化的影响。因此,如果依然要论证统计研究方法的合理性,就要澄清在“随机抽样”理想无法实现的情况下,研究者该如何保证研究结果的可靠性这一问题。

为了应对统计研究“理想”前提与历史真实运动状态不符的困境,[②]KKV 赋予“因果识别”以更多的意涵。首先,他们重新讨论“随机变量框架”(random variables framework)在研究中的作用。所谓“框架”,指的是统计研究的基本方法准则。在以随机抽样为前提的大样本统计研究中,这些方法规定了研究的基本操作流程,KKV 却悄悄赋予统计研究方法以新的意涵。统计方法准则由“操作流程”转变成评估统计结果可靠性乃至改善研究质量的“理性标准”。正如 KKV 所宣称的,即便统计研究得以开展的前提不存在,研究者依然可以以统计标准为指导,不断评估研究的合理性,减少时空因素带来的偏误,从而实现社会科学研究的根本目的,即

---

① 加里·金、罗伯特·基欧汉、悉尼·维巴:《社会科学中的研究设计(增订版)》,陈硕译,格致出版社 2023 年版,第 56 页。

② 有学者通过实用主义视角分析了 KKV 所面对的困境,他们强调 KKV 的困境在于实证主义对研究的基本想象与 KKV 同样追求推论的质性因果解释之间的矛盾。参见 James Johnson, “Consequences of Positivism: A Pragmatist Assessment”, *Comparative Political Studies*, Vol. 39, No. 2, 2006, pp. 237-239。

识别出可靠的推论。

在统计框架中，KKV 探讨如何将受时空因素影响的观察值转化为建立推论的“可靠”数据。作者举出具体研究来说明这个问题。在对某个政党的“选举实力”的研究中，“选举实力”一定是由一些“系统性”的原因所决定的。由此可知，在测量“此政党在某个选区中的各次选举”的实力时，选举过程中由系统性的原因所推动产生的“选票数”是可以反映这个政党“选举实力”的“观察值”。但是很多难以预知的“非系统性”和“偶发”原因同样会影响选票数。如果只是盲目地采用某次观察值来测量选举实力，就必然难以判断这些观察值是不是对变量的真实反映。① 研究者可以通过田野调查找到某些非系统性原因，但是非系统性原因无法穷尽，因此田野调查的作用有限。

KKV 坚信，要想保证推论的可靠性，就需要严格遵循统计学的基本原则。哪怕随机抽样不可能实现，依然需要将随机变量的研究方式作为基础，验证和改善定性研究。② 在建立描述性推论的过程中，要遵循统计学的“无偏、有效性”原则，这样可以评估观察值在多大程度上反映变量属性。在“无偏、有效性”这一理性原则的引导下，研究者关注是否存在着实质性的偏差使得观察值无法真正反映属性。要想对观察值是否“无偏”进行评估，需要采用计算均值等方式。研究者还可以通过计算方差来评估观察值在多

① 加里・金、罗伯特・基欧汉、悉尼・维巴：《社会科学中的研究设计（增订版）》，陈硕译，格致出版社 2023 年版，第 53 页。

② 加里・金、罗伯特・基欧汉、悉尼・维巴：《社会科学中的研究设计（增订版）》，陈硕译，格致出版社 2023 年版，第 60 页。

大程度上接近变量真实值，从而尽量多地收集观察值来降低变异性。①

KKV还面对另一个更大的困境。随机抽样无法实现，研究者依然需要评估产生观察值的"单位"的同质（或异质）性对统计结果的影响。为了解决这个困境，KKV规划了研究者在"因果识别"之外的行动：他们"有目的"地"构造"单位同质性。正如KKV所承认的：

> 解决因果推论问题的根本办法是历史可以在同一时间和同一地点重现，这样研究者就能给解释变量赋予不同的数值，但这在现实世界中无法实现。对研究者来说一个次优的方法是，能先后用两个"同一"的单位进行实验。所谓"同一"的单位，指的是当两个单位都具有的某个解释变量取同一特定值时，这两个单位中的被解释变量的预期值也相同，我们就称这两个单位是同质的。②

在随机抽样的时间观中，"样本"是在同一个"时间点"上被随机抽取的。研究者不必考虑样本自身不断变化的状态是否会对观察值有所影响。这种理想状态在现实世界中只能是"历史可以在同一时间和同一地点重现"。这当然是不可能的。因此，研究者要

---

① 加里·金、罗伯特·基欧汉、悉尼·维巴：《社会科学中的研究设计（增订版）》，陈硕译，格致出版社2023年版，第60—71页。

② Gary King, Robert Keohane and Sidney Verba, *Designing Social Inquiry: Scientific Inference in Qualitative Research*, Princeton: Princeton University Press, 1994, p. 91.

想识别出变量的真实因果效应，就需要寻找替代方案，去寻找不受时间、地点变化影响的“同质”的“单位”。当然，这也是不可能的。因此，KKV 只能提出人为“构造”单位同质性的设想了。

在 KKV 勾画的质性研究过程中，研究者通过对变量因果关系的测量，表现所要研究的案例的质性特点。观察值是从具体的研究“单位”收集的。不同的“单位”组合而成“案例”，而每个单位又可以被再次具体化、拆解成新的次级单位，以满足增加观察值的需要。单位是有“质”的，它们内部的构造、发展状态直接影响观察值的产生。KKV 在这里悄悄改换了实证统计研究对“质”的基本理解，认为“质”并非在研究之前就已具备，如“样本”那样等着研究者去抽取的“客观”物，而是被研究者在自身实践中主动构建出来的。[①] 这种“构建”过程就是“有目的地选取”一定的“解释变量”，运用这些变量构造出“单位”之“质”。[②] 此时，研究者的主体状态已经超出了“因果识别”的限制，他们能动地构建研究单位，而不是只能依据业已“客观存在”的单位展开统计分析。KKV 规划了实现“目的性”的四种方式。

在第一种方式中，研究者在选择变量时，有意避开了某些常识性的解释变量，这样就可以与常规解释构成对话。比如，在讨论什么因素可以解释国家采取对外扩张的政策时，常规理论强调军事实力的作用。研究者因而可以只选择“军事强国”作为基本单位，

---

① Charles Ragin, Howard Becker, *What Is a Case: Exploring the Foundations of Social Inquiry*, Cambridge: Cambridge University Press, 1992, p. 8.

② 加里·金、罗伯特·基欧汉、悉尼·维巴:《社会科学中的研究设计(增订版)》，陈硕译，格致出版社 2023 年版，第 135 页。

从中获得除军事实力外的其他变量的观察值。这么做是为了突出与“军事实力决定论”的差别。[1] 在第二种方式中,研究者从某些自变量与因变量同时出现极端值的情况入手,寻找可能具有因果关系的变量。他们需要分析当被解释变量取极端值的时候,哪些解释变量也会出现极端值,这样就可以形成关于这组变量可能存在因果关系的假设,然后用解释变量构造出同质的“单位”。比如,研究者研究“国际环境中国家间冲突”,他们观察“战争”这一极端冲突发生时的政府组织形态,看到发生战争的国家中至少有一方是独裁政体。他们将“爆发战争的独裁政体”构建成“单位”,从中获取能够测量这些国家“独裁程度”的观察值,以此探讨作为“案例”的“这些国家”的独裁程度与发动战争的关系。[2] 第三种方式是根据对某个具体理论进行“证实”或“证伪”的目的来选取变量、确立单位之质。比如在对早期工业化国家的职业社会声望研究中,研究者要验证“工业化是导致职业在社会上出现声望差异的重要因素”这个理论,可以有意识地将“工业化程度”作为构造单位之质的变量。他们特别选取那些没有实现工业化的国家,将其作为研究单位,收集观察值,测量这些国家中是不是存在着和工业化国家类似的职业声望分布,如果存在,那么就可以证伪原有理论。[3] 第四种方式是调整单位的“意涵”以增加取值。比如,研究者原本希

---

① 加里·金、罗伯特·基欧汉、悉尼·维巴:《社会科学中的研究设计(增订版)》,陈硕译,格致出版社 2023 年版,第 136 页。

② 加里·金、罗伯特·基欧汉、悉尼·维巴:《社会科学中的研究设计(增订版)》,陈硕译,格致出版社 2023 年版,第 137 页。

③ 加里·金、罗伯特·基欧汉、悉尼·维巴:《社会科学中的研究设计(增订版)》,陈硕译,格致出版社 2023 年版,第 142 页。

望从某些单位中获得观察值以测量变量，但后来发现这些单位能够提供的观察值要么过少，要么没有变化，无法满足测量需要。面对此种情况，研究者需要在原有“单位”内扩充出新的取值方式。比如，研究某个国家的农产品在维持社会稳定中发挥的作用，研究者希望测量这个国家的社会稳定程度和农产品价格变化的因果关系。但是他们发现，无法从国家层面获得足够的关于社会稳定程度或农产品价格的数据。KKV 建议将研究单位调整为国家下面的邦、县、市、地区等，这样就可以增加数据。① 这样的做法实际上改变了“国家”的意涵，使之成为不同政府层级的总称。

“认识实践”的视角揭示出未被“因果识别”所言明的实践之意：KKV 暗暗赋予了质性“统计研究”以不同于标准定量统计研究的意涵。统计原则不再是满足随机抽样条件的操作方法，而成为研究者宣称自身研究合理性的“理性标准”。为应对“随机抽样无法实现”的困境，KKV 承认研究者可以“有目的”地构造单位同质性。这种“承认”使看似稳定的统计操作规范获得了更灵活的实践“意义”。“构造单位同质性”的标准是由研究者灵活掌握的，这也超出了“统计”操作规范的可评估范围。换言之，在自我宣称的“因果识别”方法标准之外，研究者实际上行使着另一套难以被评估的研究方式。

---

① 加里·金、罗伯特·基欧汉、悉尼·维巴：《社会科学中的研究设计（增订版）》，陈硕译，格致出版社 2023 年版，第 213 页。

二、"比较历史分析"超越"实证统计"的努力及其局限性

《社会科学中的研究设计》一经出版，便引发了学界对研究方法的激烈争论。争论的焦点在于"统计"路径是否可以代表质性研究的基本方法逻辑。[①] 在历史社会科学领域，"比较历史分析"(comparative historical analysis)流派代表了主要的批评声音。该流派强调，历史的丰富性超出"变量"能够分析的范围，变量无法真正展现宏大历史事实。研究者需要通过"归纳"方法发现历史多元的属性，而不是拘泥于统计路径中的演绎方法。许多学者认为"实证统计"路径与"比较历史分析"可以结合起来，但他们依然强调二者的基本差异。[②]

尽管"比较历史分析"将自己与"实证统计"路径区分开，但两种路径都是实证研究。二者都相信因果关系是客观世界的自然属性，研究者只是"识别"出这些实际存在的属性而已。"比较历史分析"学者通过"过程追踪"，识别出导致结果出现的"历史过程"。[③] 他们认为"过程"是由各种具有客观"属性"的"实体对象"

① 对于这场争论观点的梳理，可参见 James Mahoney, "After KKV: The New Methodology of Qualitative Research", *World Politics*, Vol. 62, No. 1, 2010, pp. 120-147。

② Evan Lieberman, "Nested Analysis as a Mixed-Method Strategy for Comparative Research", *American Political Science Review*, Vol. 99, No. 3, 2005, p. 437.

③ James Mahoney, Dietrich Rueschemeyer (eds.), *Comparative Historical Analysis in the Social Sciences*, Cambridge: Cambridge University Press, 2003, p. 10.

构成的。他们“识别出”某个具体案例中客观存在的实体属性，以此“解释为什么一个特殊的个案会引发一个特别的结果”[①]。他们接着纳入新的案例，依照“控制性比较”(controlled comparison)的基本逻辑，对过程展开比较分析，识别出更有“普遍概括性”的因果关系。[②]

在这样的想象中，无论是某个具体的案例，还是根据案例比较得出的因果推论，都是客观真实存在的。研究者采取两种方式识别因果关系事实：一是直接观察因果过程；二是间接观察以推断因果过程。所谓“直接观察”，就如同打开一个汽车的发动机盖，看发动机如何运行。[③] 研究者可以直接看到构成因果过程的要素——能动的个体行动者(agents)的基本属性，如他们的信仰、欲望，他们需要遵从的社会规范和规则，束缚他们的情境条件，他们的利益目的、行动策略，等等。研究者进而观察这些属性如何推动个体行动、互动和对外部环境的改造。[④] 这些对象、属性、互动形式就是研究者直接识别出的客观“社会事实”(social facts)。[⑤] 观察与识别是“历时性”的，研究者不断发掘出历史材料中的“关键节点”，在关键节点之处“停下来，去考虑在这些节点上的微小变化如何可能

① 加里·格尔茨、詹姆斯·马奥尼：《两种传承：社会科学中的定性与定量研究》，刘军译，格致出版社2016年版，第101页。

② 加里·格尔茨、詹姆斯·马奥尼：《两种传承：社会科学中的定性与定量研究》，刘军译，格致出版社2016年版，第4页。

③ Peter Hedström, Petri Ylikoski, “Causal Mechanisms in the Social Sciences”, *Annual Review of Sociology*, Vol. 36, 2010, p. 51.

④ Peter Hedström, Petri Ylikoski, “Causal Mechanisms in the Social Sciences”, *Annual Review of Sociology*, Vol. 36, 2010, p. 59.

⑤ Peter Hedström, Petri Ylikoski, “Causal Mechanisms in the Social Sciences”, *Annual Review of Sociology*, Vol. 36, 2010, p. 60.

促使该个案朝着不同的途径发展”。他们还会考虑历史事件如何“联系在一起，最终产生一系列原因，进而带来所感兴趣的结果”。[1] 主张间接观察因果机制的学者则认为，研究者不可能只依靠“历时性”观察就可以识别因果过程。研究者需要依靠观察到的“迹象”来检验以往理论提出的因果机制是否存在。这被称为“因果过程观测”（causal process observation）。研究者依据片段的观察，推想出一个可能的因果机制，他们需要根据后续的其他观察验证或改变已有的因果机制猜想。“观察”被转化成“证据”以证实或证伪以往理论所识别出的因果关系事实。

但是，无论是直接观察还是间接观察，研究者都相信自己可以直接“识别”出客观实体、属性与因果关系。通过比较历史质性研究的代表学者格尔茨（Gary Goertz）和马奥尼（James Mahoney）的论述，我们可以发现“因果识别”对研究者意味着什么：

> 考虑一下前文提到的吕贝特反驳格申克龙-穆尔的假设（即在德国，压榨劳动力的地主精英是法西斯出现的一个关键原因）。要想使该假设有效，一个必要条件是地主精英直接或间接地控制农民，使农民投票支持法西斯主义候选人。然而，吕贝特利用来自德国的个案内数据表明这种机制是不存在的。德国的地主精英要么不会拉农民的选票，要么如果可以的话，他们更关心的是如何维护庇护网并实际支持自由党候

---

① 加里·格尔茨、詹姆斯·马奥尼：《两种传承：社会科学中的定性与定量研究》，刘军译，格致出版社 2016 年版，第 101 页。

选人。因此，该假设没有通过箍筛检验，只能放弃掉。[①]

无论是格尔茨、马奥尼，还是吕贝特、格申克龙，都在运用诸如“精英压榨劳动力”“地主精英直接或间接地控制农民”这些短语来表述历史过程。他们并没有反思自己“为何”相信各种历史素材可以转化为这些概念。他们自然而然地将这些概念视为客观历史过程中的“实体对象”和“属性”，将历史经验素材直接表达成这些概念。比如，他们相信可以直接从历史中找出“地主精英直接或间接地控制农民”的“事实”证据来检验“压榨劳动力的地主精英是法西斯出现的一个关键原因”这个理论。之所以这样做，是因为在实证思维中，客观对象与属性“实存”在历史之中，研究者只是将它们“识别”出来而已。这就好像人们看到温度计上的刻度，自然就将其识别为“体温”，而不需要思考为什么要用“体温”这个概念来代表读数。如果研究者将“识别”作为理解自身行动的方式，那么这种方式使他们对自己“如何”将历史经验素材转化成理论概念的过程视而不见。他们只关心建立“因果推断”的方法本身是否合理，却在盲目与随意中将经验素材转化为所谓的“实体”与“属性”。比如，在“比较质性分析”(QCA)方法中，研究者通过一次次添加新的案例，检验在原有案例范围内“识别”出的因果关系是否可以推广到新的具体案例。他们宣称，理论解释的“一般性”在于其要能

---

① 加里·格尔茨、詹姆斯·马奥尼：《两种传承：社会科学中的定性与定量研究》，刘军译，格致出版社2016年版，第107页。

够“充分地说明在其范围内的每一个实例”[①]。研究者相信，所谓“研究方法”就是不断进行“比较”以“识别”因果关系。但是这样的方法不会回答为什么研究者“如此”运用概念来“构造案例”就是合理的。

研究者相信可以识别出比“实证统计”路径更加丰富的因果关系事实，[②]如历史要素构型（configuration）、制度语境（institutional context）、历史过程的“时间结构”（temporal structure）以及历史互动过程的形式特征（pattern）等。

第一种路径将历史条件组合成因果构型以建立解释。比如，斯考切波（Theda Skocpol）将法国、俄国和中国三国革命的发生解释为三种条件的结合（conjuncture）：旧制度的中央政权的无能，下层阶级特别是农民的大范围反抗，以及大众政治领袖巩固革命国家权力的努力。[③] 再比如，有学者用五个因素（游击战的尝试、农民的支持、强大的游击队、世袭的禁卫军制度、失去美国的支持）组合成充分条件，作为解释拉美社会革命成功的原因。[④] 研究者聚焦具体对象的属性，“不同类别的行动者，他们拥有自己的行动方式、社会位置与一系列利益”。属性可以被追踪出来，研究者可以直接用证据指明（referent）属性。同样的属性在不同的历史过程

---

① 加里·格尔茨、詹姆斯·马奥尼：《两种传承：社会科学中的定性与定量研究》，刘军译，格致出版社2016年版，第51页。

② Alexander George, Andrew Bennett, *Case Studies and Theory Development in the Social Sciences*, Cambridge: MIT Press, 2005, p. 5.

③ Theda Skocpol, *States and Social Revolutions: A Comparative Analysis of France, Russia, and China*, Cambridge: Cambridge University Press, 1979, p. 41.

④ 加里·格尔茨、詹姆斯·马奥尼：《两种传承：社会科学中的定性与定量研究》，刘军译，格致出版社2016年版，第78页。

中若以不同的方式组合在一起，就会产生不同的结果。[①] 研究者通过比较案例研究建立因果解释。因果解释就是识别出这些“稳态”的因果构型产生了什么历史结果。

第二种路径聚焦社会行动发生的“制度语境”所具有的因果效应。第一，在政策制定与实行过程中，“制度惯例”可以塑造社会群体对自我与他人身份、利益的认知，使他们决定是否彼此合作以推行政策。类似的政策主张在不同的制度语境中会产生非常不同的结果。第二，政治系统的制度结构也会影响利益群体对自身行动结果的预期，从而影响他们选择达成目的的策略。第三，制度会产生群体间不均衡的资源分配格局，导致一些群体获得更多的竞争优势。第四，制度规则提供行动方案，行动者相信自己按照制度做事情就是合理的。[②] 总之，制度语境通过“建构”行动者的动机、认同、行动方案、资源禀赋等方式塑造历史结果。制度如同“介质”(intermediate)一般隐藏在可见的历史过程背后，实质塑造历史结果。[③] 研究者通过“控制性比较”识别制度语境的因果效力。[④] 他们比较不同国家的制度语境差异如何导致相似的初始政策出现不

---

① Ivan Ermakoff, “The Structure of Contingency”, *American Journal of Sociology*, Vol. 121, No. 1, 2015, pp. 70-71.

② Peter Hall, Rosemary Taylor, “Political Science and the Three New Institutionalisms”, *Political Studies*, Vol. 44, No. 5, 1996, pp. 939-941.

③ Sven Steinmo, Kathleen Thelen and Frank Longstreth (eds.), *Structuring Politics: Historical Institutionalism in Comparative Analysis*, Cambridge: Cambridge University Press, 1992, p. 11.

④ Dan Slater, Daniel Ziblatt, “The Enduring Indispensability of the Controlled Comparison”, *Comparative Political Studies*, Vol. 46, No. 10, 2013, pp. 1301-1327.

同的历史结果。[①] 他们坚信,制度语境的因果效应是可以通过观察与比较分析而识别出来的客观属性。[②]

第三种路径强调"时间结构"本身的因果效力。所谓"时间结构",首先指的是事件(event)发生的先后"次序"(sequence)。类似的事件,如果在不同情况中发生的"早晚"不同,则导致的结果也会不同。[③] 研究者可以首先把历史过程分解成不同的事件,然后记录下它们的发生顺序,进而比较不同案例中事件序列的差异,揭示次序的因果效力。[④]

除了次序外,"持续性"(duration)也是一种基本的时间结构。作为历史的客观属性,持续性的第一种表现是,行动者从制度中获得越来越好的回报,进而不断强化某种制度,哪怕这些制度根本无法有效解决实际问题。[⑤] 持续性的第二种表现是,权力行使者通过预先控制议程、调控他人对未来权力分配预期等方式,将可能的竞争消除于萌芽状态,维系自身权力地位的独大。持续性的第三

---

① Peter Hall, *Governing the Economy: The Politics of State Intervention in Britain and France*, Oxford: Oxford University Press, 1986.

② Richard Locke, Kathleen Thelen, "Apples and Oranges Revisited: Contextualized Comparison and the Study of Comparative Labor Politics", *Politics and Society*, Vol. 23, No. 3, 1995, p. 338.

③ James Mahoney, Kathleen Thelen (eds.), *Advances in Comparative-Historical Analysis*, Cambridge: Cambridge University Press, 2015, p. 20.

④ Tulia Falleti, James Mahoney, "The Comparative Sequence Method", in James Mahoney, Kathleen Thelen (eds.), *Advances in Comparative-Historical Analysis*, Cambridge: Cambridge University Press, 2015, p. 213.

⑤ Paul Pierson, "Big, Slow-Moving, and ... Invisible: Macrosocial Processes in the Study of Comparative Politics", in James Mahoney, Dietrich Rueschemeyer (eds.), *Comparative Historical Analysis in the Social Sciences*, Cambridge: Cambridge University Press, 2003, p. 195.

种表现是，统治者通过控制信息或意识形态，使被统治者天然就难以意识到一些可能的行动方案，从而保证政治运行方式不变。① 持续性的时间结构揭示的历史属性难以被"权力多元主义"等博弈论模型分析。②

此外，研究者还关注"关键节点"（critical juncture）的因果效应。关键节点研究探讨一件事或是一系列的事件如何开启了一个不确定的时期。在动荡时期，历史人物不再受到此前制度的强烈约束，反而面对更多的机遇和行动选择，他们的某些关键选择最终重塑了新的制度发展路径。③ 关键节点包括突发事件、新的机遇和行动选择、先在的历史约束条件、关键选择等要素，研究者利用这些要素解释历史变化。他们运用"反事实"的因果分析方法展开研究，依据"最小复写原则"（minimal-rewrite rule），追踪出在原本正常的历史轨迹中，哪些要素的改变导致历史偏离原有轨道，走向了不同的结果。④ 此外，研究者也可以追溯长时段的历史传统，通过"案例比较"解释哪些客观历史条件决定历史人物在关键节点的

① Paul Pierson, "Power and Path Dependence", in James Mahoney, Kathleen Thelen (eds.), *Advances in Comparative-Historical Analysis*, Cambridge: Cambridge University Press, 2015, pp. 134-140.

② 对权力问题的经典讨论，参见 Steven Lukes, *Power: A Radical View*, London: Palgrave Macmillan, 2004。

③ Giovanni Capoccia, "Critical Junctures and Institutional Change", in James Mahoney, Kathleen Thelen (eds.), *Advances in Comparative-Historical Analysis*, Cambridge: Cambridge University Press, 2015, p. 151.

④ Giovanni Capoccia, R. Daniel Kelemen, "The Study of Critical Junctures: Theory, Narrative, and Counterfactuals in Historical Institutionalism", *World Politics*, Vol. 59, No. 3, 2007, p. 356.

选择。[①]

第四种路径聚焦制度与行动者的互动形式(pattern)。两个客观因素被用来解释行动者如何以渐进的方式改变制度:制度法律文本能否赋予行动者灵活阐释条文的空间;旧制度的捍卫者是否拥有强大的否决权来消除任何改变制度的动议。[②] 在案例比较中,两个要素的强弱可以解释制度渐进变化的不同形式,以及行动者在改变制度过程中的行动策略。

在"比较历史分析"流派学者的眼中,上述四种路径展现出"变量"之外的历史客观属性。这些属性具有塑造历史结果的因果效力。研究者利用因果构型、制度语境、次序、持续性、关键节点、互动形式解释历史结果。研究者相信他们可以直接观察到这些客观历史属性,而且可以通过"比较研究"方法识别出哪些属性具有因果效力。他们没有意识到该如何评估从"观察"到"概念属性"转化过程的合理性,而只是将其视为"自然而然"。他们的注意焦点在于如何证实或证伪客观属性之间的因果关系。与"实证统计"路径一样,"比较历史分析"无法对"证据何以成为证据"这一问题展开自觉分析。

由于研究者"以为"自己的工作就是进行因果识别,他们也就难以阐明自身研究实践的真实方法路径。比如,从研究实践方法层面分析,研究者之所以能够依靠上述四种路径识别出特定的因

---

① Dan Slater, Erica Simmons, "Informative Regress: Critical Antecedents in Comparative Politics", *Comparative Political Studies*, Vol. 43, No. 7, 2010, p. 889.

② James Mahoney, Kathleen Thelen (eds.), *Explaining Institutional Change: Ambiguity, Agency, and Power*, Cambridge: Cambridge University Press, 2010, pp. 18-19.

果关系,源于他们对更根本层次的"理论前提"的信仰。如果有人信奉不同的理论前提,他们同样可以否认他人识别出的因果关系的真实性。表面上看,双方是在变量、客观属性的层面进行争论,但实际上这种争论源于对理论前提的不同信仰。

这一过程体现在对斯考切波的经典作品《国家与社会革命:对法国、俄国和中国的比较分析》(*States and Social Revolutions: A Comparative Analysis of France, Russia, and China*,以下简称"《国家与社会革命》")的争论上。斯考切波宣称可以通过识别"因果构型"的方式建立解释。但是,她同时强调,该书的历史解释建立在承认"国家自主性"的基础之上。斯考切波不再将国家视为社会群体、阶级等为了达成自身利益而争夺的工具。[①] 她认为"自主性"才是国家的真实属性,国家将自身生存视为绝对目的,并自主选择行动策略来应对外部挑战,从而达成目的。斯考切波选择法国、俄国和中国作为比较案例,解释革命的发生与结果。按照她的解释,之所以选择这三个国家,是因为它们具有"相似可比性"——这些国家的"自主性"在各自革命历史中"实际"(actual)出现了。比如,三个国家的革命领导者都具有极强的重新强化国家权力的意愿;革命进程奠定了领导者重建国家权力形态的社会、经济条件。[②] 作者相信"自主性"乃是三个国家历史的"真实属性",并将此属性识别出来作为因果解释的要素。

---

① Theda Skocpol, *States and Social Revolutions: A Comparative Analysis of France, Russia, and China*, Cambridge: Cambridge University Press, 1979, pp. 25-27.

② Theda Skocpol, *States and Social Revolutions: A Comparative Analysis of France, Russia, and China*, Cambridge: Cambridge University Press, 1979, p. 41.

但实际的情况是，斯考切波不得不面对关于“真实是什么”的困境。她建立的因果解释要想能够成立，首要前提是承认“国家自主性”作为历史真实的存在。但是，这层历史真实超出了实证研究可以证实的范围。她运用密尔(John Stuart Mill)的“求同求异法”(methods of agreement and disagreement)进行案例比较时，[①]首先需要说明关于“国家自主性”的“历史真实”为何可以涵盖历史的全部内容，为什么不能用其他的“历史真实”作为比较研究的基础。斯考切波对此问题无法给出清晰回答，只能模棱两可地说自己是“策略性猜测”(strategic guesses)[②]出历史真实。显然，这种猜测的说服性不足。诸多学者并不承认“国家自主性”可以“代表”三个国家的历史特点。[③] 他们质疑为什么没有将“意识形态”的历史作用视为真实存在，因为法国大革命中意识形态的作用是显而易见的。在对质疑的回应中，斯考切波依然捍卫她对历史真实的观点。她辩驳说，尽管表面上看，意识形态在法国大革命中起了很大作用，但历史的“真实”依然是革命政党将国家自身生存视为根本目标，他们对革命理想蓝图的追求只是表面的，对国家生存的实际考虑才是根本的。[④]

---

① Theda Skocpol, *States and Social Revolutions: A Comparative Analysis of France, Russia, and China*, Cambridge: Cambridge University Press, 1979, p. 38.

② Theda Skocpol, *States and Social Revolutions: A Comparative Analysis of France, Russia, and China*, Cambridge: Cambridge University Press, 1979, p. 39.

③ 参见裴宜理(Elizabeth Perry)对该书的批评性书评，Elizabeth Perry, "Review of Skocpol's *States and Social Revolutions*", *Journal of Asian Studies*, Vol. 39, No. 3, 1980, pp. 533-535。

④ William H. Sewell, Jr., "Ideologies and Social Revolutions: Reflections on the French Case", *Journal of Modern History*, Vol. 57, No. 1, 1985.

斯考切波执着于证明自己的确“识别”出历史的客观真实属性。因为只有如此，她才能捍卫研究的可靠性。但这给她造成了难以克服的困境，因为她无法用科学的方式“证伪”其他学者提出的“平行”真实，比如她否定不了意识形态在革命与国家建构中的真实作用。不同学者从各自的角度看待历史，自然可以看到某种“真实”，但如果硬要证明自己“识别”出的才是唯一的真实，而且认为整个研究的可靠性都依赖于此种“证明”，那么就必然将争论引入“公说公有理，婆说婆有理”的僵局。争论双方的观点冲突无法调和。双方各自都相信自己才是对的，且无法寻找到评估彼此研究的共同标准。这种“无法调和”却恰恰说明，双方共同忽略了一个需要被公开阐明的研究过程，即他们为何选择特定的概念（如“国家自主性”“意识形态”）来理解历史。

实际上，对于自己为什么会将“国家自主性”视为历史真实，斯考切波在其他场合是有所追溯的。但是在她看来，这些“追溯”只不过是在讲述个人学术经历，而不是对研究方法的阐述。在2002年的一次访谈中，斯考切波回忆，她能够从“国家自主性”的角度理解历史，并非只是“策略性猜测”。她认为国家可以成为“自主行动者”，即不被阶级和其他社会力量俘获，这一认识并不是凭空产生的，而是来自“对韦伯与马克思二人观察差异的思考”。她还追忆自己如何因为阅读米尔斯（C. Wright Mills）的理论作品而接受“官僚和国家精英是独立于阶级权力之外的”观点。她也谈到如何受到欣策（Otto Hintze）与蒂利（Charles Tilly）的影响，开始从地缘政治的角度理解民族国家自主发展的历史。新马克思主义国家学派内部关于“国家自主性”的讨论也影响了她。正是在切身的学理实践中，斯考切波形成了对“国家”具有“自主性”的认识。这种认识经过潜移默化的学养积累，使她在写作《国家与社会革命》的过程中可以依据对“国家自主性”这个特定事实的认识来展开研究。她分析革命进程中的阶级结构、生产方式如何与地缘政治共同作用，塑造了不同国家革命后的政治模式及其相应的社会经济发展道路。[①] 斯考切波之所以能够建立革命与国家关系的“因果构型”解释，实则源于她个人学术实践经历中形成的“思想前提”。但是争论的双方都没有自觉反观“思想前提”形成和应用的过程。

实证思维将研究视为“识别”历史中的客观因果关系。斯考切波的讲述却呈现出另一个重要的认识过程，即研究者在与学术共同体交流的过程中，获得对某些理论视角的体会，进而用理论视角将经验素材整合成“历史事实”。斯考切波没有意识到，正是因为经历了这个学术实践过程，她才能够建立起对历史“客观真实”的理解。也正是因为经历了不同的实践过程，其他学者才不同意斯考切波本人所认可的“客观历史事实”。实际上，在“比较历史分析”流派中，一些学者已经对这个切身研究实践过程有所讨论。在此学派奠定性的论文集《社会科学中的比较历史分析》(*Comparative Historical Analysis in the Social Sciences*)中，鲁施迈耶(Dietrich Rueschemeyer)就提出，研究者需要明确是何种“理论框架”奠定了他们对“现实是什么”的认识。对变量、属性间关系的因果分析只是在理论框架内的延伸。理论框架来自研究者自身的学术

---

① 赫拉尔多·L.芒克、理查德·斯奈德：《激情、技艺与方法：比较政治访谈录》，汪卫华译，当代世界出版社 2022 年版，第 743—744 页。

“生活经历”(lifetime experience),他们通过框架勾画出“案例的图景”。[①] 只有当案例被构建完成后,研究者才有可能施展案例比较等实证研究方法来“识别”因果关系。案例并非不证自明的客观存在,它是在研究者理解世界的过程中逐渐被构建起来的,案例构建先于因果识别。[②]

从“认识实践”视角反观“实证统计”与“比较历史分析”两种路径,我们发现,双方对历史截然不同的认识中隐含着类似的想象:他们相信自己可以直接观察到历史世界的客观特点,通过一定的方法操作“识别”出历史中的真实因果关系。但是,这样的想象无法涵盖他们真实的研究过程。他们要么改造“因果识别”的评估标准,要么“有目的”地构造案例单位的“同质性”,要么在理论的引导下构造“案例”。研究者的“能动性”已经超出了他们自己公开宣称的“因果识别”流程。这一“能动性”便是运用概念将经验素材整合成事实。“理论建构”的方法路径开始将此“能动性”纳入初步的分析。

三、“理论建构”方法论对“因果识别”路径的超越

在“理论建构”流派看来,被实证研究视为客观实存的“案例”

---

① Dietrich Rueschemeyer, “Can One or a Few Cases Yield Theoretical Gains?”, in James Mahoney, Kathleen Thelen (eds.), *Advances in Comparative-Historical Analysis*, Cambridge: Cambridge University Press, 2015, p. 317.

② Charles Ragin, Howard Becker, *What Is a Case: Exploring the Foundations of Social Inquiry*, Cambridge: Cambridge University Press, 1992, pp. 9-12.

"单位""属性"等,实际上是被研究者在实践中不断构造出来的。研究者并非只是"识别者",他们的"能动性"决定了一个研究呈现出什么样的因果关系,这种能动的"认识实践"过程需要被纳入分析。在"因果识别"的研究想象中,研究者可以自然识别出客观世界的属性。研究者"如何能够"从经验中构建出理论,才是"理论建构"流派要回答的基本问题。学者们从"批判实在论"(critical realism)、"扎根理论"(ground theory)与"建构主义"(constructivism)三种方法论给出了不同的回答。

与实证研究的世界观不同,"实在论"(realism)假定了"社会实在"(the real)的存在。"社会实在"无法被直接观察到,只有在研究者能动的理论建构中才可以被认识。"社会实在"是机制结构,生成出可以被观察、感觉到的表象。① 所谓"因果性"乃是这些"机制"的现实性因果力量,而不是只靠经验观察就能识别出的现象间"恒随"关系。因果解释需要建构出社会实在机制,而并非只是识别出"覆盖性法则"(covering laws)。实在论承认研究者对社会实在机制的认识来自"理论抽象"(theoretical abstraction)。正如哈里森·怀特(Harrison White)所谈到的,"理性选择"实证研究的基础在于研究者对一个抽象的本体性(ontological)实在机制的信仰。他们把对象想象成"理性人天使",却隔绝于真实的生活世界:

> 理性选择依赖于一种"有关如天使般的'精神'的基础本

---

① Margaret Somers, "Symposium on Historical Sociology and Rational Choice Theory 'We're No Angels': Realism, Rational Choice, and Relationality in Social Science", *American Journal of Sociology*, Vol. 104, No. 3, 1998, p. 749.

> 体论"。所谓"天使般的精神",就是那种脱离了真实的人的行动的独立目标或偏好,理性选择研究假设行动者具有如此"精神",这是此路径的核心假设。因此,理性选择得出的理论只有对那些以惯常习惯来行动、实际上却隔绝于真实生活实践的"天使"才有效。①

在上述叙述中,"天使"的精神和行动方式就是被"理性选择"研究者所信仰的机制。他们以为可以通过建模等科学方法证明这个机制。但在实在论看来,这只是他们的信仰而已。研究者正是依赖这种对"不可直接观察到"的社会实在的信仰而展开研究。② 所谓"不可直接观察到",并不是说研究者无法找到证据去证明机制的存在——既然机制是客观的,那么它的存在就一定可以被证明。"不可直接观察到"的意思是说,研究者不可能直接指明经验的"客观属性"。在实在论看来,将观察转化为证明机制存在的证据,这个过程并非"识别出"已有的客观对象属性,而是研究者主动运用"概念"(如前文提到的"国家自主性""意识形态")来"表现"具体历史现象的理论属性。在实证研究对于"识别"的想象中,研究者观察到的任何现象都自带"客观属性",因此不需要反思研究者在"观察"转化为"客观实在"机制过程中的能动作用。

如何对这种能动性进行分析呢?"批判实在论"首先强调机制

---

① Harrison White, *Identity and Control: A Structural Theory of Social Action*, Princeton: Princeton University Press, 2008, p. 301.

② Margaret Somers, "Symposium on Historical Sociology and Rational Choice Theory 'We're No Angels': Realism, Rational Choice, and Relationality in Social Science", *American Journal of Sociology*, Vol. 104, No. 3, 1998, p. 726.

的客观性。“社会实在”是独立于认知而实存的。比如,自然科学中的原子、电子,社会科学中的“社会关系结构”或“市场力量”,都是客观真实存在的。“批判实在论”强调实在性的机制需要研究者自觉运用理论揭示出来。实存的机制或机制的组合具有“实在性”(real)的因果效力,它们使新现象不断涌现(emergent)出来。[①] 研究者的能动性在于,他们可以根据自己在不同情境中对那些现象的观察、体会,调动不同的理论概念,揭示出以往没有发现的机制。研究者有能力根据自身感受评估其他研究对客观机制的认知是否合理。

“批判实在论”将这种认知能力归于研究者的“判断理性”(judgmental rationality)。[②] “判断理性”决定了研究者的行动方式。比如,“批判实在论”这样描述一个研究过程:研究者相信他们可以根据一个婴儿的穿着打扮判断其性别。在日常环境中,他们相信衣着具有性别意义。这也是他们习惯了的理论。[③] “衣着具有性别意义”就是一种社会实在机制,也是一种社会理论。研究者在日常生活中自然而然地运用这个理论来理解现象,但并没有对“理论”有所自觉。[④] 但是,当他们进入其他文化语境中时,可能会

---

① Dave Elder-Vass, *The Causal Power of Social Structures: Emergence, Structure and Agency*, Cambridge: Cambridge University Press, 2010, pp. 45-46.

② Hubert Buch-Hansen, Peter Nielsen, *Critical Realism: Basic and Beyond*, London: Red Globe Press, 2020, p. 40.

③ Philip Gorski, “Social ‘Mechanisms’ and Comparative-Historical Sociology: A Critical Realist Proposal”, *Frontiers of Sociology*, 2009, p. 161.

④ Margaret Somers, “Symposium on Historical Sociology and Rational Choice Theory ‘We're No Angels’: Realism, Rational Choice, and Relationality in Social Science”, *American Journal of Sociology*, Vol. 104, No. 3, 1998, p. 744.

遇到反常现象。比如,当研究者进入另一个地域的文化系统中时,会发现那里的人们对衣着的性别意义并不敏感。当地人的“反馈”(talk back)超出了研究者原本的预期,这推动他们不得不重新考虑新的情境中蕴含什么样的社会实在机制导致了反常现象的出现。于是他们重新寻找理论,解释反常现象。[①] 他们意识到此前以为是必然发生的现象,实际上只是某个地域文化传统的结果。新的情境恰恰反映出不同文化传统的因果效力。由此,他们开始关注“文化传统”这个新认识到的实在性机制。[②] 换言之,研究者的“判断理性”使他们自发地调动不同层次的理论,将其转化成对社会事实的理解。当他们研究“文化传统”的作用时,已经超越了此前习以为常的理论,即认为衣着必然具有性别意涵。新的理论工具则揭示出“更深层次”(deeper level)的社会机制——文化传统决定了人们关于衣着是否具有性别意涵的理解。当研究者揭示出这层机制时,也就拓展了学术共同体对社会事实的了解。[③] “批判实在论”强调,上述认识过程并非将“衣着的性别意义”这一社会实在机制“证伪”。研究者在新的情境中经历的现象引发他们改变了对社会机制的理论认识,但这并不是证明原有理论的错误,而是重新选择理论,以此理解新的历史情境中的社会事实。[④]

---

① Douglas Porpora, *Reconstructing Sociology: The Critical Realist Approach*, Cambridge: Cambridge University Press, 2015, p. 76.

② Roy Bhaskar, *Reclaiming Reality: A Critical Introduction to Contemporary Philosophy*, New York: Routledge, 2010, p. 152.

③ Hubert Buch-Hansen, Peter Nielsen, *Critical Realism: Basic and Beyond*, London: Red Globe Press, 2020, p. 39.

④ Hubert Buch-Hansen, Peter Nielsen, *Critical Realism: Basic and Beyond*, London: Red Globe Press, 2020, p. 40.

“批判实在论”相信“判断理性”使研究者有能力在“实在性”层次认识现实。研究者可以将具体的观察和感受借助“理论工具”转化为对“社会实在”的理解,并且可以根据新的观察调整自己对“实在性”现实的认识。“批判实在论”将理论视作“观测工具”,研究者可以自主地选择工具来揭示“社会实在”。“批判实在论”并不在乎如何对认识过程本身进行分析,甚至将“认识论”(epistemology)——研究者可能知道什么(what we can know)以及如何探知这些可能知道的事实——排除出讨论范畴。① 任何方法路径都可以帮助研究者达成自己想知道的事情,因为那些方法都是“判断理性”导向下的自然选择。“批判实在论”认可一切研究方法,即使是实证统计方法也可以被用来建立对实在性机制的认识。研究者具有判断理性,他们能够依据统计结果来发现真实的本体。② 当然,如何将经验现象转化为本体机制,或者说,如何从经验转化为理论,这个过程依然没有被纳入明确的认识论分析。任何方法都可以被归结为人的“判断理性”的产物,“判断理性”成为不需要再被分析的基础前提。

与“批判实在论”不同,“建构主义”开始聚焦具体的“知识建构”过程,讨论关于“社会现实”(social reality)的“常识性知识”(common-sense knowledge)是如何产生的。这些知识包括:社会

---

① Philip Gorski, “Social ‘Mechanisms’ and Comparative-Historical Sociology: A Critical Realist Proposal”, *Frontiers of Sociology*, 2009, p. 148.

② Paul Edwards, Joe O'Mahoney and Steve Vincent (eds.), *Studying Organizations Using Critical Realism: A Practical Guide*, Oxford: Oxford University Press, 2014, p. vi; Douglas Porpora, *Reconstructing Sociology: The Critical Realist Approach*, Cambridge: Cambridge University Press, 2015, p. 63.

现实是什么、人该如何在社会中行动，以及社会具有什么“本体”特点。“建构主义”强调，社会成员将这些知识视为不需要去怀疑的客观真实，但这种建构“客观真实”的过程本身就需要被分析。正如曼海姆(Karl Mannheim)所说，一切关于人类社会的知识都是在社会中建构出来的，研究者需要对知识何以产生展开“经验研究”。[①]

“建构主义”探讨社会成员如何通过语言符号不断地将自己的经验“客体化”，即人们如何运用共同的交流语言，将个人切身经验转化为可以拿来和他人交流的公共“知识”。在这个转化过程中，语言乃是“经验图示”，人们把自己的感受经历与图示中的某个部分对应起来，这样一来，个人经历也就具有了意义，这种意义可以被其他成员理解，由此成为社会“普遍意义体系”[②]中的一分子。人们自一出生就接受了祖辈留下的语言、图示，他们自然而然地将这些遗产视为“客观”的。在彼此交流中，他们会根据自己的需要策略性地运用这些语言、图示。虽然他们的策略是个性化的，但是一旦运用起来，他们就会不知不觉地将自己所处的“世界客观化了”。[③] 他们相信用语言、图示建构的世界是客观存在的，运用语言、图示的过程是正当的。[④] “建构主义”聚焦人们如何将那些原本外化于己的语言、图示逐渐内化成自身认知的一部分，以及这些

---

① Karl Mannheim, *Ideology and Utopia*, New York: Harvest, 1936.

② 彼得·L. 伯格、托马斯·卢克曼：《现实的社会建构：知识社会学论纲》，吴肃然译，北京大学出版社2019年版，第50页。

③ 彼得·L. 伯格、托马斯·卢克曼：《现实的社会建构：知识社会学论纲》，吴肃然译，北京大学出版社2019年版，第77页。

④ 彼得·L. 伯格、托马斯·卢克曼：《现实的社会建构：知识社会学论纲》，吴肃然译，北京大学出版社2019年版，第51页。

语言、图示如何强化了人们对“社会现实”的常识性认识。

相比于“批判实在论”,“建构主义”开始将人们认识世界的“过程”纳入分析,而不再仅仅将此过程简单归结为“判断理性”。“建构主义”运用诸如“语言”“经验图示”“策略”等概念分析“认识过程”。社会行动者正是在这样的过程中生产出各种理论与经验的“知识”,并且将这些知识视为客观真实。“建构主义”还强调对认识过程的分析应当是“经验性”的,即“知识社会学”的研究需要避免对研究者主体性问题的讨论。他们闭口不谈研究者该如何阐明“自身所做的研究是正当的”。[①] 在他们看来,对认识过程中研究者主体多样性的讨论,并不属于“经验科学”范畴。[②] 他们声称秉持孤立而超然的“上帝视角”去分析人们在建构知识时的理性与行动。[③] 但是,一旦忽视了对主体性的探究,那些研究者也就蜕化成了均质化的“理性人”。[④] “理性人”的特点在于,利用社会系统赋予他们的知识系统(如经验图示、语言符号等),从中获得自身行动的“目的”与达成目的的“手段”。建构主义者采取“演绎”或“归纳”[⑤]的方法分析这个“理性行动”过程。类似的分析方式也出现在

---

① Darin Weinberg, *Contemporary Social Constructionism: Key Themes*, Philadelphia: Temple University, 2014, pp. 2-4.

② 彼得·L.伯格、托马斯·卢克曼:《现实的社会建构:知识社会学论纲》,吴肃然译,北京大学出版社2019年版,第18页。

③ Richard Rorty, *Objectivity, Relativism, and Truth: Philosophical Papers*, Vol. 1, Cambridge: Cambridge University Press, 1991, p. 13.

④ Josh Whitford, "Pragmatism and the Untenable Dualism of Means and Ends: Why Rational Choice Theory Does Not Deserve Paradigmatic Privilege", *Theory and Society*, Vol. 31, No. 3, 2002, p. 331.

⑤ 马雪松、冯修青:《新制度主义政治学的建构主义转向》,《政治学研究》2023年第4期,第132页;科林·海伊、马雪松:《建构制度主义:起源、特点及应用》,《上海行政学院学报》2017年第1期,第104页。

"知识社会学"的其他流派中。[①] 比如,"科学/智识运动"(Scientific/Intellectual Movements)将认识过程视为研究者利用其在学术场中的位置来竞争物质或符号资源。[②] "爱丁堡学派"强调科学范式的传播依赖于学术共同体成员的共同利益。[③]

"建构主义"对研究者角色的理解延续到"扎根理论"方法中。"扎根理论"也将"研究"视为通过理论语言符号理解经验素材的过程。"扎根理论"批评了实证路径,认为该路径假定研究者只能够"无偏见和被动地收集事实,但不参与对事实的创造",研究方法只是有用的工具、技术程序和可复制的研究设计而已。"扎根理论"进一步批评说,实证研究无法分析研究者如何通过对研究对象的"理解"与"感悟"而建立理论。[④] "扎根理论"宣称,其可以建立一些可复制的方法把上述理论建构过程系统化、规范化、公开化。[⑤] 比如,"扎根理论"强调研究者需要对访谈资料"逐行编码",促使自己不断重新分析数据,防止"过于沉浸到研究对象的世界观中",将自己"从这种沉溺中解放"出来。[⑥] 该理论还强调"连续比

---

① Charles Camic, Neil Gross, "The New Sociology of Ideas", in Judith R. Blau (ed.), *The Blackwell Companion to Sociology*, Malden: Blackwell Publishing Ltd, 2004, pp. 242-245.

② Scott Frickel, Neil Gross, "A General Theory of Scientific/Intellectual Movements", *American Sociological Reviews*, Vol. 70, No. 2, 2005, p. 204.

③ Steven Shapin, "Here and Everywhere: Sociology of Scientific Knowledge", *Annual Review of Sociology*, Vol. 21, 1995, pp. 297-300.

④ 凯西·卡麦兹:《建构扎根理论——质性分析实践指南(原书第2版)》,边国英译,重庆大学出版社2022年版,第6页。

⑤ 安塞尔姆·L. 施特劳斯、巴尼·G. 格拉泽:《发现扎根理论:质性研究的策略》,谢娟译,华中科技大学出版社2022年版,第13页。

⑥ 凯西·卡麦兹:《建构扎根理论——质性分析实践指南(原书第2版)》,边国英译,重庆大学出版社2022年版,第132页。

较方法”的作用，研究者将两段同一主题但发生在不同情境中的历史材料放在一起，不断检验从前者得出的概念编码是否同样适合于后者。通过比较，研究者可以修正原有概念，直到新概念的意涵能够覆盖不同素材——也就是达成理论“饱和”。[①] 通过不断地比较和校准概念，他们可以充分辨析头脑中的概念与实际田野素材之间的差异，跳出先入之见的束缚，寻找最为贴切的理论编码。[②] “扎根理论”宣称，研究的过程便是追求“更加细致的数据和构建更为有用的理论概念”[③]。

“扎根理论”将理论建构过程拆解为一系列具体的方法操作，如“理论编码”“连续比较”等。这些操作决定了研究者可以建立什么样的理论认识。主观认识由客观研究方式所决定，因此，只要将研究行动规范化，就可以保证主观认识的可靠。同“建构主义”知识社会学一样，“扎根理论”将认识过程降解为对客观行动经验的描述，这遮蔽了研究者在认识世界过程中的主体性。研究者只是方法的操作者，每个人都将方法当作自身行动的理性规定。“扎根理论”中的“认识过程”只包括研究者的客观“行动”以及由该行动塑造的主观认知，每个人的理性都没有差别，他们只是均质化的个体。

总之，“理论建构”流派所声称的对“认识”过程的分析遮蔽了

---

① 安塞尔姆·L. 施特劳斯、巴尼·G. 格拉泽：《发现扎根理论：质性研究的策略》，谢娟译，华中科技大学出版社 2022 年版，第 94 页。

② 凯西·卡麦兹：《建构扎根理论——质性分析实践指南（原书第 2 版）》，边国英译，重庆大学出版社 2022 年版，第 163—169 页。

③ 凯西·卡麦兹：《建构扎根理论——质性分析实践指南（原书第 2 版）》，边国英译，重庆大学出版社 2022 年版，第 122 页。

“认识”最为根本的特点：人的多样主体性。“批判实在论”将一切研究行动归结为“判断理性”的产物，“建构主义”与“扎根理论”将研究者视为只知道“目的-手段”的“理性人”。“理论建构”流派对认识过程的分析是“经验性”的，但此种分析实际上陷入空转之中：“研究者”被降解成“经验研究”的对象，他们被视为均质化的理性个体。同样，作为研究过程分析者的“我们”的主体性也被遮蔽。当“我们”与“研究者”的主体性都被简化成均质而单一的“理性”时，“认识”作为区别于“经验”的范畴也就失去了意义。与此不同，“反身性”路径开始超越均质人的思维，探讨作为研究者的“我们”的多样“主体性”问题，由此提出了对认识过程新的理解。

四、回到研究者自身实践过程的“反身性分析”

“反身性”(reflexivity)理论强调，研究者只有将研究行动过程本身置于“自我意识”(self-awareness)中，才能真正理解“研究”对自身意味着什么。这种反观自身行动意义的活动就是“反身”。反身之内容在于对自身与整体社会世界关系的理解，特别是社会世界如何塑造了“我们”自身的惯习。

第一种反身方式探讨塑造惯常“理性”思维的社会结构。研究者自觉意识到自身在社会中的位置(position)如何影响了对世界的看法。正如布尔迪厄(Pierre Bourdieu)所论，世界在我们眼中，往往只呈现出某种“一般性”的“景观”(spectacle)。在惯习中，我们很难真正从“具体性”出发理解世界。只有当面对复杂多变的

“问题”时，我们才能逐步打破此前持有的“一般性”认识，开始感受自身该如何通过具体的行动方式应对问题。当“事到临头”的感受打破了“原本以为如此”时，我们便开始感受到自身原有的“偏见”(bias)。[①] 当意识到偏见时，我们便开始“系统地探索以往思想中那些并没有被意识到的类，那些先已存在的类限定了我们的所思范围，决定了我们的思想，最终也引导了我们的研究”[②]。“类”构成了我们的习惯思维，当习惯成自然时，“类”也变得隐而不显。但是，当我们开始意识到自己的偏见时，便可以反观以往的研究如何被“类”所左右，从而有意识地和那些惯习拉开距离。[③] 我们进而意识到，是自身所处的社会位置赋予了我们特定的惯习。身处不同位置中的我们，会对诸如什么是“客观”的知识、什么是“理性”产生非常不同的理解。我们以为自己的理解就代表了一般性的客观真实。[④] 要想克服这种偏见，就需要不断反观自身的研究过程，揭示我们习以为常的思维、伦理、价值如何在特定的社会场域中产生。

第二种“解析性反身”(interpretive reflexivity)方式探讨学术共同体的“认识模式”(epistemic modes)如何塑造了我们对世界的

---

① Pierre Bourdieu, Loïc Wacquant, *An Invitation to Reflexive Sociology*, Chicago: The University of Chicago Press, 1992, p. 39.

② Pierre Bourdieu, *In Other Words: Essays Towards a Reflexive Sociology*, Cambridge: Polity Press, 1990, p. 10.

③ Bennett Berger, *The Survival of a Counterculture: Ideological Work and Everyday Life Among Rural Communards*, Berkeley: University of California Press, 1981, p. 222.

④ Pierre Bourdieu, "The Scholastic Point of View", *Cultural Anthropology*, Vol. 5, No. 4, 1990, p. 389.

理解。我们对世界的理解背后，蕴含着没有意识到的认识模式。不同的认识模式回答了什么是“理论”，什么是“事实”，理论与事实是什么关系，以及如何研究理论与事实才是合理的。① 认识模式是由学术共同体成员共同维系和发展的。② 我们的研究并不是纯粹自主的，而是受到学术共同体的影响。这种影响与我们在社会场域中的位置没有直接关系。认识模式本身就可以解释我们为什么以特定的方式展开研究。那么，究竟有哪些认识模式塑造了我们对世界的理解呢？正如里德（Isaac A. Reed）所揭示出的，我们建立因果解释的“认识模式”远比“实证主义”或“后现代解构”思维丰富。③ 我们对不同的认识模式展开分析，就扩展了对什么是“因果解释”的理解。因果解释并不只是研究者操控研究对象的过程。看似属于研究者与研究对象之间的关系，背后却蕴含着认识模式对研究者的影响。研究者只有相信某种模式，才会遵循模式设定的方法构建因果解释；只有学术共同体认可某种模式，某个研究者建立的因果解释才会得到大家的认可。对认识模式的选择决定了某个具体因果解释能否被认可，认识模式也是具有因果效应（causal effects）的。④

学者提出了两种基本的因果解释模式：“实在论”（realism）与

---

① Isaac A. Reed, *Interpretation and Social Knowledge: On the Use of Theory in the Human Sciences*, Chicago: The University of Chicago Press, 2011, p. 7.

② Isaac A. Reed, *Interpretation and Social Knowledge: On the Use of Theory in the Human Sciences*, Chicago: The University of Chicago Press, 2011, pp. 35-36.

③ Isaac A. Reed, “Ethnography, Theory, and Sociology as a Human Science: An Interlocution”, *Ethnography*, Vol. 18, No. 1, 2017, p. 110.

④ Isaac A. Reed, “Ethnography, Theory, and Sociology as a Human Science: An Interlocution”, *Ethnography*, Vol. 18, No. 1, 2017, p. 110.

"解析论"(interpretivism)。"实在论"模式强调在多样的社会现象之下，存在着统一(unity)的实在性机制。比如，当研究者发现"农业的不断商业化导致了土地集中在大地主、商人手里并产生了一系列的政治现象"时，他们实际上将"农业的商业化"视为社会实在，"大地主、商人集中控制土地的现象"则成为被社会实在塑造的结果。[①] 研究者相信他们只要发现了解释现象的社会实在，那么"阐释学循环"(hermeneutic circle)也就完成了，他们证实或者证伪了其他关于社会实在的假设。[②] "解析论"模式则聚焦于研究者如何"理解"(understand)研究对象的主体世界。研究者通过理论视角将分散的资料组织起来，探究研究对象如何理解世界，这些"意义图景"塑造了对象的行动。不同于"实在论"对社会实在唯一真实性的信仰，"解析论"模式不认为研究者只能按照唯一的意义图景来解释某个行动的发生。研究者自身的理论知识是多元性的，他们能够看到的"意义图景"也是多元的。每个人都在以各自的方式诠释(interpret)证据，[③]根据不同的理论建立对"意义图景"多样的描述。

在"反身性分析"中，同样的"方法操作"实则蕴含着不同的认识模式。"方法"对我们的意义是不同的，认识模式在因果解释中的意义由此显现出来。上述两种认识模式引导研究者以不同的方

---

① Isaac A. Reed, *Interpretation and Social Knowledge: On the Use of Theory in the Human Sciences*, Chicago: The University of Chicago Press, 2011, p. 45.

② Isaac A. Reed, *Interpretation and Social Knowledge: On the Use of Theory in the Human Sciences*, Chicago: The University of Chicago Press, 2011, p. 52.

③ Isaac A. Reed, *Interpretation and Social Knowledge: On the Use of Theory in the Human Sciences*, Chicago: The University of Chicago Press, 2011, p. 10.

式理解什么是“因果机制”。在“实在论”中，因果过程被拆分为彼此独立的事件“模块”(modular)，研究者通过控制不同案例中相似的模块，比较不同的模块是否导致不同的结果，以此将一些模块排除出原因范畴，或将另一些模块组合成因果机制。在“解析论”看来，研究对象理解世界意义的过程是连续不断的。因此，研究者需要寻找到“意义生成”过程中的各种要素，比如话语符号、理解情境的框架、经验图示、意义图景等，将它们组织成对人们理解世界过程的描述。这些要素都只是研究者用来表现意义生成过程的理论概念，它们只有汇聚交融(assemblage)在一起时才能表现过程。因果机制无法依靠将任何部分拆分成独立的模块而搭建起来。[①]

与“理论建构”流派对能动性的理解不同，“反身性”思维承认作为研究者的“我们”具有多样而异质的“主体性”。研究者不再是均质化的个体，而是不断反观、理解自身行动意义的“实践者”。这些理解依存于具体时空情境中每个人的切身感受，因此是异质和多样的。同时，“反身性”思维只是对研究过程中的社会“结构”展开分析。“结构”包括研究者所处的社会位置以及影响研究者的认识模式。主体的异质性最终被归结为结构的异质性，这反而忽视了对“我们”的主体能动性的分析。我们对历史经验有所感受，我们有能力反观这些感受的来源，反观自身感受与他人研究的区别。这种主体能动过程推动我们相信自己认识到了“历史真实”。那么我们该建立何种社会科学方法论，对自身在研究实践中的“主体能

① Carly R. Knight, Isaac A. Reed, “Meaning and Modularity: The Multivalence of ‘Mechanism’ in Sociological Explanation”, *Sociological Theory*, Vol. 37, No. 3, 2019, pp. 239-244.

动性”展开分析呢?

五、走向实践主体性自觉的历史社会科学方法论

如果说,前述的方法论流派都在一定程度上遮蔽了研究者的主体性特点,那么我们就需要从社会理论中寻找新的智慧,建立实践主体能动性分析的基本框架。我们整合出“切身感”与“主体间共在”两个可能的维度。

第一,实践主体性的分析开始于对我们“切身感”(embodiment)的理解。作为研究者的我们,是“现实存在着的、活动的人”①,而不是停留于抽象的人,我们的研究实践不是从抽象的理念或利益出发的,而是来自对现实经验活生生的感受。② 正如实用主义(pragmatism)认识论所言,我们是在两种切身感的交替中认识世界的。第一阶段是“信奉”状态。我们在理解历史经验时,无论从中可以看出什么样的“历史事实”,对我们来说都是不需要怀疑的:“信奉一种观念意味着持续地照着观念去做事,从而形成了某种特定的行动规则或者习惯(habit)。”③即使遇到新的历史经验,我们也是首先按照这些习惯性的“信奉”去理解它们,在信奉状

① 马克思、恩格斯:《德意志意识形态》,载《马克思恩格斯选集》第1卷,人民出版社2012年版,第157页。

② Nancy Ammerman, “Rethinking Religion: Toward a Practice Approach”, *American Journal of Sociology*, Vol. 126, No. 1, 2020, p. 20.

③ Neil Gross, Isaac A. Reed and Christopher Winship (eds.), *The New Pragmatist Sociology: Inquiry, Agency, and Democracy*, New York: Columbia University Press, 2022, p. 6.

态中，我们获得了确定感。

但是，信奉状态是不可能一直持续的。正如皮尔士(Charles S. Peirce)所论，我们在生活中经常处于怀疑(doubt)状态。这种怀疑在日常生活中发生，时常带给我们不知所措之感。当我们尝试习惯性地延续此前信奉的观念来理解历史时，一些新遇到的历史素材往往把历史涂抹成超出我们习惯的图景，我们因此感觉到原有理解历史方式的局限性。这是一段短暂的不知所措，直到我们重新理解历史事实是什么样的。[①] 我们之所以会产生这种断裂感，并不是因为原来的理念与客观事实证据不符合。实证思维遮蔽了一个更为本源的认识实践过程。以往的经历使我们对多种观念保持“深深的熟悉”(deep familiar)。[②] 尽管在特定的情境中，我们可以信奉某种观念并以之理解事实，但我们的思想并不是处于“封闭”的状态。正在发生的经历可以随时激发我们心中那些潜在的观念。当理解世界的其他可能性被唤醒时，我们便开始隐约怀疑此前想当然地对事实的理解是否正确。我们自身就是不同观念的矛盾体，这种观念交叠冲突的状态使我们处于疑惑之中。我们暂时不能确定“历史”究竟是什么样子的，深感既往稳定的“真理”(truth)发生了动摇。[③] 然而，也正是在习惯性的观念被阻滞的地

---

① Charles S. Peirce, “How to Make Our Ideas Clear”, in Nathan Houser, Christian Kloesel (eds.), *The Essential Peirce: Selected Philosophical Writings*, Vol. 1, Bloomington: Indiana University Press, 1992, p. 128.

② Iddo Tavory, Stefan Timmermans, *Abductive Analysis: Theorizing Qualitative Research*, Chicago: The University of Chicago Press, 2014, p. 42.

③ Neil Gross, Isaac A. Reed and Christopher Winship (eds.), *The New Pragmatist Sociology: Inquiry, Agency, and Democracy*, New York: Columbia University Press, 2022, p. 7.

方，新的研究想象力开始生长。我们不会止步于困惑，困惑推动我们重新探寻理解历史的新的可能。

动摇与困惑推动我们反观自身，我们思考困惑从何而来，进而思考选择哪些新的理论理解历史经验素材。于是我们开始从自身的“理论储备”中寻找灵感。这些理论描述了“世界是什么样的”。它们可以是本体论，如符号互动论、社会现象学或社会网络理论；也可以是中层理论（middle-theory），如具体变量之间的因果关系等。[①] 随着理论储备与切身感受的不断调适，我们慢慢找到了更加合适的理论视角。依照视角，我们重新整合出对“历史事实”的理解。当然，这种理解同样只是暂时的。伴随着实践的展开，我们永远会经历从“信奉”到“经历”到“怀疑”再到“反观与选择”的过程。认识世界的过程是永无止境的，但我们可以将此种过程纳入理性的分析，揭示其方法论特点。

第二，“认识实践”方法论并不是对作为“孤立个体”的研究者的“目的-手段”分析，而是揭示出“我们”与学术共同体的“主体间（intersubjective）共在”过程。“我们”可以不断理解自身与他者在理解历史方式上的差异。“他者”是可以被我们的“主体性”所理解的“对等主体”。实践方法论将“主体间共在”的过程纳入分析，由此呈现出“认识实践”的社会性特质。对“主体间共在”的研究揭示出“社会位置”或“认识模式”无法看到的实践方式。

“现象学社会学”等流派奠定了“主体间共在”的分析方法。任何行动者都必然对观察到的他人的行动有所理解。观察者与被观

① Iddo Tavory，Stefan Timmermans，*Abductive Analysis: Theorizing Qualitative Research*，Chicago：The University of Chicago Press，2014，p. 42.

察者不可能变成同一个人，我们赋予他人的意义绝不会和他人对自身的诠释相同。[①]“我们”对“他人”的理解也是我们对自身经验理解中的一个部分。当我们描述他人如何理解世界时，这样的描述体现了我们对自身与他人差异的理解。[②]

实际上，我们对其他研究流派的分析也体现了这种“主体间共在”的分析方式。我们并没有拘泥于各个方法论流派自己所宣称的方法合理性，而是从新的视角“再现”学者实际的研究过程。比如，我们分析实证研究者如何在“因果识别”的标准方法之外，自主构造研究单位的“同质性”，或是悄悄采取“国家自主性”视角来构造“历史事实”。我们还看到，“理论建构”流派如何将研究归结为某种固定的行动理性的结果，“反身性”思维如何从社会位置和认识模式的角度分析研究过程。我们揭示出它们的局限性：两个流派都没有回答我们该如何将自身不断变化的经验和感受及其社会根源纳入分析。

我们对其他流派研究方法的呈现并不是“客观中立”的。事实上，我们心中存在着一个“标尺”，相信存在“主体性自觉”的研究方式。我们将这种“理想型”与其他流派对比。“比较”引导我们看到这些流派如何缺失了对主体性的把握。这是一种“反观”的过程：我们阐明“他者”的主体性如何被我们自身的主体性映照出来。“认识实践”方法论不仅要求我们主动地建构他者的主体性，而且

① 阿尔弗雷德·舒茨：《社会世界的意义构成》，游淙祺译，商务印书馆2012年版，第125—127页。

② 阿尔弗雷德·舒茨：《社会世界的意义构成》，游淙祺译，商务印书馆2012年版，第246—247页。

要求我们将如何“建构”纳入自觉分析。“建构”与“反观”乃是“主体间共在”的方式。

对“主体间共在”过程的分析并非要去证明他人的错误与自己的正确。当我们建立对他人主体性特点的理解时,也就预期“他们”同样可以将“我们”也视为一个“他者”,纳入新一轮次的“主体构建”之中。这是一个通过对话而生成社会连接的过程,当“周遭世界中的‘你’以任何一种方式注意到我时,社会关系才真的开始”[①]。在“我们”与“他们”的对话中,一个包容了“他们”的更大的“我们”的世界生成出来,新的学术共同体由此熔铸而成。学术共同体生长的动力在于“开展对话”,而不是“树立权威”。对话的目的并不是证实或证伪某种权威的理论,而是不断探讨“我们”对历史的理解是否适用于“他们”的经验感受。“我们”希望,当“他们”感到这些理论不能适用于对历史的切身感受时,也可以将“我们”再次纳入反观与对照之中。[②]

换言之,本章提出的方法论可以被置于不断反思之中。反思可以来自我们自己,也可以来自共同体的其他成员。这是一个由学术共同体成员在对话中共同建构起来的、生生不息地认识世界的过程。在此过程中,没有可以作为出发点的所谓“方法立场”。永远的“出发点”恰恰在于,“我们”与“他们”都需要不断地将某种具体的立场置于实践中以给出反观与分析。学者的实践“创造性”

---

① 阿尔弗雷德·舒茨:《社会世界的意义构成》,游淙祺译,商务印书馆 2012 年版,第 221 页。

② Alan Garfinkel, *Forms of Explanation: Rethinking the Questions in Social Theory*, New Heaven: Yale University Press, 1981, p. 27.

也源于此种“主体间共在”的学术生活样态。

在“认识实践”视域中，“方法”是研究者对自身研究历程的理解，它使研究者相信自己的工作是合理的。这样的理解与各流派所宣称的方法逻辑不同。实际上，不同方法论流派对于“合理性”都有着公开承认的“标准答案”。比如，“实证统计”研究相信因果关系指的是可以观测到的“恒随关系”，研究者通过统计方法识别出变量间的因果相关性。“比较历史分析”则相信“控制性比较”的方法逻辑，即通过观察相似案例中的不同要素来解释案例的不同结果，或观察看似不同的案例中导致出现同样结果的相似要素。这个流派主张通过“差异性和相似性”原理来识别充分或必要的因果条件。“理论建构”流派相信研究者具有“理性”，能够自然而然地根据实际观察到的现象找到恰当的理论概念，通过理论概念发现“实在性”机制。“反身性”方法论则认为，研究者对方法合理性的信仰或是来自社会位置赋予的“惯习”，或是来自学术共同体认可的“认识模式”。他们需要反思自己所采用的研究方法在何种特定“惯习”或“认识模式”的认知范围内是合理的。

“认识实践”视域揭示出这样的情境：当上述方法合理性得以成立的条件难以具备时，研究者不得不从新的角度论证自己研究的合理性，从而呈现出某种“两面性”。比如，当“随机抽样”的条件不存在时，实证研究者便设想出“构造单位同质性”等方法保证统计结果的可靠性。“比较历史分析”研究者意识到，他们往往需要面对“历史真实”的多重理解，并且每种对“真实是什么”的判断都无法依靠“控制性比较”等操作规程来证明是可靠的。于是，他们一方面承认每种对“历史真实”的理解只是“个性化”学术经历的产物,但另一方面则坚称自己可以运用科学实证的方法识别出历史真实规律。“理论建构”流派宣称可以自觉分析“认识活动”。但是,他们却将“认识活动”等同于“客观经验”,反而消解了“认识”的主体性范畴。“反身性”研究虽然承认研究者具有主体性,但只是将主体性归结为客观社会结构的产物,忽视了对主体性内在能动性特点的分析。

在“认识实践”视域中,我们还揭示出不同方法流派各自的优势与局限。衡量“优势”与“局限”的标准在于,这些方法论如何扩展或遮蔽了对“实践者主体性”的自觉分析。如果说方法论的“内部视角”在于我们立足于具体情境去理解“方法”,那么通过“比较”而反观以往方法流派的特点,就体现了“外部视角”。“外部视角”揭示出各流派难以觉察到的自身特点。实证研究者将自己视为客观规律的“识别者”。但是,若我们将这种理解与“理论建构”流派进行比较,就会发现“识别者”的角色忽视了研究者在建构理论时的能动性。当比较“理论建构”与“反身性”方法时,我们可以发现前者只是将研究者归结为均质化的“理性人”,却看不到他们理解自身研究行动的过程;后者希望深入分析此过程,但只是将研究者的主体特点归结为社会结构的产物。我们还发现,上述方法虽有种种不同,但不约而同地遮蔽了一个更为本真的研究过程:研究者从对理论与经验的切身“不契合感”出发,寻找理论视角以重建对历史事实的理解,进而阐明自身与学术共同体相关研究的差异,并为新的观点对话开辟空间。这一过程揭示出研究实践者的主体能动性。我们能够看到此过程,得益于诸如马克思主义实践论、实用主义、现象学等社会理论的启发。我们将实践主体性的分析框架视为标尺，以此衡量以往方法的优势与局限。换言之，“标尺”并不是唯一的，不同学者可以从自身学养储备中选择其他“标尺”，重构适合自身研究的方法论，他们也可以建立与本章完全不同的方法谱系。但无论选择何种标尺，建构什么样的谱系，他们都需要具有自觉的比较意识，这是从“认识实践”视域看待“方法”的基本特点。

“认识实践”视域从“内部视角”与“外部视角”两个维度扩展了对“方法”的理解。学者们习惯将方法视为“规范性的”(normative)。① 他们宣称，如果可以按照方法“路线图”展开经验研究，就可以获得对世界的真实认识。不同流派还为各自的方法操作寻找到哲学基础，以此论证某种“方法”为什么可以建立对“真实”的认识。在这样的“方法想象”中，学术作品都需要被贴上某种方法或方法组合的标签。“方法”成为证明研究合理性的“通行证”，学者们可以根据方法规程检验彼此的研究是否可靠。② 学术共同体的组织和运转是围绕“方法规范”的选择、执行与评估展开的。

“认识实践”视域揭示出被上述“法定”程序所遮蔽的学理过程。方法乃是“研究者”作为可以被“我们”所理解的“人”的实践方式。“内部视角”描述了研究者在规范性操作之外对自身研究特点与合理性的理解，将不被“规范”公开承认的操作空间敞开。“外

① Daniel Little, *Understanding Peasant China: Case Studies in the Philosophy of Social Science*, New Haven: Yale University Press, 1989, pp. 9-10.

② 代表性的质性方法陈述体例，参见陈向明：《质的研究方法与社会科学研究》，教育科学出版社 2000 年版。

部视角”根据“我们”建立的“参照系”映照出不同流派在“法定”区分之外的真实差异、内在一致性与局限。无论是“内部视角”还是“外部视角”,都赋予方法以新的意涵。“方法”是研究者理解和改造世界的方式,“方法”在“我们”的“观照”中获得意涵,并由此具有谱系意义。不同流派在谱系中各有其位置。谱系也指明了历史社会科学实践方法论的意义:对实践者主体性的自觉分析乃是方法论创新的可能方向。

六、本章小结

本章从“认识实践”视角重新梳理了历史社会科学各主要研究流派。从“认识实践”视域分析研究者对自身经历的研究过程的理解,即如何理解研究对象,如何理解自身研究行动的特点,以及如何理解与己“共在”的学术思想世界。本章对研究方法的分析超越了以往方法论流派的自我阐发。我们的分析在“比较意识”的引导下展开,比较的标准来自“实践主体性自觉”的方法论。在后者看来,方法论并非固定的操作规范流程,而是探讨如何自觉建立对“实践活动和人的发展的实践历程的阐述(expound)”[①]。通过叙述以往研究方法流派的特点,分析它们彼此思想间的内在联系、矛盾张力与共同局限,我们展现出它们与“自觉”状态的差异。因此,

---

① Karl Marx, Friedrich Engels, *The German Ideology: Including Theses on Feuerbach and the Introduction to the Critique of Political Economy*, New York: Prometheus Books, 1998, p. 43.

本章对方法流派的梳理与分析具有“谱系学”的意义。在“认识实践”视域中，我们揭示出不同方法流派中实践者的主体性特点，在与“主体性自觉”这一理想状态的对照中，我们勾画出各个流派的内在连贯性及其共同的“遮蔽”状态。

本章的主要工作在于通过新的研究视域与比较意识，重新梳理了以往历史社会科学的研究方法传统。我们并没有深入探讨“实践主体性自觉”的方法论的具体内容。对“实践方式”的讨论不能以抽象的方法说教，必须结合具体论题的研究来展开。我们需要从切身性与主体间关系等维度反观研究过程。对方法论的探讨，并不是要树立“放之四海而皆准”的方法权威，而是探索我们该如何在解决具体问题中培育自身的实践主体性自觉。只有如此，我们才不会沉迷于对某种理念或历史事实的信仰，而是自觉地将自身视为主体，投入认识“历史真实”的实践历程。通过“反求诸己”的认识实践，“历史”也将融入我们对自身时代的理解之中。

第二章　史观:进入“历史真实”背后

第一章从“认识实践”视域分析西方历史社会科学主要的方法论流派,进而讨论到,作为研究者的“我们”,可以如何在对自身实践主体性的自觉中理解“方法”。在接下来的两章,我们将提出“认识实践”方法论的两个基本维度:“史观”与“历史质性分析”。

在“认识实践”视域中,阐发方法论并不是要构建出超越具体研究问题和实践情境的“规则”(rule),而恰恰要呈现出复杂多变的研究过程所蕴含的“共同实践方式”。方法乃是研究者理解世界的共同方式,这种方式只有在实践中才能切身体会。方法的阐述也是学术共同体成员间的思想“接力”,学术共同体的其他成员可以通过我们的阐述而体会“他们”该如何理解世界。这种体会只属于每个具体研究者,不可复制也难以规定。但研究者依然可以表达出属于自己的方法感受,从而展开对话。学术共同体正是在“阐述—体会—对话”的辩证过程中不断发展的。

“史观”与“历史质性分析”呈现出两种实践方式。“史观”探讨研究者如何自觉地“观”出“历史真实”背后的社会科学理论视角。“历史质性分析”则探讨研究者如何将分散的经验素材整合起来,建立对“历史事实(facts)”或“理论意涵”的系统性呈现。“史观”乃是将“真实”与“理论视角”析分开的过程,“历史质性分析”则是将经验素材重新整合为事实或理论意涵的过程。“析分”与“整合”分别呈现出“认识实践”的两个维度。

本章选择从实证政治学的重要中层理论领域“国家研究”(state-building、state-making 或 state-formation)切入，结合对传统中国史料的深入分析，提出作为“认识实践”方法论的“史观”，具体展现出其如何推动学理探索。① 更确切地说，我们聚焦国家研究中的一个主要领域：对“国家”与社会系统②中“个体行动者”二者之关系的因果解释。在此领域中，众多学者已经注意到，传统中国的国家运行实态与西方比较政治学实证研究所构建的中层理论系统存在明显的不契合之处，此种“不契合感”难以依靠实证方法消解。③ 比如，有学者指出，实证研究的基本单位“国家-社会-个体人”并不适合分析中国历史；④还有学者反思了长时段“国家-社会”关系的定量研究思路，指出将“历史记载”转化为“测量概念”的数据时，难以避免某些隐性操作，导致理论解释偏离历史实际。⑤ 学者还探索贴近于中国历史的概念范畴，以此推进对“家国”与“人”之

---

① 以下部分内容可参见罗祎楠：《作为认识实践方法论的“史观”：以国家研究为例》，《政治学研究》2024 年第 1 期。

② 本章的“社会系统”指的是个体行动者的行动模式与相互关系。对“系统”(system)的理解来自伊斯顿(David Easton)等提出的政治系统论。所谓“系统”，是由个体行动者(包括集团、阶级、社会组织、社区、政府部门等)与各种制度彼此连接而成的。伊斯顿所说的政治系统与本章的社会系统并无实质性区别。参见 David Easton, “The Political System Besieged by the State”, *Political Theory*, Vol. 9, No. 3, 1981, p. 303。

③ 对中国政治实证研究的回顾，参见 Lily L. Tsai, “Bringing in China: Insights for Building Comparative Political Theory”, *Comparative Political Studies*, Vol. 50, No. 3, 2016, pp. 295-328; Meg E. Rithmire, “China's ‘New Regionalism’: Subnational Analysis in Chinese Political Economy”, *World Politics*, Vol. 66, No. 1, 2014, pp. 165-194。

④ 肖瑛：《从“国家与社会”到“制度与生活”：中国社会变迁研究的视角转换》，《中国社会科学》2014 年第 9 期。

⑤ 赵鼎新：《〈中华帝国的兴衰〉之病》，《读书》2023 年第 7 期。

关系的研究。①

沿着方法讨论的线索，本章揭示“史观”在“实践”层次的特质。②“史观”之“观”，呈现出作为研究者的“我们”认识“历史真实”的实践主体性。尽管“观史”之人无法左右已经逝去的过往，但可以反观自身如何观史。“实践”的方法论不仅回答该如何研究“历史对象”（如“传统国家”），而且聚焦“我们”该如何将自身认识历史的社会性活动纳入反观与分析。“我们”，乃是具有“主体性”的实践者：“我们”可以自觉分析对历史切身感性认识的社会来源，自觉构造自身与他者的主体间差异，自觉筹划自身行动的社会意义。当学者以“我们”为出发点，意识到“自己思维的现实性和力量”③时，也便有动力超越惯常思维的桎梏，激发出新的社会科学想象力。

本章首先分析实证方法如何研究“国家”与“个体行动者”的关系，进而结合传统史料揭示出此种认识方式的局限性，通过引入新的“历史存在论”视角，探讨如何从史料中发现传统中国“治天下”的历史真实；接下来，我们将上述研究过程整体性纳入分析，以揭示其中蕴含的实践方法论——“史观”。本章由此呈现出“历史”在学者“观”史的创造性实践中不断实现意义转化的辩证过程。

---

① 赵汀阳：《天下的当代性：世界秩序的实践与想象》，中信出版社 2016 年版；渠敬东：《山林与社会》，《社会》2023 年第 2 期。

② 从广义“实践”视角探讨“历史观”问题的政治学代表性研究，参见杨光斌：《政治学方法论与历史观问题》，《政治学研究》2023 年第 5 期。

③ 马克思：《关于费尔巴哈的提纲》，载《马克思恩格斯选集》第 1 卷，人民出版社 2012 年版，第 134 页。

一、实证社会科学对“国家”与“个体行动者”关系的解释

我们首先简要分析实证社会科学如何开展对“国家”与社会系统中“个体行动者”关系的研究。我们没有遵循实证研究者自己所宣称的操作方法以及他们对彼此研究的评价，却恰恰揭示出他们没有意识到的研究方式——从我们自身的关切出发，揭示实证研究者尚未自觉的实践主体性，这是“史观”方法论的重要步骤。

社会科学国家研究的基本导向是将“国家”纳入实证科学分析。[①] 韦伯提出国家是“一种强制性的政治组织，其行政官员坚持宣称为了强化秩序而合法垄断物力的使用”；理性选择理论强调国家是“中央化和制度化的权力部门组合，它们在一定的领土内集中暴力、建立产权、规制社会，而在国际上被认可为一个国家”[②]；公共政策研究将国家视为声称控制一定的领土和人民，制定和推行只能属于国家的职能目标。[③] 各种理论都认为存在与其他组织具

① J. P. Nettl, “The State as a Conceptual Variable”, *World Politics*, Vol. 20, No. 4, 1968, p. 559.

② Margaret Levi, “The State of the Study of the State”, in Ira Katznelson, Helen Milner (eds.), *Political Science: The State of the Discipline*, New York: W. W. Norton & Company, 2002, p. 40.

③ Theda Skocpol, “Bringing the State Back In: Current Research”, in Peter Evans, Dietrich Rueschemeyer and Theda Skocpol (eds.), *Bringing the State Back In*, Cambridge: Cambridge University Press, 1985, p. 9; Michael Mann, “The Autonomous Power of the State: Its Origins, Mechanisms and Results”, *European Journal of Sociology*, Vol. 25, No. 2, 1984, p. 187.

有根本差异的、被称为“国家”的实体（entity）。无论是公共职能、控制资源的能力，还是国际地位，任何社会、政治组织都无法与国家相提并论，因此国家可以被作为专门的研究对象。

学者进而提出，“国家”并非形而上的抽象存在，其现实运行必然与社会系统中的个体行动者发生关系。“二战”后国家研究的主要工作之一便是对这种关系给予社会科学因果分析。[①] 具体来说，研究者希望回答以下问题：国家（state）是否可以自主地（autonomously）塑造个体行动者（包括个人、群体、组织、政府部门、阶级等）的行动方式与相互关系？如何分析此种“自主状态”？如果这种“自主状态”并不存在，那么又该如何解释二者的因果关联？围绕这些问题，出现了三种实证路径。

第一，国家自主性分析中的制度比较。这一研究路径围绕“制度”在国家自主行动中的作用而展开。研究者承认国家具有塑造行动者行动方式与彼此关系的“潜在”（potential）自主力量，并围绕“制度”来分析此种“潜在”力量如何转化为现实。[②] 国家的“自

---

① 国家研究包括多种方法，如控制性比较、多案例统计、模型方法、过程追踪等。该领域研究者同时承认，这些研究均归属于实证主义科学路径。对国家研究的回顾，可参见 Tuong Vu，“Studying the State through State Formation”，*World Politics*，Vol. 62，No. 1，2010；Margaret Levi，“The State of the Study of the State”，in Ira Katznelson，Helen Milner（eds.），*Political Science: The State of the Discipline*，New York：W. W. Norton & Company，2002；Hendrik Spruyt，“War，Trade and State Formation”，in Carles Boix（ed.），*The Oxford Handbook of Comparative Politics*，Oxford：Oxford University Press，2007；Matthias Vom Hau，“State Theory：Four Analytical Tradition”，in Stephan Leibfried，et al.（eds.），*The Oxford Handbook of the Transformations of the State*，Oxford：Oxford University Press，2015，p. 135。

② Theda Skocpol，“Bringing the State Back In：Current Research”，in Peter Evans，Dietrich Rueschemeyer and Theda Skocpol（eds.），*Bringing the State Back In*，Cambridge：Cambridge University Press，1985，p. 14.

主性"在于它可以不被其他社会力量左右,根据社会现实制定目标。在调动资源实现目标的过程中,国家将一系列社会和政府的制度统合起来,使制度发挥塑造个体行动者的行为模式与相互关系的作用。尽管此"塑造"过程可能发生在当事人预期之外,但是社会科学可以对此给出解释。"国家自主性"(state autonomy)作为一种"框架"(frame)式的变量,其意义在于研究者可以将此变量进一步扩展为新的变量系统,以建立"中间层次的论题和假设"①。这些变量就是"制度"(institution)的各种属性。研究者通过对制度属性的比较分析,解释在国家推动政策的进程中,不同的制度如何将个体行动者导向差异化的社会关系和行动模式。② 因此,制度是建立中层解释的核心要素:研究者聚焦制度如何构架(structure)了国家自主行动的结果。

正如彼得·霍尔(Peter Hall)所言:制度指的是"正式的规则、遵从的程序(compliance procedures)以及一般性的运营实践(standard operating practices);它们构架了个体行动者在政治和经

① 对斯考切波关于在"控制性比较"方法中如何构造抽象变量与具体变量以避免"控制困境"的讨论,参见罗祎楠:《思想史视野中的质性研究:以方法意涵的构建为例》,《社会》2019 年第 1 期,第 116 页。

② Sven Steinmo, Kathleen Thelen and Frank Longstreth (eds.), *Structuring Politics: Historical Institutionalism in Comparative Analysis*, Cambridge: Cambridge University Press, 1992, p. 13; Stephen D. Krasner, "Approaches to the State: Alternative Conceptions and Historical Dynamics", *Comparative Politics*, Vol. 16, No. 2, 1984, p. 228; Peter Hall, *Governing the Economy: The Politics of State Intervention in Britain and France*, Oxford: Oxford University Press, 1986, p. 19; Matthias Vom Hau, "State Theory: Four Analytical Tradition", in Stephan Leibfried, et al. (eds.), *The Oxford Handbook of the Transformations of the State*, Oxford: Oxford University Press, 2015, p. 135.

济体中的互动关系"[①]。具体来说,制度是"镶嵌在政治体或政治经济结构中的那些正式或非正式的程序(procedure)、常规(routines)、规范(norms)和惯例(conventions)"[②]。制度的上述定义是"分析性的"(analytical),制度只有在对因果关系的分析中才能够显现其解释作用,霍尔将此称为"制度的关系性特征"(relational character of institutions)。

研究者宣称他们依照归纳性(induction)的研究方法建立因果关系。不同于大样本(large-N)统计研究所体现的演绎性(deductive)逻辑,归纳研究强调对历史经验进行广泛而深入的了解,然后找到代表客观现实的合适概念,并建立它们之间的因果关系,为多案例研究提供可被证实或证伪的理论假设(hypothesis)。[③] 因果关系的发现,有赖于对少数案例(small-N)的充分"控制性比较"。[④] 实证研究中的"控制性比较"逻辑源于密尔的"求同求异法"。所谓"求同法",指的是研究者可以通过比较案例,看到它们都出现了相同的导致某种结果的原因,尽管这些案例在其他方面的特点都不相同。所谓"求异法",则指的是当研究者在比较两组案例时发现,在一组案例中被假设具有因果关系的两个要素,在另一组案例中却都没有,而两组案例除了这个差异外,其他都相似,

① Peter Hall, *Governing the Economy: The Politics of State Intervention in Britain and France*, Oxford: Oxford University Press, 1986, p. 19.

② Peter Hall, Rosemary Taylor, "Political Science and the Three New Institutionalisms", *Political Studies*, Vol. 44, No. 5, 1996, p. 938.

③ Peter Evans, Dietrich Rueschemeyer and Theda Skocpol (eds.), *Bringing the State Back In*, Cambridge: Cambridge University Press, 1985, p. 348.

④ Arend Lijphart, "The Comparable-Cases Strategy in Comparative Research", *Comparative Political Studies*, Vol. 8, No. 2, 1975, p. 163.

那么可以证明这两个要素的确具有因果关系。① 在第一种情况下,原因被称为结果的充分(sufficient)条件;在第二种情况下,原因是结果的必要(necessary)条件。②

以制度为中心的学者不再将某些个体行动者等同于“国家”或“社会”,而是将研究视域深入多样的中层制度系统,探讨其在政策

---

① Theda Skocpol, *States and Social Revolutions: A Comparative Analysis of France, Russia, and China*, Cambridge: Cambridge University Press, 1979, pp. 36-37; Gary Goertz, James Mahoney, *A Tale of Two Cultures: Qualitative and Quantitative Research in the Social Sciences*, Princeton: Princeton University Press, 2012, pp. 10-13.

② 比如,韦尔(Margaret Weir)与斯考切波在对美国与瑞士采用不同方式应对大萧条的解释中,首先将“国家自主性”作为基本的概念框架,提出她们的研究聚焦国家制度结构如何在其自主制定和推行应对大萧条的政策中形塑了国家干预经济的行动方式。作者进而依照此种模式叙述并比较了美国和瑞典政府如何应对20世纪30年代的大萧条。作者采用了“控制性比较”的方式。美国和瑞典政府在应对大萧条时有很大的相似性,即双方共同借鉴了凯恩斯国家干预经济的思想来成功应对大萧条。但是经历了在本国差异化的制度系统中推行凯恩斯主义的过程后,两国最终形成了不同的政府干预社会方式:瑞典政府的“社会凯恩斯主义”侧重增加公共开支以追求提高社会福利和促进城市民众充分就业;而美国联邦政府的“商业凯恩斯主义”则避免主动扩大公共开支用于政府主导的福利救济,并注重控制通货膨胀、对农产品的补贴等。作者通过“差异性比较”的方法,寻找什么样的制度因素可以解释这种不同。作者看到,美国在20世纪30年代实行的干预经济政策促使南方倾向于出口的大中型棉农与倾向于国内和国际市场的中西部种植玉米与小麦的农民联合起来,它们通过美国农业社团联合会(AFBF)将共同利益整合为政策要求,如增加农业补贴、阻碍公共福利开支等,并通过美国国会的委员会制度获得议题控制等权力,这阻止了美国联邦政府进一步提出扩大公共支出以增加对贫困农民的福利救济。而瑞典不具备由AFBF、国会委员会制度和地方农民所构成的强大稳定联合并相互强化而成的制度环境,导致瑞典没有形成美国政府的“商业凯恩斯主义”模式。同样,美国也不具备瑞典的制度特征,即瑞典的全国行政委员会与控制国会的社会民主党联合起来,使农民只能与城市产业工人和社会民主党在立法的协商过程中妥协,否则就会被排斥出权力圈层。因此,美国也就没有如瑞典政府那样扩大财政权力,以用于社会福利和扩大城市就业的政策。参见 Margaret Weir, Theda Skocpol, “State Structures and the Possibilities for ‘Keynesian’ Responses to the Great Depression in Sweden, Britain and the United States”, in Peter Evans, Dietrich Rueschemeyer and Theda Skocpol (eds.), *Bringing the State Back In*, Cambridge: Cambridge University Press, 1985, pp. 141-149。

运行过程中的作用。代表性的研究如埃文斯(Peter Evans)对发展型国家中官僚镶嵌于社会又保持自主性的制度特点研究；[①]卡赞斯坦(Peter Katzenstein)对政策网络的讨论；[②]霍尔讨论财政部门与央行之间的分立制度、政府部门权限、工业资本特点、工会制度等如何塑造了政府解决经济问题的方式；[③]等等。研究者承认国家初始的自主意愿可能蜕化为参与者谋求自我目的的手段。但他们更强调这样的现象可以通过其制度比较研究给予解释。[④] 因此，即使国家丧失了意愿上的自主性，但此种结果依然可以在“国家自主性”的概念框架中给出解释。制度研究也避开了关于国家官员是否可以不受其他社会力量左右而自主决策的争论。[⑤]

第二，理性选择研究对国家自主性的反驳。理性选择研究否认国家具有通过自主行动来塑造社会的能力，并反对从制度结构出发分析国家与社会系统的关系。学者强调个体行动者才是最基本的社会分析实体，主张在国家研究中“找回行动者”，即将国家政策视为个体行动者(如政策制定者)应对条件限制以达成自我目的的策略手段。他们将“模型”(model)作为分析这一过程的方法工具。列维(Margaret Levi)将其模型“建立在被条件限制的理性选

---

① Peter Evans, *Embedded Autonomy: States and Industrial Transformation*, Princeton: Princeton University Press, 1995.

② Peter Katzenstein, *Small States in World Markets: Industrial Policy in Europe*, Ithaca: Cornell University Press, 1985.

③ Peter Hall, *Governing the Economy: The Politics of State Intervention in Britain and France*, Oxford: Oxford University Press, 1986.

④ Michael Mann, "The Autonomous Power of the State: Its Origins, Mechanisms and Results", *European Journal of Sociology*, Vol. 25, No. 2, 1984, p. 344.

⑤ Timothy Mitchell, "The Limits of the State: Beyond Statist Approaches and Their Critics", *The American Political Science Review*, Vol. 85, No. 1, 1991, p. 77.

择行动者行动的微观基础上：这些政策制定者需要面对集体行动(collective action)与机会成本(opportunity costs)的问题，他们因控制资源的相对优势而具有的讨价还价的权力(relative bargaining power)大小是相对而言的，他们还必须考虑政策的交易成本(transaction costs)"。政策制定者的动机都是最大程度地达成某种目标(如"增加国家收入"[①]或是"加强自我权力"[②])。

理性选择研究批评国家自主性研究与国家运行的实际经验观察不符。首先，国家是由很多的个人、群体、机构等组合起来的，并不是一个单独的变量；其次，看似是国家做出的决定，其实都是由某些个人在国家的名义下做出的，因此只有分析个人"动机"等变量才能对国家的决定做出解释；最后，决策过程还包括决策者个人如何对原有政策效果进行反馈，国家自主性研究并没有分析这种个人作用。[③] 在理性选择研究看来，这些经验"证伪"了国家自主性模型的解释力。原有模型无法涵盖统治者个体的目标、权力、成本，更无法解释统治者如何在不同情境中改变政策手段。

上述批评源自实证"模型"的思维方式。此方法要求不断地将分析对象"还原"(reduction)为更基础的变量，直至寻找到无法拆

---

① Margaret Levi, *Of Rule and Revenue*, Berkeley: University of California Press, 1988, p. 2.

② Edgar Kiser, "Markets and Hierarchies in Early Modern Tax Systems: A Principal-Agent Analysis", *Politics and Society*, Vol. 22, No. 3, 1994, pp. 285－316; Barbara Geddes, *Politician's Dilemma: Building State Capacity in Latin America*, Berkeley: University of California Press, 2023.

③ Margaret Levi, "The State of the Study of the State", in Ira Katznelson, Helen Milner (eds.), *Political Science: The State of the Discipline*, New York: W. W. Norton & Company, 2002, p. 34.

分的基本变量（如个体行动的目的、手段、资源等）为止。[①] 他们将这些基本变量作为解释上层宏观结构（如制度、政策等）形成和变化的可观测（observable）变量，就如同决定机器运动的齿轮一样。[②] 模型由可观测的变量连接在一起，研究者根据变量取值的差异来解释不同结果的差异。模型的选择是否成功，要经过数据或证据的不断验证。越能够解释大范围内结果差异的模型就越成功。同样，当研究者发现了原有模型中的变量不足以解释某些现象时，他们根据新的数据调整变量、修改模型以扩大其解释能力。[③] 研究者相信，理性选择模型比国家自主性模型拥有更强的解释力，因为他们可以找到大量数据、证据来证明国家的自主行动（如制定政策活动）本身也是可以被理性选择模型所解释的。

第三，制度与能动性的因果作用分析。来自理性选择研究的批评促使制度研究超越“控制性比较”的方法逻辑，寻找因果解释新的思路。他们主张超越理性选择模型对个体属性狭窄的界定。研究者强调“理性人”的“能动性”（agency）与能动性背后的制度（如文化习惯、社会规范、基本认同、意识形态等）共同具有因果性。此种因果性被称为“心灵因果性”（mental causation）。[④] 任何社会

---

① Ronald Jepperson, John Meyer, “Multiple Levels of Analysis and the Limitations of Methodological Individualisms”, *Sociological Theory*, Vol. 29, No. 1, 2011, pp. 61-62.

② Peter Hedström, Petri Ylikoski, “Causal Mechanisms in the Social Sciences”, *Annual Review of Sociology*, Vol. 36, 2010, pp. 50-51.

③ Robert Bates, Avner Greif and Margaret Levi, et al., “Analytic Narratives Revisited”, *Social Science History*, Vol. 24, No. 4, 2000, p. 694.

④ Sven Steinmo, Kathleen Thelen and Frank Longstreth (eds.), *Structuring Politics: Historical Institutionalism in Comparative Analysis*, Cambridge: Cambridge University Press, 1992, p. 16.

行动都有其内在心灵上的驱动原因。人的内心可以涌动各种情绪、冲动、感受、信仰乃至计划和设想等,但是一旦当他们决定开展具体行动以达成自己的目的(尽管目的可能来自所谓冲动、情绪等)时,这些心灵状态便成为驱动行动产生的理性(reason)。理性应当视为解释行动发生的"首要原因"(primary reason)。[①]

这种"理性"是在特定文化制度中产生的能动性。具有理性的行动者是"能动者"(agent)。[②] 能动性的特征在于自觉的"计划"(projective)。行动者相信自己在运用某种"手段"(means)达成自己的"目的"(ends)。[③] 实证研究者由此将"目的-手段"及其"制度限制"作为独立的解释变量。他们"要么将政治过程视为那些被条件所限(bounded)、具有目的的行动者(purposive actors,包括个人或群体)行为的加总(aggregation);要么将此过程视为行动者策略性的互动(strategic interaction)"[④]。对能动性的关注,使研究者将理念、选择、偏好、策略、感受、认知等变量纳入对国家的研究中。与此同时,他们也将更广泛的"制度",如意识形态、规范、常规理念等纳入因果链。行动者在发挥能动性过程中习惯性地遵守制度,他们并没有意识到这些制度对自己的引导作用。可见,任何能动

---

① Donald Davidson, "Actions, Reasons, and Causes", *The Journal of Philosophy*, Vol. 60, No. 23, 1963, pp. 686-687.

② Jaegwon Kim, *Philosophy of Mind*, 3rd edition, Cambridge: Westview Press, 2011, p. 195.

③ Isaac A. Reed, *Interpretation and Social Knowledge: On the Use of Theory in the Human Sciences*, Chicago: The University of Chicago Press, 2011, p. 136.

④ Ronald Jepperson, John Meyer, "Multiple Levels of Analysis and the Limitations of Methodological Individualisms", *Sociological Theory*, Vol. 29, No. 1, 2011, p. 57.

性都是依存于某些制度而存在的。[①] 制度与能动性通过“理性人”行动的“心灵因果性”塑造了行动者的行动方式与相互关系。研究者进而强调，他们基于小案例过程追踪发现的制度或能动性变量，可以在后续的大样本统计研究中得到检验。因此，基于“心灵因果性”“方法论个体主义”而得到的因果关系，同样可以被基于“自然因果性”的研究方法所检验。

研究者将经验材料置于此变量框架之中，建立因果解释，由此呈现出三种过程样态。其共同之处在于：行动者将“国家自主性”作为常规性认识，对“国家自主性”的认可是他们发挥各种能动性的前提。因此，研究者解释社会行动的变量看似可能和“国家”无关，但这些变量实际上都是“国家自主性”的具体体现。

第一类研究关注“理念”（idea）如何在政策制定者应对不确定的情况时发挥作用，形塑了政策过程参与者（如政府、社会力量等）新的行动方式和相互关系。学者们批评理性选择模型将人的理性简单归结为算计资源条件以使自我利益最大化。他们扩展了对理性的狭窄认识，将研究扩大到“理念”范畴。在对国家政策制定过程的研究中，“理念”包含了三个主要属性，即政策的解决方案、界定实际政策问题的方式，以及公众理解政策基本问题的世界观（public philosophies or zeitgeist）。[②] 学者进而发现，政策制定者总是在感受到很大的不确定性时才更加依赖理念的指导。不确定感

---

① Walter Powell, Paul Dimaggio (eds.), *The New Institutionalism in Organizational Analysis*, Chicago: The University of Chicago Press, 1991, pp. 19-21.

② Jal Mehta, “The Varied Role of Ideas in Politics: From Whether to How”, in Daniel Beland, Robert Cox (eds.), *Ideas and Politics in Social Science Research*, Oxford: Oxford University Press, 2011, p. 27.

源于熟悉的制度无法解决新的挑战。某种新的理念之所以成为必要，因为它要么可以系统地解释出现问题的原因，[①]要么可以直接提供行动方案。[②] 在此种过程中，“自主运行的国家”成为理念变化所共同遵循的基本前提。尽管社会力量同样参与对政策理念的讨论，但是他们相信这些理念是为了国家目的的达成，相信只有国家才能将这些理念变为现实。具体政策的调整、政策工具的转换，或政策范式的整体改变，都是围绕着“国家”该如何运行而展开的。[③]

第二类研究聚焦“关键节点”，即在国家统治的过程中，原有政府、社会互动关系模式断裂后，历史人物的“关键选择”(key choice)如何塑造了新模式。尽管研究者默认行动者“对国家自主性的认

---

① Mark Blyth, *Great Transformations: Economic Ideas and Institutional Change in the Twentieth Century*, Cambridge: Cambridge University Press, 2002, pp. 36-37.

② Ann Swidler, "Culture in Action: Symbols and Strategies", *American Sociological Review*, Vol. 51, No. 2, 1986, pp. 278-280.

③ 比如，霍尔在《政策范式、社会学习与国家》一文中以英国在1970—1989年宏观经济政策变化为例，详细分析了理念研究路径如何推动国家理论的发展。作者特别将新的路径区别于前面提到的以“制度结构比较分析”为路径的国家研究。他提出，当决策者原有的理念无法解释新出现的社会问题时，新的理念也就成为关键的解释变量。作者特别聚焦“政策范式”的改变。所谓“政策范式”，是关于“经济世界是什么样的，如何去观察这种运行，政策可以实现什么目标，以及依靠什么政策工具实现这样的目标”。在经济决策领域，如“凯恩斯主义”和“新货币主义”的论争便属于范式的差异。作者将范式改变的过程称为“社会学习”(social learning)：政府和社会在观念层面相互影响，它们共同讨论如何寻找新的政策范式，重新理解经济危机。所谓“国家-社会”的界限在此决策过程中被消解，决定彼此分界的“利益”或“权力”理性被整合成对国家自主性的共同认同，即寻找新的政策、政策工具乃至范式来解决实际问题。“社会学习”的过程需要通过一定的制度环境才能建立起来。议会中持有不同范式的党派推动范式的改变，制度化的专家权威性意见表达促使范式的选择，社会的需求通过媒体、金融市场和智库等得到公开表达，都成为影响政策范式变化的力量。范式改变的过程也正是理念与“国家自主性”认同共同作用的结果。参见 Peter Hall, "Policy Paradigms, Social Learning, and the State: The Case of Economic Policymaking in Britain", *Comparative Politics*, Vol. 25, No. 3, 1993, pp. 279-280。

同”是构成这种选择的理念基础，但是，这种“默认”并没有被研究者有意识地纳入因果分析过程中，他们有意识地将“选择”本身视为因果解释的关键。学者将此路径的因果解释方式概括为“一个或一些制度之外的事件使政治进入不确定时期，在这个时期中，一些激烈改变制度的选项出现，而先在的条件（antecedent condition）约束并界定（define）了决策者可以选择的选项，尽管这些约束并无法决定（determine）能动者的选择；最终一种选项成为现实选择，这一选择开启了新的稳定的制度模式”[①]。能动者进行选择时的动机、行动选项及其面对的先在条件成为解释变量。在此研究中，自主运行的国家实体乃是历史选择得以展开的基本认知前提：选择者是以“国家理由”（reason of state）为本位的，其目的在于使国家秩序有效运行，他们为了追求此“目的”，将历史条件转化为可以利用的资源，同样他们也意识到哪些条件是自己必须遵循的限定。对“国家自主性”的基本认同，使选择者意识到目的、资源与限定条件的存在。[②]

① Giovanni Capoccia, “Critical Junctures and Institutional Change”, in James Mahoney, Kathleen Thelen (eds.), *Advances in Comparative-Historical Analysis*, Cambridge: Cambridge University Press, 2015, p. 151.

② 比如，齐布拉特（Daniel Ziblatt）通过比较德国和意大利的统一进程来回答这一问题：为什么拥有强大军事力量的普鲁士却在统一过程中选择了让渡给地方权力的联邦制？作者将1866年普鲁士在普奥战争中的胜利视为一个关键节点时期，此次胜利将统一推到关键时刻，普鲁士决策者开始制定统一的方案。通过分析普鲁士决策者的选择过程，作者解释联邦制这一“中央-地方”关系模式为何建立。齐布拉特勾画出关键节点中行动者的选择过程的特点。首先，这种选择是“旧与新”结合的结果。从延续性方面看，这种选择重新激活了原有的传统（如德国政治久已有之的“协商”）并延续了原有地方诸侯国的制度（如地方政府组织和君主制）。但这看似具有延续性的选择，却必须是在1866年这样一个断裂时刻产生的：统一者相信，他们不能仅仅延续原有的国家制度来应对统一，由于没有现成的先例可以直接利用，这种不确定性使他们寻找新的制度来解决（转下页）

第三类研究关注行动者如何渐进改变制度以削弱其对社会系统的真实影响力。此路径超越了“控制性比较”对制度的静态(static)分析，转而关注同样的制度如何在能动者的作用下不断改变效果。① 研究者将制度条件与行动者的隐性策略作为自变量，讨论它们如何共同塑造了国家治理制度的实际效果。具体来说，当政策文本规定的模糊性很大、有更多的诠释空间、反对者享有更多的否决权时，立法者会有意地使法律调整落后于新的社会变化，从而改变原有制度的社会效果——此策略被称为“飘移”(drift)，即政策制度因其内容不变而使效果改变。② 此研究路径将“国家自主性”视为隐性策略能够得以实现的基础。没有对国家公开制度的保护，没有对自主性的认同，隐性策略也便失去了存在的基础。隐性策略与“国家自主性”相互共生，构成了解释政策效应的

(接上页)问题，从而使原有的制度以新的方式被组合起来，形成了新的联邦制。其次，作者回答了为什么那些潜在的选择(如普鲁士很多决策者也主张依靠军事政府建立统一的中央制国家)没有成为现实。他强调关键选择并非行动者的任意而为。德国之所以没有采取其他可能的统一方式，是因为受到当时历史先在条件(antecedent condition)的约束。德国政治中的“协商”传统、国际力量的格局、统一之前地方国家已有的强大“建制性”权力，这些结构性因素在关键节点中既是可供历史人物能动选择的资源，又制约了选择的界限，使统一的联邦制(executive federalism)成为选择。所谓“选择”的过程，正是能动性与制度共同作用的过程。参见 Daniel Ziblatt, *Structuring the State: The Formation of Italy and Germany and the Puzzle of Federalism*, Princeton: Princeton University Press, 2006, pp. 134-139。

① Paul Pierson, *Politics in Time: History, Institutions and Social Analysis*, Princeton: Princeton University Press, 2004, pp. 115-120.

② James Mahoney, Kathleen Thelen (eds.), *Explaining Institutional Change: Ambiguity, Agency, and Power*, Cambridge: Cambridge University Press, 2010, pp. 19-21.

变量。①

总之，贯穿于"制度主义""理性选择""结构-能动"三大实证研究路径的是对"行动者"作为"理性"存在者的基本认同——尽管阐发三种理论的学者并没有意识到他们的研究过程在遵循此一共同前提。他们相信，"理性"(rational)是"行动者"的客观真实属性(attributes)，研究者需要运用一系列的理论概念将此属性表现出来。"理性"指的是这样一种存在状态：行动者被目的(利益、价值信仰、理念、权力、遵守制度规则或只是由于一时冲动的诉求)动机(motivation)推动，依据制度条件采取不同的手段(制定政策、改变政策效果、做出新选择)以达成目的。② 在此过程中，"制度"以提

---

① 比如，哈克(Jacob Hacker)聚焦20世纪70年代及之后美国福利国家的渐进变化，这一时期一直被视作福利制度的稳定时期。但作者揭示出政策制定者如何通过操纵制度诠释空间的方式，改变了福利政策的社会效果。社会零散临时性就业增加、私人破产、收入不稳定、家庭收入差距加大等问题在70年代出现，这使得社会成员面临的风险(risk)呈现出新的样态。社保和养老保险体制发生了潜移默化的改变。这种改变表现为不断调整社会承担和私人承担风险的界限，将新的风险私人化。政府减少对资金的监管，从而给企业、私人等更灵活的政策空间，让他们可以自愿地利用原有的如养老金保险账户资金进行金融投资等活动。这一方面增加了高风险人群获得收益的可能，另一方面却也使他们自己承担风险，减少了政府在养老、社会保险等领域的负担。此种调整并没有改变已有的社会保险政策制度，却有意地赋予了社会成员利用现有政策空间的机会，并放松了政府监管，使政府不必跟上社会变化的脚步，这也导致政府无法及时改变福利政策以帮助社会成员应对新的风险("飘移"的方式)。通过操作对制度诠释的空间，国家动员社会成员自愿承担新的风险，使得政府与社会关系呈现出新的样态：大量原本属于政府公共的社会保护(social protection)职能被私人承担。参见Jacob Hacker, "Privatizing Risk without Privatizing the Welfare State: The Hidden Politics of Social Policy Retrenchment in the United States", *American Political Science Review*, Vol. 98, No. 2, 2004, pp. 249-251; Desmond King, Robert Lieberman, "Ironies of State Building: A Comparative Perspective on the American State", *World Politics*, Vol. 61, No. 3, 2009, pp. 566-567。

② Josh Whitford, "Pragmatism and the Untenable Dualism of Means and Ends: Why Rational Choice Theory Does Not Deserve Paradigmatic Privilege", *Theory and Society*, Vol. 31, No. 3, 2002, pp. 325-336.

供激励（incentive）、调控资源格局、塑造思维习惯等方式限制了行动者的能动性。行动者要么计算制度带来的可能收益和成本，以此决定自己的行动；要么习惯性地遵守制度规范。[①]

实证国家研究按照上述要素建立变量模型（如因果机制、量表等），从而得到对国家行动与社会系统的"真实"关系的认识。研究者将归纳与演绎视为一个完整的流程。他们将"理性人"的各种具体属性与制度属性视为实验控制、测量的概念模块，将经验资料转化为测量数据或者证据。通过实验、控制等方法，他们验证原有理论的解释力。当研究者发现新的数据、证据，说明原有变量模型不足以解释新的观察结果时，他们便自然相信这些理论不再能够反映客观真实，失去了"覆盖性法则"的地位。于是他们再次归纳经验，建立并检测新的变量模型，推动国家理论的更新。比如制度中心论者相信以往国家研究无法看到"国家自主性"这个新的变量系统，因此无法解释一系列国家主导的发展现象。理性选择论者则通过证据说明，国家政策依然是个体人的理性选择结果，只有将目的、资源条件、成本收益等纳入分析，才可能更彻底地解释国家的运行。历史制度主义者认为"能动性"远比"理性选择"所能看到的现实丰富，他们将这些内容归纳为新变量，以此解释超出"理性选择"范围的现象。研究者不断追踪那些在国家运行过程中未被发现的理念、选择、策略、常规等，将其作为解释变量纳入归纳分析，

---

① John Meyer, Ronald Jepperson, "The 'Actors' of Modern Society: The Cultural Construction of Social Agency", *Sociological Theory*, Vol. 18, No. 1, 2000, p. 100.

并通过多案例的定量分析，检验这些变量的因果效应，①以此分析国家的运行如何塑造了社会行动与关系。实证研究者在不断的构造、检验、证伪、再构造的方法循环中获得他们相信的“真实”。

实际上，对传统中国国家“真实”特点的认识也没有跳出这种实证循环。在以制度为变量的研究路径中，学者看到中国家产制国家形态阻碍了理性官僚制的建立，使得传统中国无法实现国家资源动员能力的突破。② 理性选择研究关注中央统治者与士人官僚的博弈过程，提出二者相对资源优势塑造了国家统治形态。比如有学者发现，中央由于缺乏监督能力，在委托过程中无法有效控制代理人。这使得中国自秦代开始出现了“部分官僚制”，即中央难以真正将士大夫官僚纳入理性行政轨道，只能部分放任他们逐利竞争。③ 制度与能动性的综合研究看到了理性选择与制度比较研究解释力的狭窄性，④提出个体行动者在与他人竞争中的四种基本理性动力，主张以此解释国家运行如何塑造社会结果。有研究认为，这四种理性包括：以经济方式追求自然物，通过军事组织

---

① Evan Lieberman, “Nested Analysis as a Mixed-Method Strategy for Comparative Research”, *American Political Science Review*, Vol. 99, No. 3, 2005, pp. 435-452.

② 对此种形态的特点，不同学者认识不一。韦伯强调中国社会组织的家产制特点，以此证明中国无法突破家产官僚制束缚以建立现代国家。参见马克斯·韦伯：《支配社会学》，康乐、简惠美译，广西师范大学出版社 2010 年版，第 155—157 页。后来的研究则更强调中国传统儒家官民共同塑造的社会制度的有效性，如 Victoria Tin-bor Hui, *War and State Formation in Ancient China and Early Modern Europe*, Cambridge: Cambridge University Press, 2005; R. Bin Wong, *China Transformed: Historical Change and the Limits of European Experience*, Ithaca: Cornell University Press, 1997。

③ Edgar Kiser, Yong Cai, “War and Bureaucratization in Qin China: Exploring an Anomalous Case”, *American Sociological Review*, Vol. 68, No. 4, 2003, p. 511.

④ 赵鼎新：《东周战争与儒法国家的诞生》，夏江旗译，北京联合出版公司 2020 年版，第 215—219 页。

防卫，运用意识形态建立生活和行动的正当性，以及为了确保统治与合作而集中采取强制性规则。①

如何跳出实证的自我循环套路？下面，我们从“实证”路径与中国历史实态“不契合”的感性认识切入，调动关于“存在状态”的新的理论资源以展开对传统中国历史的分析，并比较新的分析方式对中国国家政治的认识与实证研究有何不同。这些讨论是“史观”方法论的重要组成部分。

二、超越实证：“史观”视野中的历史存在论

当我们重访中国史料去体验政治运行的实态时，一种新的“临界感”推动我们思考该如何跳出实证思维的矩阵。我们感受到实证研究的基本路径不足以展开对中国政治运行“实态”的分析，这种“不契合感”推动我们反观使实证研究者眼中的历史“真实”得以建立的“理论视角”究竟是什么。我们从一段传统中国史料切入，开始讲述实证思维的局限。

这段史料记录了北宋神宗新法时期（1068—1085）熙宁四年（1071）三月初三日“上巳”假期中的一次政策辩论。神宗皇帝当日召集中枢最高决策官员讨论淤田、免役、保甲、西北财政等改革政策。参与讨论者包括宰相王安石、最高军事长官枢密使文彦博，以及参知政事（副相）冯京、枢密副使吴充等。熙丰新法是中国历史

① 赵鼎新：《儒法国家：中国历史新论》，徐峰、巨桐译，浙江大学出版社2022年版，第34、398—406页。

上最为著名的一次国家改革行动。改革者将国家职能扩展到市场经营、价格调控、基层组织、社会动员、兴修农业水利等领域，希望可以发展农业生产、保护小生产经营者，提高国家财政收入以应对西夏与辽的军事威胁。[①] 改革激发了决策层成员乃至士人群体的激烈反对。在这段史料中，变法的支持者包括神宗、王安石，其他人则对变法持反对或保留态度。该史料收录于李焘的《续资治通鉴长编》，呈现出“宰相朝夕议政、君臣之间奏对之语”的史实，是对历史对话情境忠实而详尽的记录。[②] 这段史料如同一个横剖面，使我们观察到国家决策在这一制度变化（“法制更张”）关键时期的运作实态及其背后所扭结的事情、思想与社会人际关系。

> 戊子，上已假。上召二府对资政殿，出陕西转运使奏庆州军乱示之，上深以用兵为忧。文彦博曰：“朝廷施为，务合人心，以静重为先。凡事当兼采众论，不宜有所偏听。陛下即位以来，励精求治，而人情未安，盖更张之过也。祖宗以来法制，未必皆不可行，但有废坠不举之处耳。”上曰：“三代圣王之法，固亦有弊，国家承平百年，安得不小有更张？”王安石曰：“朝廷但求民害者去之，有何不可？万事颓堕如西晋之风，兹益乱也。”吴充曰：“朝廷举事，每欲便民，而州县奉行之吏多不能体陛下意，或成劳扰。至于救敝，亦宜以渐。”上颔之。
>
> ……冯京曰：“府界既淤田，又修差役，作保甲，人极劳

① 崔瑞德、史乐民编：《剑桥中国宋代史（上卷：907—1279年）》，宋燕鹏等译，中国社会科学出版社2020年版，第350—352页。

② 谢贵安：《宋实录研究》，上海古籍出版社2013年版，第342页。

敝。"上曰："淤田于百姓有何患苦？比令内臣拔麦苗，观其如何，乃取得淤田土，视之如细面然。见一寺僧言旧有田不可种，去岁以淤田故遂得麦。兼询访邻近百姓，亦皆以免役为喜。盖虽令出钱，而复其身役，无追呼刑责之虞，人自情愿故也。"彦博曰："保甲用五家为保犹之可也。今乃五百家为一大保，则其劳扰可知。"上曰："百姓岂能知事之曲折，知计身事而已。但有实害及之则怨，有实利及之则喜。虽五百人为大保，于百姓有何实害而以为劳扰乎？"……

彦博又言："祖宗法制具在，不须更张以失人心。"上曰："更张法制，于士大夫诚多不悦，然于百姓何所不便？"彦博曰："为与士大夫治天下，非与百姓治天下也。"上曰："士大夫岂尽以更张为非，亦自有以为当更张者。"[①]

以往研究将这段史料视为证明前述三种国家理论的"证据"。关注制度结构的学者将"与士大夫治天下"视为一种事实上的"家产官僚制"权力分配制度。士大夫占据官僚部门职位、掌握政府行政资源，士大夫群体与皇帝都无法撼动对方在对峙格局中的地位。改革是部分决策者推动的国家自主行为（如为百姓推行的保甲、淤田等政策），最终自主行动无法挣脱家产官僚制国家制度结构的束缚。士大夫中的保守者们反对改革，他们依靠制度结构获得阻碍改革所需的资源，使得改革无法达成目的。家产官僚制国家自身

① 李焘：《续资治通鉴长编》第9册，中华书局2004年版，第5369—5370页。

的制度结构消解了推行国家自主目的的尝试。[①] 持理性选择观点的学者认为“与士大夫治天下”表达出士大夫与百姓争夺利益，或士大夫不同集团争夺国家权力的动机，改革因此加剧了社会群体间的利益矛盾和权力争夺。[②] 另外一些学者在对制度与能动性双重因素的分析中，看到中国官僚体系内部的矛盾（“州县奉行之吏多不能体陛下意，或成劳扰”）加剧了支持和反对国家干预的政策理念之间的冲突。在历史选择的关键节点，“与士大夫治天下”这一传承已久的祖宗之法被重新提起。皇帝为了达成新法目标，将此规范与新法结合，重构儒法国家的意识形态；皇帝的选择代表了国家超越士大夫群体利益以实现“治天下”目的的自主追求，但这一选择也推动了皇权的强化。[③] 从家产官僚制国家，到群体争夺利益和权力的动机，再到意识形态的作用，学者们相信这些变量、机制可以更好地分析国家的运行（新法的制定和推行）与社会系统变动（皇权消长、官民关系、群体竞争）的因果关系。

但是，我们在熙宁四年（1071）三月初三日的这个历史横剖面中，却感受到上述分析的局限。整段史料虽然体现了“治天下”的过程，但历史人物对“治天下”的关切并非“与谁治天下”，而是“如何治天下”，即如何在个人具体的经历中理解作为社会整体“现实”

---

① 此观点的代表性研究是韦伯从家产官僚制的制度结构分析熙丰新法的失败，参见马克斯·韦伯：《中国的宗教：儒教与道教》，康乐、简惠美译，广西师范大学出版社 2010 年版，第 128、201 页。

② 余英时：《朱熹的历史世界——宋代士大夫政治文化的研究》，生活·读书·新知三联书店 2011 年版，第 221—229 页。

③ 对皇帝的主导作用的讨论，参见李华瑞：《宋神宗与王安石共定“国是”考辩》，《文史哲》2008 年第 1 期；对儒法意识形态特点的讨论，参见赵鼎新：《儒法国家：中国历史新论》，徐峰、巨桐译，浙江大学出版社 2022 年版。

的“天下”大势,如何将个人的经历与天下现实的变动连接起来。天下并不是朝廷、群体或个人这些具体存在者的物理加合,而是使存在者获得角色“意义”的整体世界。因此,以具体存在者属性为中心的分析,无法揭示出人们如何不断地将个人经历转化为对天下“现实”的判断和应对。

当我们萌生了对历史存在“实态”与原有实证国家研究中各种理论的“不契合感”时,这种初始感受也推动我们进一步分析,“不契合感”的历史“存在论”根源何在?

这一思考推动我们挖掘自身理论系统中的“实证”元素,以此为起点,自觉分析“不契合”的理论根源。上述提到的实证研究其实已经内化为我们“理论储备”中的元素。这些元素成为一种参照系,我们以往在阅读史料时有意无意地与之对比,因而发现了“不契合”之处。如果将这个“参照系”的特点明确化,就可以发现以下特点。实证思维将实体对象视为先定(pregiven)且固定的(fixed)客观存在物,[①]研究者追踪“被预先用概念定义好(predefined)属性的实体对象(objects)如何创造历史结果”[②]。这里预先定义好的实体对象包括士大夫、皇帝、自主行动中的国家(“朝廷施为”)、权力分配制度(与士大夫治天下)等,[③]它们具有各自独立的属性,如制度特点,个人、群体或国家的目的、手段、理念、选择、策略等。属性

① Andrew Abbott, *Time Matters: On Theory and Method*, Chicago: The University of Chicago Press, 2001, pp. 40-41.

② Daniel Hirschman, Isaac A. Reed, “Formation Stories and Causality in Sociology”, *Sociological Theory*, Vol. 32, No. 4, 2014, p. 260.

③ Peter Hedström, *Dissecting the Social: On the Principles of Analytical Sociology*, Cambridge: Cambridge University Press, 2005, p. 25.

是研究者对实体的客观特征的认识。因果解释便是将这些属性连接成变量系统或因果机制。因果解释能否成立要看有没有实际数据、证据的支撑。在实体思维下，研究者将材料拆解成不同实体的属性。他们将“与士大夫治天下”解读为家产官僚制度结构、士大夫争夺权力的动机、主导历史选择的意识形态存在的证据，却忽略了“治天下”这个难以被还原成实体属性的意义生成“过程”。

我们实际感受到的史料中的“历史过程”，并不是将“实体属性”作为其存在样态的。支撑实证研究国家理论的那些具有客观属性的实体对象（“国家”“士大夫”“百姓”“朝廷”“皇帝”等），也是在上述理解“天下”的过程中生成出来的，且其“意味”并没有固着于研究者所设定的“属性”。[①] 实证研究将“与士大夫治天下”处理为证明士大夫群体、皇帝或家产官僚制国家制度“客观属性”的证据。但回到史料的语境中，我们看到这些具有“客观属性”的“实体”，是在历史人物所想象的天下图景中不断生成、改变、消散的“角色”。“角色”是历史人物对人事“意义”的理解。对角色意义的理解也因人而异、因时而异。比如“士大夫”作为天下中的角色，其对于皇帝和文彦博的意义就非常不同：皇帝相信士大夫的人心在支持新法，推动天下朝向理想秩序；文彦博则认为士大夫都在反对新法。即使是皇帝自己对士大夫角色的理解也在变化。他最初强调士大夫因为利益受损而对新法“不悦”，但在文彦博据此证明新法失去支持时，皇帝又强调暂时的情绪不会影响士大夫对新法的拥护。

---

① Isaac A. Reed, *Interpretation and Social Knowledge: On the Use of Theory in the Human Sciences*, Chicago: The University of Chicago Press, 2011, p. 109.

我们进而探寻,如何调动新的理论储备,在“实体属性”思维之外探索“历史存在论”,历史资料由此可以与我们自身理论学养中的另一部分储备契合起来。[①] 在新的“历史存在论”视域中,“实体”与“属性”都“内生”于历史过程之中。它们并非脱离于历史语境的抽象存在物,或是由研究者识别出的客观属性;它们是在历史人物理解世界的过程中生成、变化的。就分析而论,实体并不是第一性的,也难以被视为先定且固定的客观存在物。同样,属性的含义也不能依靠研究者预先界定。实体及其属性都因历史当事人的理解而具有意义;促成意义产生和变化的,是历史人物永不停歇地理解世界的过程。研究者无法将此过程的某一片段从整个历史意义脉络中抽取出来,作为证明固定实体属性存在的证据,因为历史脉络的完整才是建立因果解释的根本。正如在历史运行的实态中,“与士大夫治天下”作为对天下图景的表达,涌现于历史人物将亲身经历“转化”成天下情势的过程中。此种表达具有多重层叠且不断变化的意涵,我们不能将它简单视为证明国家、制度、士大夫、皇帝这些固定“实体”具有某种“属性”的证据,而是要讲述“治天

---

① 我们对历史运动状态及其生成性力量分析源于“现象学社会学”、“过程社会学”、德国“历史主义”等。这些理论流派的学者都有针对性地将自身区别于实证研究的实体属性思维。“现象学社会学”的基本理论及其与实证研究的区别,参见阿尔弗雷德·许茨:《社会世界的意义建构:理解的社会学引论》,霍桂桓译,北京师范大学出版社 2017 年版,第一章;“过程社会学”与实证的区别,参见安德鲁·阿伯特:《过程社会学》,周忆粟译,北京师范大学出版社 2022 年版,第一章;德国“历史主义”对“二战”后社会科学研究的影响及其对实证研究的批评,参见 George Steinmetz,“Historicism and Positivism in Sociology: From Weimar Germany to the Contemporary United States”, in Herman Paul, Adriaan van Veldhuizen (eds.), *Historicism: A Travelling Concept*, London: Bloomsbury, 2020。

下"这个"生成(formation)实体"[1]的因果故事。

当我们从"历史存在论"的角度阐明了"不契合感"的来源时,也就为进一步分析上述史料奠定了基础。"治天下"由"历史现象"转化为"研究问题":我们如何理解"治天下"的历史过程及其因果效应?我们的理解如何超越实证路径而推进国家研究?沿着新的"历史存在论",我们继续调动理论储备,经过史料与理论的不断调适,从国际学术共同体的以往研究中选定三个"存在论"维度的视角——人是事情经历中的存在,是思想过程中的存在,是社会性关系中的存在——进而对历史人物的存在状态及其因果性展开分析。下面我们将这些视角与实证研究进行对比,自觉阐明研究的创造性。

第一个存在论维度:人处于不断延展的"事情过程"之中。

"事情过程"视角关注"治天下"是如何在事情的推动下被不断想象出来的。"治天下"并不是抽象的理念,而是历史人物生活中经历的一件件"事"。正如米德(George Herbert Mead)所说,所谓"时间"并非如牛顿物理学那般以独立的分秒单位构成的。在人的经验世界中,时间是由"那些嵌套在一起的、不断出现的事情经历"构成的。[2] "事情"是被讲述出的特定时间、地点中的人物活动,讲述者寓情于事,又因事而起判断。如神宗皇帝所言:"比令内臣拔麦苗,观其如何,乃取得淤田土,视之如细面然。见一寺僧言旧有

---

① Daniel Hirschman, Isaac A. Reed, "Formation Stories and Causality in Sociology", *Sociological Theory*, Vol. 32, No. 4, 2014, p. 260.

② George Herbert Mead, *The Philosophy of the Present*, Chicago: The University of Chicago Press, 1932, p. 1.

田不可种，去岁以淤田故遂得麦。兼询访邻近百姓，亦皆以免役为喜。”小小两件事，将皇帝和寺僧、内臣、百姓乃至免役制度、保甲组织联系起来。皇帝成为整个社会连接的一部分。在讲述中，神宗也流露出对淤田、免役法之效果的满意之情。神宗自觉地从这些事情中建立对天下图景的判断，赋予事情更加宽广的意义。正如他在谈论完“兼询访邻近百姓，亦皆以免役为喜”后，尝试得出对百姓状态的判断：“盖虽令出钱，而复其身役，无追呼刑责之虞，人自情愿故也。”神宗得出“人自情愿”的判断，以此反驳文彦博所说的天下因为法制更张而“人情未安”。

“事情”的特点并没有出现在前述“实证主义”国家研究中。在新的理论视角引导下，我们从史料中“观”出历史人物超出“理性人”分析框架的主体状态。“事情”之所以能够起作用，也正是根源于此状态。神宗将新法的推行视为在“承平百年”的基业上不断“小有更张”的过程。“小”的含义也就是吴充所说的“至于救敝，亦宜以渐”。此种“小”和“渐”表现了决策者向各种可能性开放的心态。神宗随时希望了解当下情势是否发生了新变化，以调整自己的应对方式。这种主体状态使他迫切需要抓住一切蛛丝马迹来展开推断，以弄清楚自己和国家正处于何种天下情势之中。即使他相信新法在当下情势中起到了积极作用，却依然随时对新的可能性保持观望，时刻准备应对新法的“或成劳扰”之患，即可能给民众带来负面作用。对各种可能性保持开放，随时准备改变之前的判断，修正可能的错误，这种“无确定性”，便是“至于救敝，亦宜以渐”所体现的主体状态。也正是这种状态，使来自“内臣”那些看似细小而具体事情的报告，可以推动皇帝建立起对天下的判断。可以说，新法运行中的复杂情况与决策者踌躇不决的心态，为事情发挥作用构筑了“巧妙的条件”(felicity's condition)。[1]

“事情过程”本身具有因果性：在特定时机条件中不断涌现出的事情可以解释行动者意义图景的产生和改变。[2] 这一因果分析路径与实证国家研究存在根本区别：“事情过程”将被“目的-手段”分析所遮蔽的行动者的“主体状态”揭示出来，并赋予其因果解释作用。在实证因果分析中，社会行动被视为行动者具有明确目的和计划下的结果。研究者聚焦“行动者如何实际地做出某个决定，然后人为地为此决定回溯出一个属于理性的理由”[3]。但是，这一研究方式遮蔽了一个更为基本的过程，那就是：“决定”的意义又是“如何”被行动者所理解的。行动者需要理解他所面对的社会“现实”是什么样的，正在如何变化，还需要想象自己的“决定”会对现实起到什么作用。我们无法运用“理性人”框架来分析自身处于“想象”(imaginary)状态中的行动者，因为他们时刻处于一种超越固定理性动机——如理念规范、利益诉求、权力追求等——的“敞开”状态，时刻处于不确定感之中，[4]随时准备从周围突发的事情中获得可靠的信息，以达成对现实情境(situation)新的理解。他们

---

① Isaac A. Reed, “Power: Relational, Discursive, and Performative Dimensions”, *Sociological Theory*, Vol. 31, No. 3, 2013, pp. 201-210.

② William H. Sewell, Jr., “Three Temporalities: Toward an Eventful Sociology”, in *Logics of History: Social Theory and Social Transformation*, Chicago: The University of Chicago Press, 2005, p. 100.

③ Mustafa Emirbayer, Ann Mische, “What Is Agency?”, *American Journal of Sociology*, Vol. 103, No. 4, 1998, pp. 966-969.

④ Ivan Ermakoff, “The Structure of Contingency”, *American Journal of Sociology*, Vol. 121, No. 1, 2015, p. 66.

不断对自己以往的行动效果产生反思乃至怀疑，并准备调整自己的行动使之更好地应对正在改变着的情境。[①] 对“事情过程”的关注，引导我们看到，在绵延不绝的“事情”与“敞开”的主体状态的共同推动下，“与士大夫治天下”成为决策者对现实的理解。

在“事情过程”视角中，我们可以这样讲述“治天下”的故事：神宗在对各种可能性的敞开中，赋予“法制”以“事情”之意，从而在各种事情的推动下得出对天下士大夫状态的判断，他支持推行新法，但随时准备迎接天下情势的改变。正是这种状态使得国家可以持续介入对社会、经济等事务的管理。在这个故事中，“与士大夫治天下”不再是验证理论的“证据”，而是生成历史结果的过程本身。

那么，事情又是如何被整合成对现实的理解的呢？这需要揭开存在论的第二个维度：人作为“思想过程”的存在。“思想过程”视角关注塑造历史人物理解“治天下”的思想框架及其对人的影响。

从“思想过程”视角“观史”，可以看到，虽然文彦博和皇帝得出了对当前天下情势截然不同的判断，但是他们的交流实际上基于同样的框架。此框架聚焦“天下人心”的状态。双方都认为，变法如果没有天下人心的支持，就必然会失败。他们运用此框架整合个人经历，得出对天下人心是否支持变法的不同理解。在文彦博看来，朝廷更张法制，已经失去了士大夫人心。皇帝则持相反看法。双方在“天下人心”的思想框架中整合具体的个人经历，使“治天下”超越具体法制的制定或推行，从而进入人心层面。文彦博看

---

① Mustafa Emirbayer, Ann Mische, “What Is Agency?”, *American Journal of Sociology*, Vol. 103, No. 4, 1998, pp. 968-969.

到士大夫“人情未安”，认为“盖更张之过也”。他依据人的感情来判断人心所向。皇帝也注意到“更张法制，于士大夫诚多不悦”，但是他将情绪与人心分离开来。暂时的情绪不悦并不会影响士大夫判断变法是否有利于民的“公心”：士大夫和百姓最大的不同就在于前者“能知事之曲折”，不会只知道“计身事而已。但有实害及之则怨，有实利及之则喜”。双方都将关于“人心”的一般思想运用于解释个人经历，将经历解读为天下人心所向。

一方面，共同的框架诱导讨论者关注某些具体经历到底“代表”了什么天下情势，争论一旦进入天下人心层面，往往难以达成共识。但另一方面，共同的框架使争论者在更深层次的角色认同上彼此默会。“治天下”是被双方认可的思想框架。看似针锋相对的争论，却不是以自我的“目的”为全部追求，也不是将异论者视为异类或敌人。争论者相信彼此同属“治天下”者，互相依存，共同推动天下走向理想秩序。他们相信彼此属于同一圈层，有着共同的使命。他们共同关注“天下人心”这一话题——在他们看来，这才是治国精英需要讨论的话题。他们相信所有的个人经历都不只属于个人，而是他们在“天下”这一整体世界中完成自身角色的必然经历。这种认同，使他们的争论看似针锋相对，实则却深深浸润着对彼此精神主体性的尊重。[①] 也正因此，尽管文彦博、冯京等并不同意变法，但是他们的意见依然得到了变法者的充分考虑，整个交流是在彼此尊重的氛围中展开的。

“思想过程”关注行动者通过思想框架整合个人经历、形成关

① 关于这场争论得以展开的政治文化基础的讨论，参见邓小南：《祖宗之法——北宋前期政治述略（修订版）》，生活·读书·新知三联书店 2014 年版，第 416—420 页。

于实体的“意象”(image)的过程。这一过程的因果性来自“话语符号链”(semiotic-chains)的运动机理。该理论认为,观念框架被人们随时用来理解所接触到的对象(objects),使对象具有意义,也使得人们“可以相互交流和理解彼此的意思”[①]。如果缺乏将框架应用于对象的过程,所谓的“客观实体”的意象也就无法在人们的理解中涌现。[②] 意象又成为由新的事情经历开启的下一轮理解过程中的备选框架,行动者根据他们新的经历延续或改变框架。此过程永不停歇。各种社会现象也在过程中涌现出来。过程可以解释人如何行动、如何建立彼此关系。[③] 因此需要对“实体涌现”的思想过程展开分析,而不是将“实体”从思想过程中抽离出来。

“思想过程”揭示了实证国家理论无法看到的存在状态。实证主义相信人是以自我为中心的“理性”存在,他们将达成自我目的视为全部追求,他们之间的交流互动都只是完成“目的”的“手段”而已。此种理解忽视了思想框架的整合力量。正是共同的思想框架使个体交流成为可能。即使交流以争论的方式出现,争论也并非只是达成自我目的的表面手段,争论同样蕴含着彼此的认同。争论者在共同的思想框架中得出对现实世界的不同理解,这样的框架并不只是观点的共识,更是彼此将对方视为“可以交流”的对象的基础。只有具备这种“可以与之交流”的认同感,交流者才会

---

① Matthew Norton, “Mechanisms and Meaning Structures”, *Sociological Theory*, Vol. 32, No. 2, 2014, p. 171.

② Charles S. Peirce, *The Collected Papers of Charles Sanders Peirce I-VI*, Charles Hartshorne, Paul Weiss (eds.), Cambridge: Harvard University Press, 1931-1935, p. 181.

③ Iddo Tavory, Stefan Timmermans, “A Pragmatist Approach to Causality in Ethnography”, *American Journal of Sociology*, Vol. 119, No. 3, 2013, p. 688.

进一步考虑自己到底为何“目的”而交流，又该怎么交流。[①]

在“思想过程”视角中，我们可以这样讲述“治天下”的故事：决策者共同的思想框架使他们将个人具体的经历进行整合，促使他们对“天下人心”这一共同话题的讨论，他们在共同的思想框架内争论，但也因此而相互尊重，建立起同为“治天下”者这一认同底线。

第三个存在论维度：人是“社会性”（sociality）的存在。在此状态中，行动者并非原子化的个体，而是处于与他者的关系之中。“关系”不是某种结构变量，而是作为主体的行动者“相互理解”的过程。行动者永远处于同具体（如互动中的某个具体的人）或抽象（如群体、阶层）的他者的交流之中，此种交流“是想象他者主体状态的过程，人们具有同时想象自我和他人主体状态的能力”[②]。正是在此交流过程中，人们理解自我和对方的“角色”意义，这便是“社会性”的存在状态。

以“社会性”的角度“观史”，可以看出历史人物如何在“治天下”过程中建立对自我和他人角色身份的理解。天下并不是一个被控制的“对象化”的客体，而是由作为主体的人所构成的，人们相信他们可以理解他人作为“天下人”的主体性。史料中的讨论者认为自己体会到了他者的主体状态（如人情），并可以通过自己的行动调控他人的状态。正如文彦博所说：“（天下）人情未安，盖更张之过也。”“（百姓）五家为保犹之可也。今乃五百家为一大保，则其

---

① George Steinmetz (ed.), *State/Culture: State-Formation after the Cultural Turn*, Ithaca: Cornell University Press, 1999, pp. 100-104.

② Mustafa Emirbayer, Ann Mische, "What Is Agency?", *American Journal of Sociology*, Vol. 103, No. 4, 1998, p. 969.

劳扰可知。”皇帝说“更张法制,于士大夫诚多不悦,然于百姓何所不便?”;百姓“知计身事而已。但有实害及之则怨,有实利及之则喜”。在这些说法中,“天下人”“百姓”“士大夫”等的主体状态是可以被切身体会到的,而且会随着“朝廷施为”而变化。历史人物相信,只有在天下中才能理解人的作用。

上述过程凸显出“角色”的理论特质。在社会互动理论中,角色是互动中人们对自我和他人主体状态的理解:我的角色是我对自己会如何行动的预期,也是我想到的他人眼中我的样子;他人的角色则是自我在计划行动时想象到的他人对我的应对。① 此种想象中的角色构成了人们理解世界的叙事性(narrativity)方式。叙事中的每个“角色”都是具有主体性(subjectivity)的存在,“社会性”由此可以解释现象的出现。②

“社会性”视角关注行动者如何在“角色”思维中决定自身行动。此特点不同于“理性人”以个人“目的”为导向的行动。角色研究强调行动者是根据想象中的“他人”对“自我”的反应来采取行动的。“理性人”研究则认为,行动者都是将他人视为达成自我目的的辅助工具或是对手。对存在状态的不同理解也会投射到建立因果分析的方式上。如果我们将行动者视为“社会性”的存在,就会着重分析行动者如何想象他人的反应,由此展开因果解释。如果我们将行动者视为以自我为中心的存在,就会忽视上述主体间的想象过程。

在“社会性”分析中,我们可以这样讲述“治天下”的故事:统治

---

① Hans Joas, *The Creativity of Action*, Cambridge: Polity Press, 1996, pp. 187-188.

② Margaret Somers, “The Narrative Constitution of Identity: A Relational and Network Approach”, *Theory and Society*, Vol. 23, No. 5, 1994, p. 618.

者根据自身的生活经历，想象天下人对自己的行为如何反应，并以此决定自己后面的行动；他们相信天下处于永恒的变动之中，自己需要不断依据切身经历探寻天下之变。这不同于将统治过程单纯视为个体把他人作为工具以达成目的。“治天下”过程蕴含了对他人主体状态的尊重和包容，与此种尊重相伴的，是对自我可以推动天下之变的自信，以及克服自我中心膨胀的“慎独”。

我们相信上述三个存在论维度的视角所讲述的历史可以解释如“皇帝与士大夫治天下”这样的历史现象何以产生。此现象的产生并非如实证研究所认定的是士大夫决策者为了占有利益、拥有权力或占据意识形态法定地位而采取的行动策略。“与士大夫治天下”反映了历史人物对社会现实的共同理解。这种理解之所以出现，源于政治决策者能够在彼此认同的“天下人心”的思想框架中不断整合切身的事情经历，建立对自我和他人主体间互动状态的现实想象。这种理解和应对天下现实的过程机制就是“治天下”。

我们相信因果解释可以成立，这来自我们对“历史解释何以可能”的理解，这也是我们自身“历史存在论”（特别是在认识论方面）的理论储备的重要内容。我们对历史过程机制因果性的体会与讲述，区别于实证研究以“外在”概念组织数据、证据来建立因果解释的方式。后者将过程拆解为属性的组合，把历史资料转化为数据、证据系统。通过控制性比较或统计分析等方法，对属性模块进行操作。研究者相信，只有把“历史”视为实验操控对象，才能建立因果解释。[①] 新的存在论相信，因果关系的发现首先不能破坏人们

① Ivan Ermakoff, “Causality and History: Modes of Causal Investigation in Historical Social Science”, *Annual Review of Sociology*, Vol. 45, 2019, p. 594.

对世界“过程性”(processual)的整体理解。所谓“过程”，必然是连贯而运动的；其运动永不停歇，永远不可能等同于静态的实体属性模块的“物理加合”。正是过程的整体连贯性，才使其可以不断推动新的现象涌现(emerge)。此种绵延与连贯性一旦被拆分为静态的模块，其因果性也就被遮蔽：“所有各种区分、所有各种‘把’个别的经验从一个绵延统一体之中‘分离出来’的尝试都是人为的，也就是说，都是与这种纯粹的绵延截然不同的。”[①]就如同一条直线难以被化解成静态“点”的组合，因为在画出直线的过程中，每个点都蕴含了过去、现在和将来的时间性(temporality)。[②] 因此，过程机制的“因果性”并不是依靠控制、比较、随机抽样等实验方法而被“识别”出来的所谓“客观存在”，而是生成于人类在长期实践中建立起的因果意识。上述三种存在论视角相信，研究对象理解世界的过程本身足以塑造他们的行动方式，并且此种因果过程是存在于时间、社会与思想维度之中的。但这种理解只是人类社会多元因果意识中的一种而已。[③] 研究者在面对他们所要研究的具体历史情境时，会将某种因果性理论转化成自身理解历史的路径。研究者的工作并非要去“证实”或“证伪”这些社会理论，而是将它们

---

① 阿尔弗雷德·许茨：《社会世界的意义建构：理解的社会学引论》，霍桂桓译，北京师范大学出版社2017年版，第67页。

② Iddo Tavory, Nina Eliasoph, “Coordinating Futures: Toward a Theory of Anticipation”, *American Journal of Sociology*, Vol. 118, No. 4, 2013, p. 911.

③ Neil Gross, “A Pragmatist Theory of Social Mechanisms”, *American Sociological Review*, Vol. 74, No. 3, 2009; Lisa Wedeen, “Conceptualizing Culture: Possibilities for Political Science”, *American Political Science Review*, Vol. 96, No. 4, 2002, p. 721; Iddo Tavory, Stefan Timmermans, *Abductive Analysis: Theorizing Qualitative Research*, Chicago: The University of Chicago Press, 2014, pp. 88-90.

作为自身理解世界的“思想依据”,根据不断变化的情境经历中的感受,来选择运用何种理论去整合感性认识,进而建立起对因果过程的讲述与分析。①

进一步说,我们之所以能够主动探寻存在论问题,是因为我们从中国历史实态中感受到了超越实证国家理论“界限”的某些东西。所谓“界限”,也正是实证思维理解世界方式的边界。遵循实证思维的学术共同体无法看到这个边界,而只是在边界之内理解自身研究的意义。在国家研究中,学者的观点差异与研究推进都集中在实体属性(变量、模型、因果机制等)层次,他们没有意识到引导着他们构造出实体和属性的存在论前提是什么。比如,斯考切波虽然看到了行动者希望从国家制度中获得资源好处,②但只是将此“理性人”状态视为“控制性比较”的“概念框架”。理性选择看到了人的微观存在状态,但将其视为“模型”。当研究者将“能动性”从理性选择扩展到更广泛的领域时,他们却认为自己的工作是在“心灵因果”和“方法论个体主义”的引导下展开的“过程追踪”,为的是可以建立能被实验、统计、控制等方法验证的理论假设。③ 换言之,在实证主义者的认识论结构中,并没有人的“存在

---

① Margaret Somers, “Symposium on Historical Sociology and Rational Choice Theory ‘We're No Angels’: Realism, Rational Choice, and Relationality in Social Science”, *American Journal of Sociology*, Vol. 104, No. 3, 1998, p. 748.

② Margaret Weir, Theda Skocpol, “State Structures and the Possibilities for ‘Keynesian’ Responses to the Great Depression in Sweden, Britain and the United States”, in Peter Evans, Dietrich Rueschemeyer and Theda Skocpol (eds.), *Bringing the State Back In*, Cambridge: Cambridge University Press, 1985, p. 118.

③ Andrew Bennett, Jeffery Checkel (eds.), *Process Tracing: From Metaphor to Analytical Tool*, Cambridge: Cambridge University Press, 2014, pp. 31-35.

状态”理论的位置。

新的存在论则看到,实证因果解释背后其实有另一层对因果的“常识”(common sense)理解。这层常识将一切行动视为个体“理性”的:“任何个人或集体的行动都可以用行动者的目的、信仰、环境、机会等进行解释。”[①]实证研究正是在这一层不需要数据或证据支持、不需要方法规范,却时时引导研究的常识理论的基础上展开的。[②] 研究者意识到他们在采用科学方法,却没有意识到那些不需要他们自觉意识的“常识”才是支撑科学方法的信仰。[③] 正是这层常识理论,引导了研究者构建出关于“研究对象”的各种“客观属性”,进而通过精致的研究设计建立因果关系。但是,整个研究过程并没有把认识论的“天花板”——作为理论常识的“理性人”——纳入自觉的分析。新的存在论视野不仅看到了这层天花板,而且要运用人的三种存在状态的理论来更新“理性人”这层常识的天花板。

常识理论实际上构造了我们对“客观事实”(如具体现象、客观实体的属性等)的理解,它使我们相信自己是在认识客观事实。其实不仅仅是“理性人”,类似关于“社会世界由什么构成,具有什么特点,如何连接在一起”的理论实际上都在引导研究者将经验世界

---

① Duncan Watts, “Common Sense and Sociological Explanations”, *American Journal of Sociology*, Vol. 120, No. 2, 2014, p. 316.

② Carl Hempel, Paul Oppenheim, “Studies in the Logic of Explanation”, *Philosophy of Science*, Vol. 15, No. 2, 1948, p. 145.

③ Gregory Mitchell, “Case Studies, Counterfactuals, and Causal Explanations”, *University of Pennsylvania Law Review*, Vol. 152, No. 5, 2004, pp. 1517-1608.

首先还原成自己熟悉的客观事实。[①] 脱离这层“理论”，“客观事实”也便无法“成为”客观事实。[②] 一方面，理论限定了我们如何“觉察”（perception）到现象；[③]另一方面，我们只有通过现象本身才能将理论析分出来。比如，学者这样解读文彦博说出“与士大夫治天下”时的情境：“文彦博这句话脱口而出，视若当然……这句话显然涵蕴了一个观念，即‘治天下’的责任也同时落在士大夫的身上，并不是皇帝一人所能单独承担得了的，这正是‘士以天下为己任’的政治涵义。”[④]作者将关注点放在“与士大夫”而非“治天下”上。他“觉察”出文彦博“脱口而出，视若当然”，并将此现象解读为士大夫争取掌握国家和社会事务处理权力的“公民意识”，[⑤]进而建立起家产官僚制、士大夫等集团权力竞争、儒法国家意识形态支配等理论。在这种实证思维中，历史资料体现了客观历史事实，历史事实又证明了理论，但是这一切的“顺其自然”可以被新的“观史”视野所消解。实证国家理论研究者无法自觉意识到，自己所看到的“事实”，实际上也是在“理性人”这一理论视角引导下才可以看到的。研究者无法超越“理性人”的束缚，从关于“存在状态”宽广的理论视野中理解历史资料。当我们围绕“时间性”“思想过程”“社

---

① Gabriel Abend, “The Meaning of ‘Theory’”, *Sociological Theory*, Vol. 26, No. 2, 2008, pp. 179-180.

② 海德格尔：《存在与时间（中文修订第二版）》，陈嘉映、王庆节译，商务印书馆 2016 年版。对“存在问题”的基本探讨，参见该书第 5—22 页。

③ Richard Swedberg, “Theorizing in Sociology and Social Science: Turning to the Context of Discovery”, *Theory and Society*, Vol. 41, No. 1, 2012, pp. 12-13.

④ 余英时：《朱熹的历史世界——宋代士大夫政治文化的研究》，生活·读书·新知三联书店 2011 年版，第 221 页。

⑤ 余英时：《朱熹的历史世界——宋代士大夫政治文化的研究》，生活·读书·新知三联书店 2011 年版，第 210 页。

会性”重新“观”史时,便可以“观”出关于“治天下”的历史事实;而哪怕是面对同样的历史资料,“理性人”视角也无法看到这些事实。由此我们揭示出历史存在论与实证中层理论在研究中的不同作用。

最终,当我们逐渐厘清理论视角与历史事实的意涵时,也就可以比较“治天下”与实证主义国家理论的实质性区别。我们的研究揭示了国家和个体行动者之间在“控制”与“被控制”、“决定”与“被决定”之外的关联方式。新的“历史存在论”帮助我们“观”出,在历史的情态中,“国家”与“个体”不是客观的实体属性,而是被历史人物不断“理解”的角色。历史人物并非只是将彼此视为达成自身“目的”的“工具”。身处共同思想传统中的历史人物,不断地将切身的事情经历与“天下”整体联系在一起,在“天下”图景中理解自我、国家以及与他人的关系。他们相信,可以在复杂的事情经历中实现自己的角色,从而推动天下朝向理想秩序。他们还相信,在推动天下秩序的过程中,个人内心可以不断地获得超越复杂现实的自信与力量。“与士大夫治天下”正是历史人物在这种历史过程与价值动力的推动下做出的集体选择。由此,我们从历史中发现理解当今时代问题的另一种可能:我们可以超越以“占有”“控制”“利用”为中心的国家理论矩阵,转而从人的生活意义世界中探寻政治发展的持久动力。① 传统文化创造性转化的意义,就在于我们可以超越西方某些“惯常”认识的束缚,从传统中国历史的精神血脉

① 对“治天下”过程的历史案例分析,参见罗祎楠:《中国传统士大夫政治中的“天下情势”——以北宋熙宁初年的“青苗法事件”为例》,《中国社会科学》2023 年第 8 期,第 34—59 页。

中寻找到理解当下时代问题的新的可能性。

以上我们讲述了“观”历史（或认识历史）的过程：作为研究者的“我们”，发现学术共同体以往秉持的实证国家理论与中国历史资料的“不契合”之处；以此切身感受出发，反思生成“不契合”的现实学术根源，由此展开对“实证”学术共同体的研究过程及其局限性的分析；在理论选择与历史资料理解的不断调适中，探索适合于中国历史实态的“存在论”理论分析视角；不断比较此种存在论分析与实证国家理论研究的实质性差异，阐明“治天下”的历史特质可以如何推进对“国家”与“个体行动者”关系的理解。上述过程为阐明“史观”的方法论特质奠定了分析基础。

三、“认识实践”的方法之论：“史观”的特质

“史观”并不只是界定研究者可以“观（认识）到什么”①，更是对“如何观（认识）”的分析。作为实践方法论的“史观”，并非操作流程规定，也不是个人漫谈式的研究体会，而是对作为研究者的“我们”的切身研究过程的分析。②

实际上，对实证研究的反思一直是国际社会科学界的基本问

① Arthur Stinchcombe, *Theoretical Methods in Social History*, New York: Academic Press, 1978, p. 8.

② 关于切身实践角度与方法流程这两种不同的方法论分析的对比实例，可参见 Julian Reiss, “A Pragmatist Theory of Evidence”, *Philosophy of Science*, Vol. 82, No. 3, 2015, pp. 341-362。从实践角度对政治学实证方法内在张力的剖析实例，可参见 James Johnson, “Consequences of Positivism: A Pragmatist Assessment”, *Comparative Political Studies*, Vol. 39, No. 2, 2006, pp. 224-252。

题意识,[①]并出现了如“建构主义”、“知识社会学”、“解释主义”(interpretivism)、“批判实在论”等诸多方法论流派。与这些方法论流派不同,“史观”是从“实践”立场出发的:“我们”将自身“观史”这一社会性活动纳入反观与分析,探讨其现实性和力量。这种实践立场也从根本上区分于上述“只是从客体的或者直观的形式去理解”研究对象,或只是“把能动的方面抽象地发展”[②]的社会科学方法论。即便是与“反身性”或“扎根理论”等关注“实践”问题的方法论流派相比,“史观”也有自己的特点:更加侧重对研究者实践“主体性”及其现实意义的分析。具体来说,“史观”方法论具有以下三大特质。

第一,“史观”是对切身事实感受及其理论根源的分析。在“史观”方法论中,我们从切身的经历中探寻关于历史事实感性认识的理论来源。从实践的角度看,“理论”并非与“客观事实”相对的“主观概念”。理论(如“存在论”)的“切身性”在于,它引导我们看到了“事实”,而且我们习惯于以为自己看到了“事实”(facts),而忽略了理论的引导作用。另外,我们能够自觉意识到“理论”的存在。这是因为我们相信可以将切身的经验和体会“抽象”成概念系统,并且可以将这些概念应用于对其他体验的理解。学术经历使我们自身储备了各种不同的“原型理论”(proto-theories)。当我们试图理解史料中记录的历史情境时,会习惯性地移植“理论”(如实证研究已经建立起来的传统中国国家理论),以便回答史料如何证明了这

---

① 对实证研究在不同社会科学学科“政治”中的发展,以及不同学科如何超越实证研究的介绍,参见 George Steinmetz (ed.), *The Politics of Method in the Human Sciences: Positivism and Its Epistemological Others*, Durham: Duke University Press, 2005。

② 马克思:《关于费尔巴哈的提纲》,载《马克思恩格斯选集》第 1 卷,人民出版社 2012 年版,第 133 页。

样的理论。但是，这种“推断”（inference）可能并非顺理成章的。[①] 当史料中的内容与我们储备的其他理论更加契合时，我们便会感觉到历史事实与理论“移植”的冲突，“不契合感”由此产生。[②] 比如，关于“治天下”的史料与我们潜在的“意义过程”原型理论视角更加契合，引导我们“观”出“历史事实”，并且感受到新的“事实”已经超越了实证国家理论研究的界限。我们反观实证研究者未加自我言说的研究方式，最终揭示出“不契合感”源于实证思维将历史视为“实体属性”的组合，而另一种存在论则将历史视为“意义”生成过程。我们继续沿着“意义过程”的理论线索，调动自身学养储备，选择“事情过程”“思想过程”“社会性”视角理解史料，从而构建关于“治天下”及其因果效力的历史质性叙事。“史观”方法论揭示出，研究的过程并非从客观事实中发现（discover）或验证（justify）理论，而是我们依据切身经历，分析“不契合感”的原型理论根源，从而将“理论”从“事实”中自觉剥离出来。[③]

“史观”方法论对“切身”感受的分析展现出研究者的“个性”（personality），但并不意味着研究者是“个体化”（individualize）的存在。[④] 在“史观”方法论中，研究实践必然是“我们”自身的能动。

---

① Neil Gross, Isaac A. Reed and Christopher Winship (eds.), *The New Pragmatist Sociology: Inquiry, Agency, and Democracy*, New York: Columbia University Press, 2022, p. 39.

② Iddo Tavory, Stefan Timmermans, *Abductive Analysis: Theorizing Qualitative Research*, Chicago: The University of Chicago Press, 2014, p. 42.

③ Stefan Timmermans, Iddo Tavory, *Data Analysis in Qualitative Research: Theorizing with Abductive Analysis*, Chicago: The University of Chicago Press, 2022, p. 3.

④ 对二者的区别，经典研究，参见 Emile Durkheim, *The Elementary Forms of the Religious Life*, trans. J. W. Swain, London: George Allen & Unwin Ltd, 1964, p. 274。

我们通过感性认识激活理论学养,以自身的研究经历为纽带,将不同学术共同体的理论资源整合起来。此种以"己"为中心的能动过程具有无可复制的多样性。学者多样的学术经历使其储备了不同的原型理论。在具体情境中,学者运用何种理论理解"历史事实"的"选择"也会不同。甚至,当我们在经历了新的理论和人生经验之后,"重访"(revisit)历史资料时,会生成与此前不同的历史认识。① 在承认多样性的基础上,"史观"方法论更加强调,看似属于研究者的"个性化"选择,也需要被纳入自觉分析,以阐明个性化的体验在学术世界中的来源。"个性"并非隔绝于学术共同体的随意发挥,它恰恰来自我们所处的社会世界。我们需要不断自问,"不契合感"究竟源于哪些学术经历在自身原型理论库中留下的思想印记。

从"切身"的角度展开对认识世界过程的分析,这与"建构主义"等流派关于"认识过程"的"知识社会学"研究不同。"知识社会学"并没有跳出经验研究的"实证"惯常思维。比如,虽然"建构主义"批评"实体属性"的固化认识,并从"符号互动论"视角讨论语言符号如何内化为人们的常识世界,但是研究者并没有从"自身"出发展开分析,而是将对他人知识建构过程的分析视为纯粹的客观"经验研究",②并明确表示要避免进入对"自身"认识论的理解。③ 在分

① Michael Burawoy, "Revisits: An Outline of a Theory of Reflexive Ethnography", *American Sociological Review*, Vol. 68, No. 5, 2003, p. 647.

② 彼得·L. 伯格、托马斯·卢克曼:《现实的社会建构:知识社会学论纲》,吴肃然译,北京大学出版社 2019 年版,第 18 页。

③ Darin Weinberg, *Contemporary Social Constructionism: Key Themes*, Philadelphia: Temple University Press, 2014, pp. 2-4.

析中，“建构主义”聚焦他人如何接受外部规范的影响并内化成自身习惯，如何在社会交往中形成对现实的常识性认识。这里的“他人”，依然是遵循“目的-手段”的“理性人”。[①] 研究者运用诸如“语言符号”“观念制度”“话语制度”“符号使用策略”等概念“识别”认识过程的客观属性；研究方法也依然是“演绎”或“归纳”。[②] 类似的分析方式也出现在“知识社会学”的其他流派（如第一章所提到的“科学/智识运动”与“爱丁堡学派”）中。上述研究秉持孤立而超然的“上帝视角”去分析学术共同体成员的理性与行动。[③] 研究者用“实证”思维研究他人的“认识过程”，这种研究又被当作另一个“认识过程”而成为他人实证思维的对象。此种自我循环无法回答这一问题：对“认识过程”的“认识”如何源于切身“实践”之中。

第二，“史观”呈现出“我们”与整个学术世界的“主体间”关联。“我们”并非如机器人一样的数据和证据的搜集者，或是隔绝于世的个人主观理念阐发者，[④]而是与学术共同体的“对话者”。此种“对话者”的角色意识体现在：“我们”不断地理解自身与他者理论视角的差异，“他者”是可以被我们的“主体性”所理解的“对等主体”。

---

① Josh Whitford, “Pragmatism and the Untenable Dualism of Means and Ends: Why Rational Choice Theory Does Not Deserve Paradigmatic Privilege”, *Theory and Society*, Vol. 31, No. 3, 2002, p. 331.

② 马雪松、冯修青：《新制度主义政治学的建构主义转向》，《政治学研究》2023 年第 4 期，第 132 页；科林·海伊、马雪松：《建构制度主义：起源、特点及应用》，《上海行政学院学报》2017 年第 1 期，第 104 页。

③ Richard Rorty, *Objectivity, Relativism, and Truth: Philosophical Papers*, Vol. 1, Cambridge: Cambridge University Press, 1991, p. 13.

④ Paul Lichterman, Nina Eliasoph, “Civic Action”, *American Journal of Sociology*, Vol. 120, No. 3, 2014, p. 809.

“史观”方法论构建“对照空间”(contrast space)[①]以表现上述“主体间”差异。被我们“表现”(represent)出的“差异”包括:我们所理解的实证研究方式、我们对自身研究方式的理解,以及我们所理解的二者之不同。“历史存在论”乃是本章表现差异的基本“对照空间”。我们首先比较了“意义过程”和“实体属性”的不同,进一步“表现”出实证研究的若干特点:我们聚焦实证研究如何以“理性人”为前提,将历史过程拆分为“实体属性”模块,将观察转化为数据或证据,采用实验、控制性比较等因果识别方法,以证实或证伪中层理论为研究目的。这些“聚焦”并不是随意的,而是为了凸显实证研究与新的“历史存在论”的实质性差异。在与实证研究“特点”的对照下,新的存在论的特质才能得以显现。比如,我们不仅仅比较了“理性人”与身处“事情”“思想”“社会”中的人之状态差异,而且讨论了存在论的“因果性”问题。我们强调因果关系并不是依靠“控制性比较”等方法被“识别”出来的,而是根据实践中的“体会”讲述出来的。“识别”与“体会、讲述”构成了对“因果性”理解的实质性差异。再比如,我们突出新的存在论如何在“常识”层面与实证研究的“理性人”前提构成对照。我们构造的“对照空间”是实证研究者自己都没有发现的。这是“我们”的主体性的产物。

学术共同体中他人的“主体性”可以在我们自身的主体性中得到理解。“我们”对自身研究的关切,照亮了“他者”的实践历程。被我们所“照亮”的主体性不同于“他们”本人的宣称。我们对实证

① 对照空间的基本含义,参见 Paul Lichterman, Isaac A. Reed,“Theory and Contrastive Explanation in Ethnography”, *Sociological Methods and Research*, Vol. 44, No. 4, 2014, pp. 585-635。本章从实践主体性的角度深化了前人的讨论。

国家研究的讨论，不同于一般的文献综述只是罗列他人的观点，而恰恰要揭示出未被他人“观点”所言明的行动方式。他者的“主体性”从来不是孤立固化的，而是处于“我们”不断的理解之中。

“史观”方法论认为这种“主体间”的理解是不断变化的。面对同样的史料，当研究者以不同的存在论视角看待“历史真实”时，可以自主构造出新的对照空间——在新的“空间”中，实证研究的“特质”也会得到不同的“表现”。比如，学者以历史机制运行的“时间观”为出发点，提出不同于实证思维的“道家时间观”。此种时间观认为，“任何性质的社会组织、思想和制度，随着它们变得强大，削弱它们的社会力量和社会机制也会变得越来越重要”①。学者继而围绕“时间观”构建出新的对照空间，揭示了根据“矛盾转化”机制建立历史解释与实证思维中依靠证明机制的“循环性”来解释历史现象这两种研究方式背后的“时间观”差异，进而比较不同“时间观”对国家与人的关系问题给出了何种不同回答。

可见，用什么具体的“理论视角”理解历史并不是“史观”方法论的核心关切，以“主体间”的方式阐明我们“如何”理解历史才是关键。

对“认识实践”中“主体间”关系的分析，不同于从“个体主观能动性”或“社会结构决定论”角度构造的方法论模式。在“个体主观能动性”视角中，认识过程意味着研究者个人独立运用类比（analogy）、类型化（typology）、比拟（metaphor）等操作方法，识别研究对

---

①　赵鼎新：《时间、时间性与智慧：历史社会学的真谛》，《社会学评论》2019年第1期，第13页。

象的特征、建立理论。① 比如,在"扎根理论"的方法设计中,研究者不断比较不同研究对象的内在相似之处,进而比较对象属性和理论概念之间的相似或差异,②以此确立合适的理论概念来归纳对象特点。这样的视角只看到了研究者在对待"研究对象"过程中的个体能动性,却没有阐明此种"能动性"的社会意涵。看似是对研究对象的认识,实则恰恰意味着对学术共同体中其他研究者的实践"主体性"的理解。③

"社会结构决定论"强调研究者与社会场域的关系。研究者的行动取决于他们在社会制度结构中的客观位置。④ "位置"赋予行动者对世界的"惯习性"认识。比如,对实践者的"反身性"研究认为,实践不只是研究者与研究对象的关系,看似是研究者对研究对象的认识,实际上是研究者所处社会位置的体现。⑤ 因此,要将研究者在社会场域中的客观位置纳入分析,因为位置决定了认识世界的方式。⑥ 但是,这样的分析无法深入"我们"与学术世界在"主体间"层面不断展开的相互关系。社会位置固然可以塑造研究者

---

① Richard Swedberg, "From Theory to Theorizing", in Richard Swedberg (ed.), *Theorizing in Social Science: The Context of Discovery*, Stanford: Stanford University Press, 2014, pp. 21-27.

② 凯西·卡麦兹:《建构扎根理论——质性分析实践指南(原书第2版)》,边国英译,重庆大学出版社2022年版,第210—211页。

③ Mustafa Emirbayer, Ann Mische, "What Is Agency?", *American Journal of Sociology*, Vol. 103, No. 4, 1998, p. 971.

④ Alvin Gouldner, *The Coming Crisis of Western Sociology*, New York: Basic Books, 1967, p. 491.

⑤ Pierre Bourdieu, Loïc Wacquant, *An Invitation to Reflexive Sociology*, Chicago: The University of Chicago Press, 1992, p. 40.

⑥ Isaac A. Reed, "Power: Relational, Discursive, and Performative Dimensions", *Sociological Theory*, Vol. 31, No. 3, 2013, p. 199.

对世界的理解，但是对“理解”过程之“主体性”特质的分析，才是“史观”方法论的关切。

第三，“史观”之“法”筹划出学术共同体成员围绕理论对话而不断展开的共在、共行与共生之道。所谓“方法”，并不是被人遵守的权威性规定，也不是只能“心传”的默会知识（tacit knowledge）。正如皮尔士所言，人经常处于某种固化的“信仰”状态中，他们或者只知依从权威，或者完全依从自我“自由”之思，但这两种状态都是缺乏“学术共同体”（community of inquiry）意识的表现。① “史观”方法论所筹划的乃是学术共同体成员相互理解的方式。研究者因认识实践而连接成“学术共同体”，不再孤立而超然地看到“上帝眼中的世界”②。在共同的行动中，“我们”不断了解其他成员如何理解我们，就好像“他们”可以知道“我们”如何理解“他们”。对认识过程的公开分析，推动共同体成员意识到自己原本没有看到，却真实发生的实践状态。共同体成员可以对认识过程的可靠性（plausibility）进行评估，评价某个研究是否推进了他们对相关论题的认识。③ “史观”之“法”是学术共同体的连接之道。

在相互连接的过程中，研究者逐渐形成新的角色意识。“我们”的角色不是论证自己的成果可以如何推广，也不是去验证或推翻他人建立的知识，而是将自身置于与他人的“对话”之中。本章

① Charles S. Peirce, “The Fixation of Belief”, in Nathan Houser, Christian Kloesel (eds.), *The Essential Peirce: Selected Philosophical Writings*, Vol. 1, Bloomington: Indiana University Press, 1992, p. 110.

② Richard Rorty, *Objectivity, Relativism, and Truth: Philosophical Papers*, Vol. 1, Cambridge: Cambridge University Press, 1991, p. 13.

③ Iddo Tavory, Stefan Timmermans, *Abductive Analysis: Theorizing Qualitative Research*, Chicago: The University of Chicago Press, 2014, pp. 105-118.

揭示了实证国家研究者难以看到的理论界限。但这种“揭示”,并不意味着推翻他们的研究结论。我们将被遮蔽的认识过程敞开,并说明自身与其差异。这一行动也意味着,我们相信“他人”可以用同样的方式看待我们的研究。我们与前人对话,又向后人敞开了对话的可能。

此种以理解与对话为出发点的方法论不同于“解释主义”等方法论中的“理论多元主义”(plurality in theory)思维。[①] 在后者看来,人们难以避免从某种理论立场“前见”出发诠释事实,这是研究者绝对的自由选择。[②] 学术共同体只要承认这种“多元主义”的个体自由就足够了。“多元主义”将个体自由视为“出发点”,这意味着放弃了对个体立场本身的“社会性”展开分析。比如,“多元本体论”强调,人可以自然而然地找到某些本体论立场,这种“自然而然”是不需要被纳入自觉分析的。类似的“批判实在论”认为,人可以“自然”地调整本体论以适应新的现象,这种“判断理性”是不可再被拆分的理性基础。[③]

“史观”方法论却认为,没有一种固定的理论立场可以成为“出发点”。“认识实践”乃是我们不断地选择研究“出发点”,进而将这种“选择”再次置于自觉分析之中。在人们认识世界的无尽过程中,永远的“出发点”恰恰在于,我们要不断地将某种具体的“出发点”置于认识实践之中。研究方法的意义并非简单地承认认识的

---

① Isaac A. Reed, *Interpretation and Social Knowledge: On the Use of Theory in the Human Sciences*, Chicago: The University of Chicago Press, 2011, pp. 100-103.

② 晁天义:《阐释学对历史研究的启示》,《史学理论研究》2020年第3期。

③ Hubert Buch-Hansen, Peter Nielsen, *Critical Realism: Basic and Beyond*, London: Red Globe Press, 2020, p. 40.

多元性，而是使“如何认识世界”成为学术共同体成员公开交流的过程。“史观”方法论将“差异”“可能性”“希望”视为构建学术生活的基本方式，学者的实践“创造性”也源于此种生活样态。

四、本章小结

作为“实践方法论”之“史观”，聚焦研究者如何自觉地反观引导自身建立“历史真实”的理论视角。这不仅回答研究者该如何研究历史，而且回答研究者该如何“理解”自身的研究过程。这种“理解”工作乃是对自身与学术世界之“主体间”关联的自觉分析。对实证国家理论与历史实态的“不契合感”，推动我们从多元的理论储备中寻找理解历史的新的路径；在与实证国家研究的对照中，我们阐明新的“历史存在论”的特点。存在论视角的创新引导我们“观”传统中国“治天下”的独特方式，这是实证国家研究所建立的“惯常”认识难以看到的历史真实。

在“治天下”的机制中，历史人物并没有将“国家”与“个体”视为客观“类”的对立，而是从自身的生活经历出发，赋予“国家”或“个体”以现实意义。他们将切身经历与“天下”整体连接在一起，不断理解自我、国家与他人在“天下”中的角色意义。“治天下”意味着历史人物在应对复杂的大事小情中推动天下走向理想秩序。历史人物相信，他们能够在因“实事”而“求是”的“为学”经历中，不断体会如何超越具体经历带来的不确定感，通达“一以贯之”的精神秩序。当我们从历史纹理中廓清“治天下”的历史逻辑，也就为理解自身时代的问题打开了新的空间:我们超越以“占有”“控制”“利用”为中心的国家理论矩阵,转而从人的生活意义世界中探寻政治发展的持久动力。传统文化由此转化为我们理解时代问题的思想创新之源。

第三章　历史质性分析：领会“事实”与“理论”意涵

秉持实证思维的研究者似乎已习惯了一种对待历史素材的方式：他们将历史资料视为测量变量因果关系的数据，或是验证概念集合因果关系的证据。当研究者身处由历史素材构造的复杂的历史世界之中时，他们其实无时无刻不在理解某种真实，无论这样的真实是在理论层面还是事实层面。研究者相信他们收集的素材理所当然地体现了历史中那些人物、制度、事件的客观属性。他们将这一切视为自然，反而遮蔽了更为本真的认识实践过程。

让我们进一步发问：如果说，无论是经验事实，还是理论概念，都是研究者在实践中形成的对“历史真实”的理解（而不应被理所当然地判定为“真实”的历史存在），那么我们需要对研究者建立“真实”的认识过程展开分析，揭示其方法论特点。所谓“方法论”，并非只是列举某些方法流程菜单，而是通过对研究过程的剖析，展现其结构性特点。“历史质性分析”揭示了研究者如何将分散而片段化的历史素材整合为对历史事实与理论特质的把握。

本章首先探讨实证思维在看待历史素材时难以克服的认识局限，进而结合对两段历史资料的分析，说明“历史质性分析”的方法特点，阐述新的方法论可以如何超越实证思维的局限，以拓展历史社会科学的事实与理论视界。本章没有拘泥于抽象的方法说教，而是通过呈现具体的研究过程，阐明方法论的实践意涵。只有在实践之中，方法论才能够被理解和表达。方法论自觉将为发挥社会科学想象力奠定基础。

一、从实证思维到质性思维

实证思维以两种方式看待历史。在演绎逻辑中，研究者将历史视为收集测量数据的资料库。所谓“测量”，就是“根据一定的法则，将某种物体或现象所具有的属性或特征用数字或符号表示出来的过程”，此过程“不仅可以对事物的属性作定量的说明，同时也能对事物的属性作定性的说明”。① 研究者将抽象的概念逐层具体化为可测量指标，通过统计、建模等方法，探寻因果相关性。

与此相对，归纳的方法逻辑（如扎根理论、QCA、过程追踪等）强调研究者在进行历史工作时不被先入为主的理论所左右。当他们“全面”收集到历史素材后，就能够建立概念以归纳资料的客观属性，从而给资料进行编码（coding），以便开展后续大样本统计测量等工作。② 研究者综合各种原始历史素材，抽象出一些次级客观属性，然后再从中继续概括出更高层级的概念编码。研究者相

---

① 风笑天：《社会调查中的问卷设计（第三版）》，中国人民大学出版社2014年版，第19页。

② Anselm Strauss, *Qualitative Analysis for Social Scientists*, Cambridge: Cambridge University Press, 1987, p. 27.

信，次级属性是支撑高级概念集合的定义项。① 在编码中，历史素材被转化成证明各层级属性存在的证据。研究者通过这些证据检验属性间的因果关系是否成立等。

本章承认上述方法在社会科学研究中的卓越成效，但也不会将其简单视为发现客观规律的科学的方法。如果我们将研究视为一种认识世界的实践活动，那么实证方法其实也是研究者在实践过程中对其自身所做工作的一种理解。在这种认知中，研究者将自己视为数据和证据的采集者，他们如机器般收集客观信息，并致力于发现历史素材中包含的客观实体属性。研究者就如同物理学家，可以经过观测收集到发现或证明某种物理定律的数据。历史则是研究者观测、收集数据的场所。

研究者对自我角色的认知是否遮蔽了更为本真的认识过程？实际上，在实证研究看似科学的常规流程之下，隐藏着并未被言说的研究前提。当研究者将观察转化为测量实体属性的数据或表现概念的证据时，或有意或无意地掩盖了一个关键问题：为什么历史观察可以被转化为特定属性、概念的数据或证据？当然，这个问题在对自然属性的测量中是不明显的，就好像一个人站在身高仪上的读数自然可被视为此人身高属性的数据。但是，如果是测量表现社会的概念属性，如“国家能力”“市场化”等，这种转化的潜在任意性就成为问题了。研究者选择运用一系列量表来测量诸如“国家能力”“民主”这样的抽象概念，他们或者依赖先有的倾向性把某

① 查尔斯·C. 拉金：《重新设计社会科学研究》，杜运周等译，机械工业出版社 2019 年版，第 7—14 页。

些指标归入量表中，或者宣称自己的做法符合学界常规，以说明其合理性。这种做法使得一些研究或是困顿于西方社会科学的某些概念之中，或是在天马行空的概念创造中忘记了追问概念“何以”表现历史的真实性。两种行动看似不同，却源于同样的遮蔽：研究者没有将认识历史事实与理论的过程本身纳入公开而理性化的方法论分析之中。①

换言之，如果从实践的角度理解历史研究，那么研究者就不再只是客观经验事实的收集者或理论概念的定义者，而是在更加复杂的认识过程中，不断地建立起对事实或理论的理解。② 理论与事实并非独立于认识过程之外而可以自证意义。理论与事实都需要通过语言给予描述，而理论概念语言和事实描述语言都只是指号(sign)系统而已。指号的意涵(meaning)并不是自证性的，而是被研究者在实践中不断认识、阐释、呈现的。③ 在言说中，研究者相信自己可以明白理论概念语言或事实描述语言的意思，还相信自己可以根据切身经历不断反思以前理解的理论与事实意涵是否可靠，是否需要改变。

“历史质性分析”正是不断地理解和表现事实与理论意涵的过程。理论认识指的是研究者弄清楚概念在经验世界中的实质性含义，这种含义的澄清并不是依靠列举概念集合中的次级特征来完

---

① 关于自然科学测量思路对社会测量影响的讨论，参见叶启政：《实证的迷思：重估社会科学经验研究》，生活·读书·新知三联书店 2018 年版，第 79—90 页。

② Neil Gross, Isaac A. Reed and Christopher Winship (eds.), *The New Pragmatist Sociology: Inquiry, Agency, and Democracy*, New York: Columbia University Press, 2022, pp. 37-38.

③ Isaac A. Reed, *Interpretation and Social Knowledge: On the Use of Theory in the Human Sciences*, Chicago: The University of Chicago Press, 2011, pp. 19-23.

成的,而是通过与其他异概念的比较来凸显的。理论认识同样蕴含着推论意识。研究者习惯性地把在某些特定现实经验中得出的理论概念类推到其他情境。当然,这种习惯会被新的事实体验所挑战。这种惊讶感也激发了研究者去重新认识事实。事实认识是对具体研究对象现实特点的理解。研究者将他们经历的各种具体现象整合起来,建立起“现实是什么”的认识。他们可以习惯性地将已知的某种理论意涵运用于理解当前的对象特征,也可以调动其他理论认识,重构对现实的认识。[①] 即便是同一个研究对象,新的“现实”与此前的“现实”也是不同的。研究者会自觉比较两种“现实”的实质性差异。

上述认识过程被称为“历史质性分析”。“质性”指的是研究者将分散的现象整合成对世界的系统性(systematic)呈现(representation)。在对事实的呈现上,不同于实证思维将历史事实视为不依赖于研究者的呈现而自证属性的客观存在,质性思维强调对事实实质性特点的把握,以此区别于罗列分散的、碎片化的现象。现象何以成为事实?事实何以被呈现出质性特点?这是实证思维忽视的问题,而质性思维恰恰在此维度展开。同样,在对理论的理解上,质性思维强调理论的质性特点在于其与其他理论意涵的差异,这种实质性差异必须依赖研究者对历史事实的感受的挖掘,并在与其他理论意涵的比较分析中进行阐明。这不同于实证思维将理论概念视为具有明确定义且可以自证含义的客观实体属性。

可见,建立“认识实践”的方法论,正是将认识过程公开化、理

---

① Jan Fuhse, “How Can Theories Represent Social Phenomena?”, *Sociologial Theory*, Vol. 40, No. 2, 2022.

性化的过程。方法无法被空洞言说,只有在实践中才能得以分析。下面,我们将通过对两段资料的分析来说明质性分析的特点。

二、历史事实的质性分析

我们以下面这段发生在办公室中寻常的场景为例,呈现历史事实的认识过程:

> 工作人员芙洛拉对一个服务对象的无礼感到非常生气。她大声地对着她的同事劳拉抱怨:“这个人本来是自己错过了原本定好的约见时间,可是她却还一个劲地打电话,要求重新定时间,我都已经反复告诉她,我明天会给她答复。我现在忙得要死,可她竟然又打了五次电话,而且还在不停地打。这个人的态度实在有问题!”听到这样的抱怨,劳拉赶快说:“是嘛……哦,你知道么,她有一些特殊问题。”这句话让气氛缓和了很多。芙洛拉听后变得不那么生气了,她的声音听起来有些半信半疑:“她是有特殊的问题啊?”这时劳拉从另一个办公室走过来靠着门框,轻松地说:“啊,原来你竟然不知道啊?她都没告诉你啊?她是有特殊情况的。好吧,我来处理这个事情吧。”①

① 这段资料来自 Bernardo Zacka, *When the State Meets the Street: Public Service and Moral Agency*, Cambridge: Harvard University Press, 2017, p. 153。笔者曾有文章初步介绍了此书内容,分析了这段资料。本章则进一步从“政治想象”的角度阐释这份资料。参见罗祎楠:《“当国家遇上马路”:基层官僚如何思考》,《读书》2020 年第 7 期。

这段历史资料记录了一个普通的美国社区服务组织的日常工作情况。工作人员芙洛拉和劳拉的主要工作是帮助当地社区居民申领社会救济、进行职业培训等。资料记录了二人因某一位社区居民的无礼举动而产生的互动。那么，我们可以从这段资料中获得什么样的事实呢？

熟悉办公室政治的人可能很容易从资料里解读出某些人际关系。作为办公室的同事，芙洛拉和劳拉为了自己的利益要保持好彼此间的关系。所以当芙洛拉看到劳拉可能和那个她本来讨厌的服务对象有较好的私人关系时，为了不得罪对方，就主动改变了自己对待服务对象的态度。研究者甚至可以赋予故事更深层次的特征：基层官僚站在维护自己或是办公室共同利益的角度来决定如何对待他们的服务对象，偏离了原本应当遵守的无差别服务的规范原则。

讲述者相信这就是社会“事实”。所谓“事实”，不仅描述具体的当事人在做什么，她们为什么这么做，而且包括了更为深层的现实：这些当事人的行为体现出基层官僚的整体状态。面对这样的历史素材，许多研究者会习惯性地想到这些“事实”。

但对另外一些研究者而言，上面的历史素材可能会令他们产生一些反常感，这种反常感也开启了他们继续进行历史质性研究的大门。[①] 所谓“反常感”是这样一种感受：当研究者按照既有习惯将历史素材理解为一种社会事实时，却感受到材料中包含了很多无法被“事实”涵盖的重要现象。

---

① Richard Swedberg, “Theorizing in Sociology and Social Science: Turning to the Context of Discovery”, *Theory and Society*, Vol. 41, No. 1, 2012, pp. 1-40.

比如,如果我们只将芙洛拉的言语抽象为“抱怨”,就忽略了她其实讲述了很多的“事情”。服务对象不顾及芙洛拉“反复告诉她,我明天会给她答复”,“竟然又打了五次电话,而且还在不停地打”。同样,劳拉和芙洛拉的对话也是围绕“事情”展开的。“是嘛……哦,你知道么,她有一些特殊问题。”这些言谈包含着难以被抽象为诸如“抱怨”或“人际关系考虑”的更加丰富的意义表达。这些表达体现了当事人如何在个人的事情经历中理解他人。如果仅仅将芙洛拉的反应概括为“不得罪对方”的策略,就难以看到另外的现象:当芙洛拉感受到对方心中可能在想什么时,她会调整自己对原本抱怨对象的理解,她“变得不那么生气了”,而且“她的声音听起来有些半信半疑:‘她是有特殊的问题啊?’”。同样,当劳拉感受到芙洛拉的反应时,她会做出轻松的样子“靠着门框”,这似乎也是在有意无意地向芙洛拉展现出自己放松的状态,不希望对方感觉自己在乎这件事。

这些言行都体现出当事人在如何理解(understanding)他人,这些言行不应被简单解读成为了达成某种目的的敷衍表达。这些对他人的理解带动着当事人情绪的变化,推动着他们的行动,具有独立的因果解释力量。因此,如果忽略掉“理解”的过程,而只是从某些研究者预先给定的“目的动机”和“行动策略”概念来解读资料,那就如同把资料中流动的意义血脉抽空,去研究那些虽然可以度量长短宽窄,却显得干枯的“骨架”。

由此,我们反思一个问题:引导我们构建那些习以为常的事实背后的理论认识又是什么呢?或许,是某些理论视角塑造了我们对事实的笃信。比如,当我们按照办公室政治的方式讲述事实时,实际上已经遵循了一种理论认识:政治过程的参与者是一个个眼中只有抽象的自我目的和手段策略的人,他们为达成目的,采取各种策略。如果我们认可这样的理论,其实也就无意中采纳了一套讲故事的思路:我们预先建立了目的论(teleology)的假设——人人都追求得到利益和好处,或者忠诚地遵照规则做事。据此,我们将各种可以观测到的行为都解读成达成目的的动机,或是解读成为了达成目的而采取的手段。目的论的后见(retrospective)之明为我们开展实证测量奠定了基础。① 我们根据当事人的言谈设计问卷,度量他们的“妥协程度”“抱怨程度”“利益诉求类别”等;或是对当事人展开访谈,将访谈内容编码。这些问卷数据、编码为我们继续展开对基层官僚行为模式的因果分析奠定了基础。可见,是特定的理论视角引导我们将分散的经验素材整合为历史“事实”的。显然,我们的“反常感”说明,这样的视角、事实并不是整合历史素材的唯一视角。

质性历史分析不仅需要研究者对塑造事实的理论视角保持自觉,更重要的是探寻什么样的理论认识可以引导我们整合那些“反常”现象,以及如何系统地说明我们对事实的新认识与原有认识的实质性区别。此种探寻工作并非“平地起高楼”,而是需要回到学术共同体长期累积的学理脉络中寻找依据。

当我们回溯国际社会理论学界近三十年的学术史时,就会发现,对上述“目的-手段”的“理性人”视角的反驳一直是学术共同体

---

① William H. Sewell, Jr., “Three Temporalities: Toward an Eventful Sociology”, in *Logics of History: Social Theory and Social Transformation*, Chicago: The University of Chicago Press, 2005, pp. 83-84.

的研究焦点。[①] 有力的批评来自诸如符号互动论、过程社会学、展演理论、"想象性"理论等流派。批评者认为,研究者运用"目的-手段"的框架,无法分析行动者如何在彼此的互动中不断共同构建现实情境。所谓"目的-手段",实际上是行动者对现实理解的内容,而不应被简单视作抽离于情境的"客观属性"。对现实的理解也被称为情境。情境是图像性的,如同画面涌现在人的感受之中。研究者需要通过叙事(narrative)方式讲述情境如何产生,具有何种样态,又如何推动人的行动。这些关于事实的讲述无法被切割为有待测量的固定概念模块。叙事可以包含这样一些维度:行动者如何判断自身和他人在当下现实中的样子;如何回溯这些样子与"过去"的连续性;如何评估当下世界为自身行动提供的多种可能性;如何筹划自身行动以改变未来的"将来完成时"。[②] 此外,因为行动者对情境的理解是不断变化的,他们会不断因遭遇的新事情(events)而重新理解情境的内容。因此,叙事也需要讲述情境如何因"事"而变。在关于情境的叙事中自然会讲到行动者的目的或手段,但这些都只是和情境图景中其他部分的内容嵌套在一起的。在叙事中并不存在可以独立于情境之外、被研究者预先界定乃至

---

① 关于这一争论的代表性文献包括:Hans Joas, *The Creativity of Action*, Cambridge: Polity Press, 1996, pp. 4-8; Josh Whitford, "Pragmatism and the Untenable Dualism of Means and Ends: Why Rational Choice Theory Does Not Deserve Paradigmatic Privilege", *Theory and Society*, Vol. 31, No. 3, 2002, pp. 325-363; Ronald Jepperson, John Meyer, "Multiple Levels of Analysis and the Limitations of Methodological Individualisms", *Sociological Theory*, Vol. 29, No. 1, 2011, pp. 54-73; Matthew Norton, "Mechanisms and Meaning Structures", *Sociological Theory*, Vol. 32, No. 2, 2014, pp. 162-187。

② Mustafa Emirbayer, Ann Mische, "What Is Agency?", *American Journal of Sociology*, Vol. 103, No. 4, 1998, pp. 962-1023.

搜寻证据支持的所谓“目的-手段”。情境的叙事具有因果性，当研究者讲述上面内容时，也就解释了一系列现象：芙洛拉因何调整了对他人的态度，她和劳拉又如何重新达成和谐。此种因果性被称为“生成性因果”。研究者相信人的行动不断从情境中生成出来，处于永远变化的状态；当研究者围绕上面的维度讲述故事时，也便完成了对行动发生原因的解释。这些维度是分析性的。[①]“分析性”的含义首先在于，维度并不是变量概念模块，也不能进行测量。更重要的是，这些维度体现了研究者的分析意识。他们相信任何叙事都不是任意而言的，而是基于对因果关系的特定理解来展开的。换言之，研究者将哪些素材整合为什么样的叙事，这个认识过程本身就处于分析意识的引导之中。[②] 在讲述情境的过程中，研究者相信，如果他们只是将历史现象解读为行动者目的或手段的反映，并围绕此类客观属性来构建历史事实，那么他们也就遮蔽了更深层次的意义脉络的延展过程：行动者如何在互动中不断构建对情境的理解。[③] 这种延展过程，只能通过具有分析意识的历史叙事来完成。

经过反复地寻找和权衡，我们将“想象性政治”（political imaginary 或 political imagination）这一具有悠久传统的理论资源调动起来。想象性政治理论中丰富的分析性要素，可转化为构建历史

---

① Mustafa Emirbayer, Ann Mische, “What Is Agency?”, *American Journal of Sociology*, Vol. 103, No. 4, 1998, pp. 962-1023.

② 关于叙事因果性的初步讨论，参见刘子曦：《故事与讲故事：叙事社会学何以可能——兼谈如何讲述中国故事》，《社会学研究》2018 年第 2 期。

③ Josh Whitford, “Pragmatism and the Untenable Dualism of Means and Ends: Why Rational Choice Theory Does Not Deserve Paradigmatic Privilege”, *Theory and Society*, Vol. 31, No. 3, 2002, pp. 325-363.

事实的“语法”[1]：我们在该理论的引导下，自觉把游离分散的现象组合起来，形成关于历史中“正在发生什么事实”的叙事。并且，我们阐发新的“事实”叙事与原有叙事之间的实质性差异。

所谓“想象”，指的是行动者将意料之外的事情经历转化为可以被自身所理解的情境图景的过程。[2] 依照想象性政治理论的基本要素，我们把上述素材整合起来，建立起历史事实叙事。第一，行动者不断将切身的经验（如芙洛拉感受到服务对象不通情理的举动、劳拉和服务对象的交往经历、劳拉感受到芙洛拉的抱怨、芙洛拉对劳拉与服务对象关系的预期等）整合为关系图景（劳拉和芙洛拉关于三个人关系的理解“地图”[3]）。第二，从行动者不断变化的关系图景中勾画出“角色”的特点：芙洛拉对服务对象的排斥来自她们彼此交往的经历；劳拉的回应使芙洛拉对自身角色的理解发生了变化；芙洛拉不再将自己视为直接应对服务对象的人，她想象劳拉和服务对象的关系图景，也想象自己在劳拉心中的形象，由此将自己重新定位为劳拉的辅助者。“目的-手段”视角将这一切变化都解释成芙洛拉保护自我利益的手段，而想象性政治理论则揭示出引发这种变化的情境理解过程。第三，想象性政治理论揭示出行动者如何在情境图景中获得行动的动力。情境图景对于他

---

① Stefan Timmermans, Iddo Tavory, *Data Analysis in Qualitative Research: Theorizing with Abductive Analysis*, Chicago: The University of Chicago Press, 2022, p. 33.

② Thomas M. Alexander, “Pragmatic Imagination”, *Transactions of the Charles S. Peirce Society*, Vol. 26, No. 3, 1990, pp. 325-348; Chiara Bottici, *A Philosophy of Political Myth*, Cambridge: Cambridge University Press, 2007, pp. 20-43.

③ Paul Lichterman, Nina Eliasoph, “Civic Action”, *American Journal of Sociology*, Vol. 120, No. 3, 2014, pp. 798-863; Mary Warnock, *Imagination*, Berkeley: University of California Press, 1976, p. 196.

们而言，意味着身处其中的社会现实，他们自己就是此现实之“象”中的一部分。在现实中，他们意识到自己行动的目的，并筹划达成目的的方式。这就是生成于情境现实中的行动动力，但这样的动力也会随着情境图景的改变而调整。① 当芙洛拉感受到和劳拉对话间略显尴尬、紧张的气氛时，她赶快改变了自己之前的抱怨。这种“气氛”便是情境带给当事人的直接感受。“赶快”则表现出这种情境感受对劳拉行动的直接促进作用。第四，身处于想象过程中的行动者是一种开放的状态，他们将当下视为不断前进的事件过程的一部分。芙洛拉一听到劳拉说的话，就迅速开始调整自己对人际关系图景的理解；同样，当劳拉感受到芙洛拉的调整时，也马上展现出更加轻松、缓和的姿态。行动者在因事而起的过程中，时刻准备建立或接受对世界的新的理解。② 第五，处于互动中的当事人不断妥协以寻求重建彼此认同的情境。劳拉和芙洛拉的对话，实际上也是双方在协调如何重新建立对那位“服务对象”状况的共同认识。芙洛拉缓和气氛的方式、她表现出的半信半疑、劳拉有意向芙洛拉表现出的轻松等，都体现出二人克服因意想不到的事件带来的情境氛围改变、共同恢复办公室以往平和关系的过程。

以上我们对历史事实的叙事实际上已经具有质性特点。这一叙事的潜在的对话对象便是在“目的-手段”引导下建立的事实理解。换言之，我们讲述的事实并非只是散漫的材料堆积。在与原

---

① C. Wright Mills, “Situated Actions and Vocabularies of Motives”, *American Sociological Review*, Vol. 5, No. 6, 1940, pp. 904-913.

② Charles S. Peirce, *The Collected Papers of Charles Sanders Peirce*, Charles Hartshorne, Paul Weiss (eds.), Cambridge: Harvard University Press, 1935, p. 181.

有事实的比较中，我们建立起历史叙事的焦点。我们强调当事人围绕对情境的构建和妥协才是历史事实的实质。研究者在不同的理论视角的牵引下看到了不同的事实，并用不同的方式表现事实。正是在比较中，历史事实的质性特点才能凸显出来。我们之所以相信情境和“目的-手段”可以成为对比焦点，是源于社会理论学术传统中关于二者实质性区别的争论和分析。

可见，回到认识过程之中，我们会发现，讲述事实的过程不只是简单地把所谓“客观事实”传达出来。各种分散的现象体验何以成为具有质性特点的事实，这才是回到“认识实践”的方法论分析的重点。我们展现了如下方法论结构：研究者对历史资料的感受、他们原本累积的不同理论认识的碰撞，推动他们重新回到学术史中理解不同理论认识的实质性差异，进而在和历史感受的不断对比中，从自发走向自觉，寻找理论认识，重构历史事实。他们在讲述真实时有意识地凸显出与其他事实的实质性区别。这为我们接下来将理论认识的过程纳入方法论分析奠定了基础。

三、理论意涵的质性分析

理论的质性分析关注历史事实如何揭示出与现有理论概念不同的意涵特质。当我们运用想象性政治理论视角重构事实时，也进入与相应理论的对话之中。这种对话一方面承认我们叙述的历史事实符合学界对政治想象一般形式(form)的理解，另一方面理论对话更关心共同形式中蕴含的现有理论无法看到的意涵特质。[①] 理论质性研究并不是要证明理论可以被如何推广，[②]而是说明理论的特质何在。阐明特质，并不是要切断地方性（tacit）历史经验与学术共同体理论知识之间的联系。对特质的分析，恰恰是将个性化的历史感受纳入学术共同体的理解范畴之中。[③] 理论特质是在与学术共同体其他相关理论的比较中凸显出来的意涵。[④] 因此，我们选取了在政治想象研究中处于主导地位的美国实用主义理论作为参照。这一理论勾画出政治想象的基本形式。

下面，我们将沿着对上面一段历史事实的分析脉络，引入另一段来自中国北宋（960—1127）时期的资料，来分析理论质性的认识过程。从美国21世纪的街头小官僚到中国宋代的传统士大夫决策者，两段时空跨越极大的资料因“历史质性分析”方法的视野而建立起密切关联，这充分说明实践方法论可以极大地扩展社会科学研究的想象力。

我们选取的原始素材比较忠实地记录了北宋熙宁二年（1069）

---

① 关于“形式”与“特质”关系的讨论，参见 Diane Vaughan, “Theorizing Disaster: Analogy, Historical Ethnography, and the Challenger Accident”, *Ethnography*, Vol. 5, No. 3, 2004, pp. 315 - 347; Corey Abramson, Neil Gong (eds.), *Beyond the Case: The Logics and Practices of Comparative Ethnography*, Oxford: Oxford University Press, 2020, p. 91。

② Charles Ragin, *Fuzzy-Set Social Science*, Chicago: The University of Chicago Press, 2000.

③ Paul Lichterman, Isaac A. Reed, “Theory and Contrastive Explanation in Ethnography”, *Sociological Methods and Research*, Vol. 44, No. 4, 2014, p. 588.

④ Corey Abramson, Neil Gong (eds.), *Beyond the Case: The Logics and Practices of Comparative Ethnography*, Oxford: Oxford University Press, 2020, pp. 103 - 104; Thomas DeGloma, *Seeing the Light: The Social Logic of Personal Discovery*, Chicago: The University of Chicago Press, 2014; Wayne Brekhus, *Peacocks, Chameleons, Centaurs: Gay Suburbia and the Grammar of Social Identity*, Chicago: The University of Chicago Press, 2003.

在科举制度改革过程中发生在中央决策者之间的一番互动。当年五月，宋神宗在王安石的建议下开始考虑如何对当时的科举考试制度进行改革。为了稳妥起见，皇帝首先征求朝廷宰相、台谏官、侍从官的看法。身为侍从官的苏轼在给皇帝的上奏中，将最近科举改革中发生的具体事情综合起来，从风俗时势的角度提出了对改革科举的批评。他劝告皇帝说：

> 兵先动者为客，后动者为主。主常胜客，客常不胜。治天下亦然。人主不欲先动，当用静以应之于后，乃能胜天下之事。

神宗皇帝将苏轼的意见当面转告给了主持改革的王安石。王安石同样从风俗时势的角度对当前的情况做了另一番想象：

> 轼言亦是，然此道之经也，非所谓道之变。圣人之于天下，感而后应，则轼之言有合于此理。然事变无常，固有举世不知出此，而圣人为之倡发者。譬之用兵，岂尽须后动然后能胜敌？顾其时与势之所宜而已。

皇帝赞同王安石对时势的理解，因此继续坚持科举改革计划。但他依然赞赏苏轼的才华，过了几个月，皇帝希望可以把苏轼调到自己身边修起居注。对此，王安石却表示了反对。他赞同皇帝对苏轼才华的判断，但是他同样列举了自己听说的苏轼的各种错误言论，然后从风俗的角度解释为什么不能重用苏轼：

> 邪险之人，臣非苟言之，皆有事状……陛下欲变风俗，息邪说，骤用此人，则士何由知陛下好恶所在？

但王安石同样也认为可以提擢苏轼做不会影响风俗走向的工作：

> 此人非无才智，以人望言诚不可废。若省府推判官有阙，亦宜用，但方是通判资序，岂可使令修注？

最终，皇帝听从了王安石的建议，"上乃罢轼不用"。[①]

如果从想象性政治理论视角理解这段资料，我们可以发现和第一段历史资料十分类似的事实。尽管两段资料所处的时代相差千年、地域相距万里、群体差异极大，却呈现出类似的决策模式。无论是芙洛拉和劳拉这样的街头官僚，还是宋神宗、王安石或苏轼这样的高级决策者，他们在决策过程中，都在将切身经历的事情转化为关于情境的图景。他们都会在不同情境中对自己和他人的意义有不同的理解。比如，宋神宗、王安石可以从苏轼运用邪说影响风俗的"邪险"特点来看待他。但当他们觉得自己处于此种时势之外时，则又会视苏轼为有才智之人。同样，芙洛拉在被服务对象不停打扰的情境中形成的对服务对象的印象，会随着劳拉的解释而改变，因为她眼中的情境已经变成劳拉和服务对象有密切的关系，而自己和劳拉的关系又有些紧张。这些情境的改变都是由事件推动的。

---

① 杨仲良：《皇宋通鉴长编纪事本末》，李之亮点校，黑龙江人民出版社2006年版，第1108—1110页。

因此，我们可以将两段资料共同置于想象性政治这一理论系统之中。发现理论质性的过程在于分析第二段资料如何揭示出与实用主义“想象性”理论不同的意涵。所谓“不同”，一方面说明两段资料依然符合政治想象的基本形式，另一方面则是讨论共同形式演化出的不同分型（fraction）特质。① 这种比较过程，实际上也是一种“选择性照亮”，即通过比较，呈现出理论指号的意涵。② 我们将第一段资料视为实用主义“想象性”理论的典型体现。两段资料的比较揭示出中国传统政治决策过程中政治想象具有如下三重特质。

第一，风俗情境。第一段资料中的当事人是在两方关系图景中理解自己所处情境的。芙洛拉从关心自己和服务对象的关系，转向关心自己和劳拉的关系。劳拉一直在调整自己和芙洛拉的关系。处于互动中的行动者想象对方会如何看待并应对自己的行动。双方相互影响，且影响只发生在彼此之间。③ 实际上，对街头官僚间关系或是街头官僚与服务对象间关系的研究都是在两方关系的意义图景中开展的。在此解释中，第一段资料反映了作为人民代理人的官僚如何在具体情境中消解了委托-代理人的意义图景，④转

---

① Andrew Abbott, *Chaos of Disciplines*, Chicago: The University of Chicago Press, 2001, p. 25.

② StefanTimmermans, Iddo Tavory, “Theory Construction in Qualitative Research: From Grounded Theory to Abductive Analysis”, *Sociological Theory*, Vol. 30, No. 3, 2012, pp. 167-186.

③ Hans Joas, *The Creativity of Action*, Cambridge: Polity Press, 1996, p. 187.

④ Isaac A. Reed, *Power in Modernity: Agency Relations and the Creative Destruction of the King's Two Bodies*, Chicago: The University of Chicago Press, 2020, pp. 30-34.

而以官僚内部关系情境重构基层治理的意义，从而滋生出权力自主性。

来自传统中国政治过程的资料却呈现出超越两方关系结构的情境图景。互动双方想象了一个无法落实到任何具体之人，却又时刻可以感受到，并对政治起极大推动作用的“风俗”。[①] 在他们想象的图景中，自己与他人的互动，可以被无法指名的“风俗中人”感受到。他们影响风俗，却无法将这样的影响落实到具体个人，哪怕他们相信这些人可以代表民众。风俗处于不断变化中，在时空中变化的样态便是时势。决策者相信，统治的关键是观察、体会变化中的时势。苏轼相信需要根据时势变化来行动，即以静制动。王安石则强调要超越常人的见识而认识到风俗时势的特点。双方观点虽然不同，但都将那个看似缥缈却时刻发挥作用的风俗视为自身和他人互动的最终指向。王安石反对对苏轼的任命并不是来自与苏轼个人关系的考量。他认为，对苏轼的任命会影响那个看不到、摸不着却作用巨大的风俗。通过对两段资料理论意涵的比较，我们可以看到中国传统政治想象图景的第一重特质。

第二，自主意识。在实用主义的理论中，政治想象中的人们始终被难以预料的事件牵动。这种牵动无可避免地使行动者产生“不确定感”(indeterminacy)。行动者迷失了对他人角色的习惯性把握，他们不由自主地感受到某种外在力量的推搡。此种力量并非属于具体的支配实体(如具体的统治者或者制度结构)。它生成于由突发事件、制度结构、人与人的互动、既往的历史文化，以及个

---

① 王汎森：《“风”——一种被忽略的史学观念》，载《执拗的低音——一些历史思考方式的反思》，生活·读书·新知三联书店 2020 年版，第 167—209 页。

体内心状态等交织、碰撞而成的局势（conjuncture）之中。[①] 身处于局势之中的行动者，被局势裹挟。他们可以灵活应对局势中具体的人与事，却时常感觉"被赋予了一个消极、被动的未来和过去"，那些不断重复的突变事件和感受在他们眼中"成了他们命运的一块碎片"。[②] 行动者面对局势时的"身不由己"成为想象性政治理论所共同揭示的现代政治人的主体状态。正如在第一段资料中，我们感受到当事人那小心翼翼的试探状态。她们总是不由自主地被对方的某个举动牵引，谨慎揣摩对方的心理，然后调适自己以期望和对方达成某种一致。这种小心、试探和揣摩也成为街头官僚政治想象的实质性特点。

第二段资料中的行动者则显示出非常不同的气质。从他们身上，我们感受到超越了"局中人"而成为体察者的自主意识及其形成的行动动力。无论是王安石、皇帝，还是苏轼，他们相信自己首先是时势风俗的体察者，因为任何政治过程都并非只是针对具体个人的。当他们面对难以预料的事情时，作为体察者的身份意识会被激活，迅速成为推动他们行动的力量。他们主动地将突变转化为对整体时势的判断。

这种自觉体察的身份意识与"身不由己"构成了实质性区别。士大夫决策者并非如实用主义理论所认定的，只能拘泥于具体的共在对象，他们并非被束缚在无边无际且难以预料的事情之中被

---

① William H. Sewell, Jr., *Logics of History: Social Theory and Social Transformation*, Chicago: The University of Chicago Press, 2005, pp. 109-112.

② Jean-Paul Sartre, *Critique of Dialectical Reason*, Vol. 1, trans. Alan Sheridan-Smith, London: Verso, 2004, p. 259.

动地应对突变，甚至无所适从，盲目地跟着其他人行动。作为体察者的身份意识一旦被激活，便会引导决策者主动从儒家思想中寻求资源，把那些“意料之外”纳入“情理之中”。他们从突变中体察到整体时势之变，为突变找回变动不居却又可以真实把握的意义，不会困顿于不确定感之中。他们依靠对时势的判断，主动赋予自我和他人以角色意义。行动者并非在对抗、观望、揣测、寄托乃至误解中建立暂时的关系想象。[①] 他们自始至终都在待时而动。突变成为促成他们体察时势变化的通路：决策者穿越偶然世界的重重迷雾，走进自己心目中那个时代大势的整体变化世界。这种体察者的身份也使他们毫不妥协地表达自己对时势的看法。他们不认为暂时的妥协是行动的唯一选择，而是相信，毫不妥协地表达自己对时势的体察与彼此在风俗时势之外的相互欣赏并不矛盾。

第三，推断性。在实用主义理论看来，想象的过程也是当事人建立对彼此“正在共同经历着什么”的认可：我确信我和对方看到了同样的情境图景，“当我们经验同一个对象时，我把我自己对我的各种体验的解释，与你在这些情况下对你的各种体验的解释等同起来”[②]。在这属于“我们”的环境中，我想象着对方如何想象包括我在内的这个彼此共同的世界，进而根据我对对方的想象来调整我的行动。[③] 在此理论中，自我和他人的角色在共在情境中才会生成。人的行动依附于每个具体的共在状态而演化。当人们发

---

① 徐晓宏：《大时代有风暴眼》，《读书》2017 年第 12 期。

② Alfred Schutz, *The Phenomenology of the Social World*, Chicago: Northwestern University Press, 1967, p. 256.

③ Hans Joas, *The Creativity of Action*, Cambridge: Polity Press, 1996, p. 187.

现他们对对方的预期和实际感受不符时,就会主动修正所想象的共在状态图景,自我和他人的角色也会相应发生改变。[1] 芙洛拉和劳拉的整个互动过程,就是这种共在状态的体现:她们始终在寻找彼此认可的对共同身处的当下情境的认识。

第二段资料则呈现出无法被共在状态表现的另一种推断状态。行动者的根本关切在于探寻个人经历在风俗时势中的意义。他们基于已有的经验来推断由无限未知经验世界构成的风俗时势。他们并不关心可以和具体共在者感受到什么样的共同情境,而是关心自己和他人的行动如何对风俗时势这个无法落实到具体行动者却真实发挥着作用的整体性社会现实产生影响。他们与超越具体存在者的社会整体建立精神联系,时刻以社会整体为本体考虑行动的后果,获得行动的动力。[2] 那些具体的共在他人、分散的共在情境并不是他们理解行动的依据。行动者运用儒家思想中的性、道、人心等观念将具体经验转译成风俗时势图景。他们并不关心具体互动中的他人是否认可自己的转译,而是关心这种推断过程对自己而言是否合理,以及如何通过学养的累积使自己可以更加合理地推断大势。同样,行动者彼此间并不寻求对情境认识的妥协,而是勇于争论彼此对时势的推断过程是否合理。他们甚至有意将共在情境中产生的情感与时势中的情感区分开来。

通过上述研究,我们可以体会到如何进行理论质性分析。实

---

① Erving Goffman, *Frame Analysis: An Essay on the Organization of Experience*, New York: Doubleday Anchor, 1974, pp. 38-39; Alfred Schutz, *The Phenomenology of the Social World*, Chicago: Northwestern University Press, 1967, p. 258.

② 朱晓阳:《中国的人类学本体论转向及本体政治指向》,《社会学研究》2021 年第 1 期。

证研究难以说明经验素材转化为理论的合理性，实践方法论则能够将此认识过程的特点纳入分析。“比较”乃是此过程的关键环节。同样的历史素材，可以被转化为三种不同的理论质性，此三种理论质性又分别对应于实用主义想象性政治理论意涵的三个不同侧面。理论在比较中呈现出不同的意涵，历史素材在比较中被再现（represent）为不同的意义。

那么，上述认识过程中的比较研究又是如何展开的呢？第一，比较源自理论映照下的历史感受差异。我们感受到实用主义理论在对身份意识的界定中强调行动者身处突变局势中的“被动性”。此种视角引导我们在阅读第一段资料时感受到办公室同事间小心翼翼地彼此试探、妥协。我们将这些现象视为“被动状态”的体现。但当我们在阅读第二段资料时，我们却感受到历史人物的自信状态，看到他们如何主动超越具体事情来推断时势。我们之所以会注意到这种状态，是因为它和小心翼翼、彼此妥协的办公室人际关系形成了强烈的对比。同样，我们还感受到实用主义想象性政治中的两方关系图景与中国历史素材中的风俗时势图景的差异，感受到共在状态和推断状态的差异。

第二，比较的支点在于寻找既体现历史事实意义，又展现理论意涵的分析性质点。质点是表现差异的方式。研究者将对历史事实的“不同”感受整合成对实质性差异的表达，质点便是理论意涵的纹理，理论质性通过质点得以明晰。比如在对自主意识的分析中，我们关注以下质点：运用“局中人”与“体察者”、“沉浸于共在”与“进入时代大势的整体变化世界”、“被动”与“主动”展开比较。同样，在分析情境图景时，我们指出“无法指名的风俗中人”与“互动中彼此影响的两方”的差异。我们强调“推断状态”与“共在状态”的差异在于:前种状态中的行动者“并不关心可以和具体共在者感受到什么样的共同情境”,他们关心自己和他人在整体性社会现实中的意义;他们不会“寻求对情境认识的妥协”,而是“勇于争论彼此对时势的推断过程是否合理”。这些质点具有两种面向:它们既再现了历史素材的事实意义,同时也展现出想象性政治理论的不同分型意涵。它们将抽象的理论指号与历史事实交融于一体。理论因质点而不再抽象,历史事实也因质点而获得连贯意义。质点勾画了理论与事实的双重纹理,比较分析正是围绕质点展开的。

第三,对质点的阐释是将差异感受转化为“对照空间”的过程。这也是将差异感理性化的过程:将差异感由不可言传的个人感受进行清晰阐述(explicate),使之成为可以被学术共同体所共享的表达。实际上,如何将“对照”表现出来,也是研究者的能动过程。无论研究者如何阐释,他们都需要使“对照”成为具象化的“空间”。比如,当我们比较“沉浸于共在”与“进入整体世界”时,就将“对照空间”具象化为:行动者眼中是否只有具体的他人,还是会看到超越具体人事的更大的风俗时势。同样,我们将“两方关系”与“风俗时势”的对比具象化为对“委托-代理”关系和无法还原到具体个人的风俗时势二者特点的描述。在讲述北宋决策者可以把时势中人的形象与其他情境中的形象区分对待时,我们也就澄清了推断意识如何超越共在状态中人的彼此理解。质点被不断具象化为生动的现实事情。研究者越能够说服读者这种“差异空间”作为事实的存在,质点的信服力也就越大。对研究者和读者而言,正是这些质点构成了他们心中的理论真实。所谓“真实”，指的是他们相信历史素材与理论意涵是彼此契合的，理论通过历史感受获得妥当性。

四、本章小结

本章尝试打开实证研究难以看到的两种认识过程，为历史社会科学赋予新的方法论意涵。首先，关于历史事实的叙述并非只是客观经验的堆积，所谓“经验”何以成为事实本身，才是需要被分析的。这提示研究者思考如何构建具有因果解释力的事实性叙事。本章讨论了如何在对新的历史现象与事实理解二者间的“不契合感”的推动下，重新寻找新的理论组织素材、重构事实，并自觉通过比较而阐明事实的质性特点。其次，本章提出了理论分析方法论。理论研究并非只是从历史素材中归纳出所谓的“客观属性”。理论不再被视为需要验证或测量的具有明确定义的概念。理论认识的展开，需要研究者思考如何在“比较”中领会理论的质性意涵。多重差异感的获得、分析性质点的确定、对照空间的阐释，此三者构成了理论质性认识过程的方法论特点。

第四章　国家“现代性”研究的方法论

前述两章从“史观”与“历史质性分析”两个维度呈现出实践方法论的意涵。下面的几章，我们将通过“现代性”与“传统文化创造性转化”这两个问题域，展现“认识实践”方法论如何切实推进对历史社会科学重要理论与经验议题的探讨。

“现代性”是我们理解历史与时代无法逃避的问题。学界已经破除了将某些固定的历史机制（如代议制民主化、理性官僚制的建立、公共领域的形成等）视为人类走向现代国家的普遍性发展道路。常识的更新却也催生出新的研究问题：学者该如何超越“现代”制度合理必然性的固化思维，重新看待西方现代政治生成历史中那些被忽视的面相？又该如何看待中国历史与“现代性”的关系问题？①

在这一章，我们围绕三部新近出版的作品，探讨“现代性”研究的实践方法问题。之所以选择这三部作品，是因为他们代表了对

---

① “二战”后，英语学界的“现代性”研究经历了“三波”潮流，学者开始逐渐从宏大结构分析走向微观事件过程研究。但这些讨论并没有从“认识实践”方法论的维度探讨“现代性”研究方式本身的局限性。参见 Julia Adams, Elisabeth S. Clemens and Ann Shola Orloff, “Introduction: Social Theory, Modernity, and the Three Waves of Historical Sociology”, in Julia Adams, Elisabeth S. Clemens and Ann Shola Orloff (eds.), *Remaking Modernity: Politics, History, and Sociology*, Durham: Duke University Press, 2005。

上述问题的三种典型的回答,类似的回答在中西方学界的其他作品中也可以看到。里德对美国共和国早期历史的社会科学分析揭示出美国"现代性"政治产生过程中的"消极空间","现代性"并非理想制度的实现,而恰恰是在充满不确定的历史冲突年代催生出的意外想象。[①] 李怀印认为,中国从传统时代起就演化出自己独特的"现代性"道路,而赵鼎新则更加强调这条"儒法国家"的独特发展道路并不符合社会理论对政治"现代性"的基本认识。沿着作者们提供的答案,我们也许可以顺理成章地得出一种判断:中国历史早已形成一条不同于西方"现代性"生成过程的"传统道路",我们只要默守传统,就可以克服"现代性"带来的问题。在这一判断中,作为研究者的"我们",只需要尽量还原历史传统的制度风物,然后将其作为既定的条件继承下来。

然而,这种惯常理解却难以回答更为根本的方法问题:"国家现代性"是如何在学者的认识实践中成为一个问题域的?只有自觉地回答这个问题,我们才可能将"现代性"思维本身纳入反观与分析,而不会在以为的"争论"与"创见"中沉陷于惯常思维所营造的话题矩阵。对这个问题的回答首先需要我们揭示出并未被研究者所言说,却引导着他们构造起对"现代性"问题的回答的实践方法。由此我们重新回到"认识实践"的视域,在此视域中,我们不再聚焦于如何找到片段性的历史经验证实或证伪现代国家的抽象特征(如代议民主、公民政治等),而是转为关注研究者的实践方法论问题:研究者如何以理论组织历史经验从而构建起对政治"现代

---

① 关于此问题的文化社会学经典讨论,参见杰弗里·C. 亚历山大:《现代性之暗面》,熊春文译,商务印书馆 2023 年版。

性”的叙述与分析。[①] 我们着重从两个维度展开分析。

第一，研究者基于对社会行动的何种存在论（ontological view）来构建具有解释性的历史叙述？历史离不开作为行动者的人，历史叙事总是围绕人们如何行动而展开的。这里的行动者可以是个人，也可以是组织、群体等。无论是将历史人物视为采取“策略手段”以满足“目的动机”的行动者，还是将人们对世界意义的不断理解视为解释行动的基础，研究者都是在依照他们对社会行动的基本认识来叙述历史。他们可以将历史讲述成如“宫斗剧”一般的策略性竞争，也可以展现历史人物如何在世界意义的图景中看到彼此的角色和位置。[②] 同样的历史资料，由于研究者不同的存在论前提，可以呈现出不同的意涵。

第二，研究者如何展现历史因果过程的实在性（real）特质及其因果力量？历史实在并非可以被直接测量和感知，而是学者以自身的理论视角表现出的历史特质，是历史过程的理论“意义”：研究者运用理论说明历史过程“意味着什么”，由此呈现出历史案例所具有的理论特质，即说明此案例如何在某一理论系统中具有最强的典型性，或者说最能体现此种理论的意涵。我们还分析研究者如何展现历史机制所具有的生成历史现象的因果力量。[③] 此种

---

① Isaac A. Reed, *Interpretation and Social Knowledge: On the Use of Theory in the Human Sciences*, Chicago: The University of Chicago Press, 2011, p. 7.

② 对这两种叙述方式的详细比较，可参见 Hans Joas, *The Creativity of Action*, Cambridge: Polity Press, 1996, pp. 146-195。

③ 因果力量来自“批判实在论”对世界运行方式的理解。具体内容参见 Dave Elder-Vass, *The Causal Power of Social Structures: Emergence, Structure and Agency*, Cambridge: Cambridge University Press, 2010。

“力量”（或者称“权力”）并非指的是一个实体依靠自身物质资源、合法性等优势使另一个实体服从其意志的过程。历史机制所具有的“权力”乃是其促生历史结果的因果力量。我们特别关注研究者如何通过对“历史行动”的叙述展现机制的因果力量。

由此，我们揭示出政治“现代性”研究的“认识实践”机理。“认识实践”方法论映照出新的问题域：我们不再纠结于“现代性”是否必然在不同文明历史中出现，以及“现代性”到底是积极的还是消极的；我们转而探讨该如何反观“现代性”研究的思维桎梏。本章对这些关于“现代性”研究的方法分析，为后续章节展现如何通过“史观”与“历史质性分析”的方法论自觉整合对中西方文明的历史感受、超越“现代性”思维的局限奠定对话基础。[①]

一、消极的现代性：理论视角与历史叙事[②]

现代政治如何在西方文明历史中生成？里德在《现代性中的权力：代理关系与国王两个身体的创造性破坏》（*Power in Modernity: Agency Relations and the Creative Destruction of the King's*

---

① 本章第一节讨论想象性政治理论视角如何引导研究者建立“现代性”叙事，这为第八章讨论探究中国士大夫政治中的“天下情势”与此种叙事呈现出的“消极性”特质奠定了“比较分析”的基础。第五、第六章分别以“长时段”与“权力生成机制”两个维度为切入点，这与本章第二、第三节探讨的“现代性”研究的思维特点构成实质性对话。

② 第一节的历史叙事和部分理论分析是在我的博士生张浩东写作的基础上修改而成的。参见我们共同发表的《权力链条、意义图景与展演：一种现代性政治的解析路径》，《清华社会学评论》2021 年第 2 期。第二、第三节的部分内容参见罗祎楠：《认识论视野中的中国国家现代性问题》，《云南大学学报》（社会科学版）2022 年第 4 期。

Two Bodies，芝加哥大学出版社2020年版）一书中对这些问题给予了新的回答。里德以美国与法国为中心，探讨了欧美自18世纪开始的现代民主政治建立过程中的“消极”历史。现代政治是在革命废除了“国王的两个身体”后造成的高度政治不确定性中生成的，是关于“人民的两个身体”的集体政治想象及其引导下的权力运行。里德的历史解释建立在三个要素之上，即意义图景、权力过程的展演维度与权力链条。

首先，里德将“意义图景”（landscape of meaning）作为因果解释的基本要素。围绕“行动意义”展开的因果解释框架相信，行动者需要将其所处的世界转化为可以理解的存在，总要使世界对自己来说意味着什么。这样的“意义”世界是以“图景”的方式呈现的。里德延续了实用主义社会学以意象（imagery）来说明意义的学术传统，强调了意义想象本身所具有的图景特性。① 所谓“图景”，指的是人们对自己所处世界的理解是稳定且具有画面性的。他们将具体经验过的人和事置于画面之中，从而赋予其意义。里德强调，人们往往是在多重意义（layers of meaning）图景之中行动的，他们可能随时在不同的图景中穿行、流连。当他们经历不同图景时，内心的情绪也是不同的。也许就是图景的变化，使一个正在笑着的人突然潸然泪下。② 正是这样的情绪，塑造了人们行动的

① Isaac A. Reed, *Interpretation and Social Knowledge: On the Use of Theory in the Human Sciences*, Chicago: The University of Chicago Press, 2011, p. 110; Neil Gross, Zachary Hyde, “Norms and Mental Imagery”, in Claudio E. Benzecry, Monika Krause and Isaac Ariail Reed (eds.), *Social Theory Now*, Chicago: The University of Chicago Press, 2017, pp. 361-392.

② Isaac A. Reed, *Interpretation and Social Knowledge: On the Use of Theory in the Human Sciences*, Chicago: The University of Chicago Press, 2011, pp. 110-111.

动机。意义图景赋予了行动动机以内容,[①]这种内容便是人们设身处地的想象,以及在图景中穿行而产生的情感。因此,意义图景成为对历史进行解释的一个要素。这种思路源自"形式因"对因果性的理解。[②] 在里德的因果分析中,意义图景不同于动机这样的动力因(forcing cause),它是一种形式化的原因(forming cause),构成了因果性的要素。由此,里德建构了一个包含动机和意义图景的因果解释框架。[③]

其次,里德相信,展演行动本身具有改变历史过程走向的力量,这种力量也正是"权力"的一种。此视角将"权力"现象归结为展演过程、关系、制度、话语等社会存在对历史结果的塑造。社会存在所具有的权力又被称为因果力量(causal power)。此种力量并非由个体行动者的资源、目的、手段所决定。[④] 里德将展演维度纳入了对权力过程的因果分析。这反映出他受到了言说行动理论

---

① Isaac A. Reed, *Interpretation and Social Knowledge: On the Use of Theory in the Human Sciences*, Chicago: The University of Chicago Press, 2011, p. 143.

② Isaac A. Reed, *Interpretation and Social Knowledge: On the Use of Theory in the Human Sciences*, Chicago: The University of Chicago Press, 2011, p. 144.

③ Isaac A. Reed, *Interpretation and Social Knowledge: On the Use of Theory in the Human Sciences*, Chicago: The University of Chicago Press, 2011, pp. 146, 157.

④ 在里德看来,关系性权力对应于实在论因果性,强调"社会资本、庇护和交换机制以及关键行动者的'位置性'(positionality)",这一路径通过指向某种社会关系的结构或实在(reality)来解释结果。我们之所以能够以关系的维度勾画权力的图像,是因为行动中人类习惯的作用。关系性权力依赖于长期、稳定的行动习惯。第二个维度是话语性权力,对应于阐释学的(hermeneutic)因果性。这一维度强调"谈话、符号化、叙事和编码",通过话语的影响,某种结果"被自然化(naturalized)为不可避免的"。话语性权力的研究倾向于搜集许多不同的具体行动,展示这些行动如何共同地以某种方式被话语结构(discursive formation)所塑造,以此给出因果解释。参见 Isaac A. Reed, "Power: Relational, Discursive, and Performative Dimensions", *Sociological Theory*, Vol. 31, No. 3, 2013, pp. 197-203。

(speech act theory)与实用主义行动理论的影响。"展演"作为一种分析性概念,最初是由日常语言哲学家奥斯汀(J. L. Austin)在他的著作《如何以言行事》中引入的。[①] 里德举例说,当我对你说"我承诺我将在明天7点到达那里"时,我便已经将自己置于由承诺行动产生的某种关系中。我试图通过当下的行动来约束(bind)未来。由此里德认为,展演性的言说行动具有因果力量,因为在领导者和行动者之间表现(emergent)出来的关系正是展演的结果,如领导者用一场激荡人心的演说就可能召唤民众的行动。[②] 里德强调,只有当言说行动包含了威胁、宣称或承诺时,展演才具有因果力量,因为这样的展演约束了观众和展演者未来的行动。展演具有改变结构的力量,而非服务于已经存在的权力结构。[③] 里德还指出,展演的因果力量来自其公共性:当观众们共同意识到他们是同一展演的见证者时,公共性就出现了。在公共空间中,展演者通过重塑观众的意义世界,改变了领导者、行动者和他者之间的关系。[④] 展演维度展现的是这样一种权力过程:展演者(无论其居于何种社会位置,受到何种社会制度的影响),可以"大胆而突然地给予命令和秩序"[⑤],重塑政治结果。这种权力过程总是发生在正在

---

① J. L. 奥斯汀:《如何以言行事》,杨玉成、赵京超译,商务印书馆2013年版。

② Isaac A. Reed, *Power in Modernity: Agency Relations and the Creative Destruction of the King's Two Bodies*, Chicago: The University of Chicago Press, 2020, pp. 75-77.

③ Isaac A. Reed, "Power: Relational, Discursive, and Performative Dimensions", *Sociological Theory*, Vol. 31, No. 3, 2013, p. 202; 克利福德·格尔茨:《尼加拉——十九世纪巴厘剧场国家》,赵丙祥译,商务印书馆2018年版,第12页。

④ Isaac A. Reed, *Power in Modernity: Agency Relations and the Creative Destruction of the King's Two Bodies*, Chicago: The University of Chicago Press, 2020, pp. 84-85.

⑤ Isaac A. Reed, "Power: Relational, Discursive, and Performative Dimensions", *Sociological Theory*, Vol. 31, No. 3, 2013, p. 195.

延展却又“无法看到结果的情境”(inchoate situation)中。于是，在场的观众们不断观望，甚至可能在支持一种连他们自己也不理解或只是假装理解的构想。有的人则步入公共空间以充当展演者，从而将自己的诠释强加给他人。他们也就成为“情境”中的“领导者”，重塑历史进程和结果。[①]

最后，意义图景与展演之所以能够产生因果作用，需要基于特定的权力链条(chain of power)结构。无论是现代政治还是传统政治，都无法脱离这种对权力过程分工的基本理解。所谓“权力链条”，包括三个环节：一是领导者(rector)，他为实现计划而招募和约制他人，指使他们以他自己的名义去行动、工作或劳动；二是行动者(actor)，他被纳入领导者的计划，但总是保有他自己的计划；三是他者(other)，他被视为失去人性的存在，被排除在领导者和行动者的主体关系之外，但仍然可能被视为实现二者计划的“工具”或毫无人性的破坏计划的敌人。在权力链条结构中，领导者将任务委托给行动者，而行动者又将其委托给下一个行动者，接连不断的委托形成了长长的链条；链条不是单一的，世界由无数的权力链条交织而成，每个社会中的人都身处多种链条之中。

具体来说，在权力等级关系中，领导者通过派遣(send)和约束(bind)使行动者完成计划(project)。行动者放弃了自己的计划而去实施领导者的计划，这时制作者身份的问题就出现了：究竟谁被视为这个计划的制作者？改造世界的成就究竟应当归功于谁？成就、利润、公共赞赏和荣誉属于制作者。获得了制作者的身份，便

---

① Isaac A. Reed, *Power in Modernity: Agency Relations and the Creative Destruction of the King's Two Bodies*, Chicago: The University of Chicago Press, 2020, p. 92.

可以因作品而被公众铭记和不朽。正因如此，行动者会不断地向领导者要求获得全部或部分的制作者身份。同样，他者是权力链条结构的重要组成部分。人们面对令自己不满的人或事时，往往会将这种不满转化为他者的属性。[①] 他者的存在带来的不确定感使得领导者和行动者会对他们想象出来的他者使用暴力。通过使用暴力，领导者和行动者改造世界的能力被强化，因为他们制服了那些想象出来的敌人。[②] 里德将他者的出现视为某种困境的必然产物：行动者总是有自己的计划，也处于交叠的另外的领导者的计划之中；领导者则总是怀疑行动者不值得信任，他们总是想让行动者放弃自己的计划而成为一个完美的代理人（agent），也就是成为完全服从命令的"机器人"。机器人没有人性，成了他者。对完成计划的追求，使得他者不断地被需要：行动者要么被异化为执行命令的奴隶，要么被仇视，成为破坏计划的敌人。在这两种情况下，行动者都被剥夺了人性。

在里德看来，处于权力链条不同位置的人们都有情绪，他们争夺着如制作者那样的身份。人们的互动关系推动了权力链条不断在现实语境中转化其意义形式。权力链条的结构与不断转化的动态过程无法分离，离开了一方，另一方也便没有了意义。由此，里德在实用主义的存在论中展现出结构的作用。[③] 权力链条的动态

① Isaac A. Reed, "Deep Culture in Action: Resignification, Synecdoche, and Metanarrative in the Moral Panic of the Salem Witch Trials", *Theory and Society*, Vol. 44, No. 1, 2015, p. 70.

② Isaac A. Reed, *Power in Modernity: Agency Relations and the Creative Destruction of the King's Two Bodies*, Chicago: The University of Chicago Press, 2020, pp. 18-19.

③ Isaac A. Reed, *Power in Modernity: Agency Relations and the Creative Destruction of the King's Two Bodies*, Chicago: The University of Chicago Press, 2020, p. 30.

性在于，在不确定的时刻人们对于“最终领导者是国王还是人民”“谁代表人民”以及“谁被排斥在人民之外”的激烈争夺，导致了权力形式的倒转和剧变；但是这种看似天翻地覆的倒转依然处在“领导者-行动者-他者”的结构之中：“杀死国王的第二个身体并没有移除等级组织”的结构，①哪怕是权力的表征从“国王的两个身体”转变为“人民的两个身体”，权力链条依然有着此种结构。这一结构塑造了政治从传统转向现代的轨迹。

因此，作为结构的权力链条并非超然独立于社会过程之外，在人们的想象中，它被不断地表现出来。如果研究者无法对意义图景与展演过程展开分析，那么他们也就无法看到权力链条的作用。作为结构的权力链条，与其说是如钢筋水泥般的历史支架，倒不如说是历史过程脉动的“韵律和节奏”。②

上述三大因素共同构建了现代政治如何出现的因果叙事。里德将特定的历史资料和研究组织在一起，照亮了现代政治生成过程中被忽视的地方。下面我们结合作者对美国早期历史中的威士忌起义（Whiskey Rebellion）的讲述，分析作者对历史事实叙事背后的理论视角，从而也展现出，作者如何运用上述“理论”整合历史资料进而构造具有因果解释力的叙事。在里德的叙事中，美国政治“现代性”生成的历史恰恰呈现出，当欧洲中世纪传统中“国王”

---

① Isaac A. Reed, *Power in Modernity: Agency Relations and the Creative Destruction of the King's Two Bodies*, Chicago: The University of Chicago Press, 2020, p. 12; Isaac A. Reed, "Agency, Alterity and the King's Two Bodies", Unpublished Lecture Paper Given at Department of Sociology, Tsinghua University, December 12, 2020, p. 12.

② Isaac A. Reed, *Power in Modernity: Agency Relations and the Creative Destruction of the King's Two Bodies*, Chicago: The University of Chicago Press, 2020, p. 32.

具有公共性的身体失去效力后，一个"消极性的空间"(negative space)开始出现。[①] 里德将这种所谓的"消极性的空间"视为现代民主政治生成过程的基本特点。走向现代政治的过程，并非英雄主义般的史诗；经过浴血革命，民有、民享、民治那般现代民主理想代替了陈腐落后的"国王的两个身体"。恰恰相反，历史是以另一种叙事方式被呈现出来的。我们看到，令人着魔的民粹主义塑造了各种各样的对人民主权的幻想，此种幻想不断被人们纷乱地理解，不同的意义图景之间充满冲突。我们还看到了处于意义图景冲突中的人们如何在不知所措中寻找他者"敌人"。[②] 里德通过意义图景、展演与权力的链条结构三者的交织、互动，层层展现了这段充满不确定感、冲突与想象的欧美政治"现代性"生成史。

威士忌起义发生在1794年的宾夕法尼亚州西部。里德对威士忌起义的叙述，勾画出了身处历史情境中的行动者们如何建立起纷乱的意义图景。他还展现出，当镇压者与起义者通过协商达成和解，并将协议与和解展演出来时，新的集体想象形成了。展演行动"发明了人民的两个身体"，人民"主权"(sovereignty)在新的想象中出现。[③]

---

① Isaac A. Reed, "Agency, Alterity and the King's Two Bodies", Unpublished Lecture Paper Given at Department of Sociology, Tsinghua University, December 12, 2020, p. 1.

② Isaac A. Reed, *Power in Modernity: Agency Relations and the Creative Destruction of the King's Two Bodies*, Chicago: The University of Chicago Press, 2020, p. 135.

③ Isaac A. Reed, *Power in Modernity: Agency Relations and the Creative Destruction of the King's Two Bodies*, Chicago: The University of Chicago Press, 2020, pp. 158-160, 168.

具体而言,威士忌起义的戏剧可以分为两幕,分别是起义和协商。在第一幕中,联邦政府存在的意义被怀疑。事件始于新生的联邦共和国所面对的“一次权力链条的意义表达与运转危机”:汉密尔顿(Alexander Hamilton)从国会得令去逮捕宾夕法尼亚州西部的抗税者,这一命令传达到了地方的税收员和副治安官处,他们却将传递消息的任务委托给当地的一个“无知又可怜的”牧牛人,最终牧牛人被起义者羞辱性地涂上焦油,粘上像印第安人一样的羽毛;起义者又将税收人的房子烧成灰烬,并阻塞了主要的道路。[①] 起义者希望从政府那里获得更多的保护以免于受到印第安人的侵袭,他们还希望免除威士忌税。

里德的叙事展现了起义者和联邦精英多样而共存的意义图景。一方面,暴力行动的形式来自现代早期英国农民对反抗的意义理解。另一方面,起义者深受赫尔曼·哈斯本(Herman Husband)的“圣经共和主义”(biblical republicanism)的影响,作为起义领导者的哈斯本将起义表现为《圣经》中关于“拯救”的宏大叙事(metanarrative),并建构了一个以“人民的第二个身体”为合法性来源的意义图景。依托于此种意义图景中的幻想,通过哈斯本的布道广为传播。[②] 同时,起义者被想象为“共和国公民”,因为他们

---

① Isaac A. Reed, *Power in Modernity: Agency Relations and the Creative Destruction of the King's Two Bodies*, Chicago: The University of Chicago Press, 2020, p. 156.

② Isaac A. Reed, *Power in Modernity: Agency Relations and the Creative Destruction of the King's Two Bodies*, Chicago: The University of Chicago Press, 2020, pp. 135-147; Isaac A. Reed, “Deep Culture in Action: Resignification, Synecdoche, and Metanarrative in the Moral Panic of the Salem Witch Trials”, *Theory and Society*, Vol. 44, No. 1, 2015, p. 71.

参与了美国革命。公民身份也意味着一种新的关于代理关系的图景:起义者属于人民,他们是领导者;那些被选举的官员则是行动者,这些官员成为“人民的第二个身体”的代理人。然而,现实和想象却有着巨大的反差。起义者在现实中想到了自己如何在荒凉的西部边界艰难为生,他们感受到自己如何因为缺乏联邦政府的保护而遭受印第安人的威胁,他们还感受到暴君如何通过威士忌税剥夺作为“人民”的他们。这些感受使他们对现实不满,并拒绝承认费城的联邦党人作为他们——人民——的代表。里德由此展现了起义过程中涌现的多层意义图景。①

多层意义图景共同存在于起义者们的政治想象之中,反而使他们对世界的理解变得模糊。起义者们并没有清晰地理解他们对联邦政府的民主诉求,也没有明确理解哈斯本的乌托邦式的幻想。他们意识到自己对于所谓“人民”及其代表的理解如此模糊。在费城的高层精英中,这场起义行动被视作暴徒们对共和国的破坏,因为那些暴徒(而不是起义者们)破坏着精英们心中作为人民代表的“法律”。精英们的想象同样是多层且模糊的。里德分析了当时精英们的通信档案,发现面对不确定的情境时,像华盛顿这样的领袖竟然也难以保持定力:他们时而将威士忌起义的暴力行动与暴徒们破坏新共和国的行为联系起来,时而将起义视为暴徒们与英国的里应外合,时而又将起义视为被托马斯·杰斐逊(Thomas Jef-

① Isaac A. Reed, *Power in Modernity: Agency Relations and the Creative Destruction of the King's Two Bodies*, Chicago: The University of Chicago Press, 2020, pp. 156-157.

ferson)在西部的卡里斯马权威所催动的。[①]

里德指出,这样的危机创造了由多层意义图景编织而成的“情境”,“国王的两个身体”被破坏之后,每个人都被“抛到”了一种不确定的状态中,他们幻想出各种各样的政治哲学和伟大的计划来合理化自己的行动,哪怕那些行动就是鸡毛蒜皮的小事,他们也要在哲学家的思想中勾画出柴米油盐的具体形象。于是,“每个人都变成了政治哲学家,而不同的关于正当性的哲学就在街头相互竞争,不断地合理化或无理化那些暴力行动”[②]。

在这样一个充满了不确定的历史时刻,关于“人民的两个身体”的“哲学”在街头缠斗。威士忌起义的戏剧由此进入第二幕。联邦政府、州政府与起义民众代表签订了协议,不仅如此,他们还将协议公之于众。当“协议”与“和解”被所有人见证时,它们便具有了重塑集体想象的因果力量,展演因此成为历史叙事中的高潮和转折。于是,关于“谁是人民”和“谁是人民的行动者”的共同想象被建立了起来。这代表着危机的结束,因为联邦共和国的权力链条重新获得了稳定,整个政治权力体系又运转了起来。[③]

第二幕的参演者有三个:代表联邦政府的联邦委员会、代表宾

① Isaac A. Reed, *Power in Modernity: Agency Relations and the Creative Destruction of the King's Two Bodies*, Chicago: The University of Chicago Press, 2020, p. 158.

② Isaac A. Reed, *Power in Modernity: Agency Relations and the Creative Destruction of the King's Two Bodies*, Chicago: The University of Chicago Press, 2020, p. 157.

③ Isaac A. Reed, *Power in Modernity: Agency Relations and the Creative Destruction of the King's Two Bodies*, Chicago: The University of Chicago Press, 2020, p. 160.

夕法尼亚州的宾州委员会和代表起义四县人民的起义者委员会。[①] 在展演中，联邦委员会宣称"总统不情愿使用暴力"，"如果暴力不可避免，那么这是他们（起义者们）的选择而非总统的意愿"；宾州委员会则宣布起义者们的暴力侵犯了公民的神圣权利；起义者委员会则声称起义四县的人民遭遇了不公，但他们是爱好和平的，暴力镇压没有什么必要。接着，一种交换方案被提了出来：如果起义者们可以保证和平并遵守税法，那么联邦政府可以给予他们赦免。这个交换是具有意义的，在精英的理解中，这是"在宽宏大量又体贴包容的主权国家和起义者之间"达成的协议。起义者委员会则认为，作为人民的代理人，自己只能"倾听并向人民汇报……而无权替人民做出保证"。每一方都使用"人民"来宣称自己行动和诉求的合理性，但正是"人民"意义的模棱两可，反而无法使各方达成共识。于是面对这样的困境，联邦委员会和宾州委员会各自提供了协议，要求起义者委员会在规定期限内签署；最终，起义者委员会写信表示愿意服从提案条款并签署协议。[②]

里德强调，签署协议这一行动本身就意味着"展演"。通过展演，联邦政府、州政府和起义者乃至大众之间建立了一种共同的叙事："国家是一座房子，它属于领导者（人民）和他们忠诚的行动者（以总统为代表的联邦政府），这些行动者愿意将起义地区的白人

① Isaac A. Reed, *Power in Modernity: Agency Relations and the Creative Destruction of the King's Two Bodies*, Chicago: The University of Chicago Press, 2020, p. 160.

② Isaac A. Reed, *Power in Modernity: Agency Relations and the Creative Destruction of the King's Two Bodies*, Chicago: The University of Chicago Press, 2020, pp. 160-166.

同样视作人民的一部分,他们可以有自己的权力、计划和土地。”作为“人民”代表的“总统”开始成为政治想象中的角色;同样,“国家”也成为集体想象的组成部分,它被形容为“既宽容又有力,既威严又公正”。①

由此,里德说明了展演如何在意义图景冲突的情境中具有因果力量。“谁可以代表人民”成为争论的焦点。“人民”的符号难以掩盖意义图景的冲突。在这样的不确定时刻,关键性的展演出现了。然而,展演行动没有表达任何先前的意义图景,而是打断进而重塑了人们的想象。签署协议意味着,联邦政府和宾州政府承认起义者属于人民的身体的一部分,而起义者也承认联邦政府是国家的代理人和人民的代表,原本对立、破碎的关于人民的意义图景在这一展演行动中被一种新的共同想象取代了,这种共同想象确定了谁可以被称为人民,谁可以宣称代表人民,以及到底谁的行动具有合法性。于是,表演者和见证者在展演时刻共同创造了一种暂时的“确定之感”,国家政治权力重新有序地运转了起来。但这种确定之感只是短暂的,一旦出现如1794年的鹿寨战争等事件并将历史重新推入动荡时,“人民的身体”就需要塑造如印第安人那样的他者“敌人”,才可能有效地运转下去。“现代性”生成的历史,就是不断在动荡中重新构想“人民”与“敌人”的历史。

里德相信这样的历史叙事可以解释欧美现代政治发展过程中那些“消极”因素是如何产生的。上述三个基本理论元素本身就具

---

① Isaac A. Reed, *Power in Modernity: Agency Relations and the Creative Destruction of the King's Two Bodies*, Chicago: The University of Chicago Press, 2020, p. 169.

有因果意义。意义图景是人们对世界的想象，它为整个历史过程赋予了内容，并催生了推动过程发展的个体动机。想象使世界具有形象，使人们能够在图景中理解具体的人、事以及自我。世界对于他们来说具有了意义，而他们的情绪也在图景中产生了出来。比如，当威士忌起义中的起义者们感受到自己与所谓“人民”的地位的落差时，他们感到愤怒、不满。正是这种对自身角色意义的理解，推动了他们的行动。

在意义图景所催生的情绪的推动下，展演出现了。展演具有改变过程走向的作用，展演者看似面对少数观众，但展演所产生的因果效应却远远超出与他们直接互动的观众的范围，乃至重塑了新的权力关系形式。① 展演之所以具有因果力量，一方面源于多种意义图景的冲突使社会行动者个体感到混乱、无助和迷茫；另一方面我们还应看到，展演本身所具有的因果力量无法完全归结为参与者的个体情绪、动机。公共性的存在、突然的时机、事态的发展等，共同交织在一起，成就了展演“过程”所特有的因果力量。于是，即使研究者可以明确了解展演过程中每个人的情绪，却依然无法预测展演会在何时产生因果力量。里德的叙事呈现出展演如何在起义后特定的历史不确定时刻发挥了作用，正是特定的时势条件成就了展演的因果力量。②

更为重要的是，整个的意义图景、展演过程都是被束缚在权力

① Ivan Ermakoff, “The Structure of Contingency”, *American Journal of Sociology*, Vol. 121, No. 1, 2015, p. 78.

② Ivan Ermakoff, “The Structure of Contingency”, *American Journal of Sociology*, Vol. 121, No. 1, 2015, p. 112.

链条的结构之中的。权力链条的结构对历史过程的作用在于，即便权力的表征从“国王的两个身体”转变为“人民的两个身体”，权力的运行依然依赖领导者、行动者和他者的存在与相互关联。历史进程无法超出这样的关联范围，即使在具体经验世界中，历史学者看到的也是这些链条如何被历史人物用各种各样、变化多端、光怪陆离的意义图景想象着，以及那些想象如何在某次难以预料的展演中一下子发生翻天覆地的变化。但是，正是这样的变化，使得作为理论的“领导者-行动者-他者”成为被研究者以学理方式呈现的“历史实在”。

里德相信，正是因为他的研究看到了这样的权力链条，他才可以展现出以“消极性的空间”为特色的历史现象。这也将里德的研究与其他关于现代政治的经典解释区分开来。里德将自己的研究置于韦伯与阿伦特（Hannah Arendt）之间：韦伯强调权力的支配性面向，而无法看到权力过程中领导者与行动者作为主体的互动关系，以及他们如何将他者去主体化；而阿伦特则将权力过程理解为作为主体的人们平等的共同行动，而无法看到等级与敌我关系如何被带入历史想象之中。①

独特的叙事与分析视角，使里德的这一研究呈现了现代政治生成过程的独特样貌：一个关于现代民主政治的“消极性的空间”被展现出来。当“国王的两个身体”遭到攻击之后，所谓“人民的两个身体”并没有成为民主光明时代的真理标杆。恰恰相反，一个动荡的年代出现了。那时的人们突然陷入了一种集体不确定的状态

---

① Isaac A. Reed, *Power in Modernity: Agency Relations and the Creative Destruction of the King's Two Bodies*, Chicago: The University of Chicago Press, 2020, p. 72.

之中。在那个年代，人们不断想象如何使委托与支配成为可能；在那个年代，人人都成了街头哲学家——当然也是迷乱的哲学家；在那个年代，民粹主义充斥于公共空间，政治精英们热衷于制造“敌人”。这一切也就成为政治“现代性”的另一个面貌。现代民主政治正是在这样的年代中诞生的，因而被植入了“消极”的基因——尽管我们往往认为现代民主的制度与价值是积极向上的。

二、独特的现代性？

如何理解中国历史与“现代性”的关系问题？以往研究者以为只可以用目的论和历史实证主义对此问题给出回答，却无法看到究竟是什么方式引导自己建立起对“现代性”的理解。

持目的论的学者认为，由于中国历史发展缺少（或具有）机制中的某些特点，因而中国无法（或可以）发展成现代国家。比如，20世纪初日本学者内藤湖南的“唐宋变革论”提出，中国在唐宋时期最大的变革在于君主专制体制的出现，以及与之相伴随的朝廷与地方社会的疏离。内藤湖南认为，此种特征延续到20世纪初的中国，因此中国无法自发走向现代国家。内藤湖南对中国历史的判断来自他心目中对现代国家如何生成的固定认识。他相信，现代政治必然产生于国民推翻君主专制政体的历史过程之中，并以此普遍标尺衡量唐宋间的历史变革，发现了君主专制的出现和强化。当然，历史目的论并非等于历史停滞论。比如，另外一些学者强调传统中国已经具备了西方现代文明的某些特点，在清代甚至更早时就已经发展出类似欧洲近代早期的公共领域。① 两种理解虽然对中国古代历史中有没有“现代性”各执一词,但都是以目的论的方式看待历史的。

时至21世纪,中外学界对历史目的论的批评日益激烈。与此种批评相伴的,是历史实证主义的兴起。历史实证主义者批评目的论阻碍了对中国真实历史经验的探究。在他们看来,中国历史经验的复杂性是任何西方理论框架都没法概括的,“现代性”等话题无法涵盖中国历史的复杂面向。历史实证主义者将“理论”与“历史经验”视为截然二分的领域,历史经验的发现依赖于中国史学古已有之的基本方法,如考证学、史料文献学等。历史实证主义者相信他们可以探寻到历史经验层面的客观真实。而作为主观观点的理论要想成立,必须被这些客观经验所支撑。他们发现,所谓“理论”都很难得到经验百分之百的证明,因为中国历史的丰富性使得研究者可以找到各种经验材料去反驳某种理论。在“实证”思路下,理论难以找到容身之所。当然,在历史实证主义看来,所谓“理论”就是对历史某些整体特征的概括性描述,如:“传统中国发展出资本主义政治经济”②,“中国自南宋开始精英着力于地方活动以获得资源”③,“中国具有和欧洲近代早期类似的公共领域”④,

---

① William T. Rowe, *Hankow: Conflict and Community in a Chinese City, 1796 - 1895*, Stanford: Stanford University Press, 1989.

② William Guanglin Liu, *The Chinese Market Economy, 1000 - 1500*, Albany: State University of New York Press, 2015.

③ Robert Hartwell, "Demographic, Political, and Social Transformations of China, 750-1550", *Harvard Journal of Asiatic Studies*, Vol. 42, No. 2, 1982.

④ William T. Rowe, *Hankow: Conflict and Community in a Chinese City, 1796 - 1895*, Stanford: Stanford University Press, 1989.

等等。由于历史学者可以通过丰富的资料证明“理论”存在的错误，他们对“理论”也就难以建立起信任的态度。这样的怀疑进而促生出一系列研究伦理：研究者只承认对具体历史经验研究的合理性，并有意无意地排斥对类似“现代性”等理论命题的研究。更有甚者，通过划分出所谓“本土-外国”“经验-理论”的界限，学者得以在自我想象的中国历史“真实客观”的经验中遨游。不可否认，历史实证主义切实推进了对某些局部历史问题的研究，特别是对中国具体政治经济制度内容的考证、对历史事件和人物经历的还原等。但是，在历史实证主义看来，任何关于“现代性”特征的理论判断都无法概括中国“本土”的历史经验。讨论“现代性”如同“玩理论”，必然会被历史经验研究推翻。

对于政治学来说，历史实证主义引导学者将“历史”视为构建理论的证据库。学者或者将历史资料转化为测量变量的数据库，或者挑选历史资料证明某些理论概念。一种学术知识生产的“分层”想象由此产生。在此种分层结构中，历史学者被视为只负责历史经验事实的考证、审核，而政治学者则负责将这些事实“上升”为理论概念。居于“高端”的政治学者也切身感受到某种无奈，特别是当历史学者挑战他们的研究缺乏经验证据支持，或是由于“不懂历史”运用了错误的经验证据时。① 这样的分层、挑战和无奈实际

---

① 体现此种张力的第一个例子是裴宜理在 1980 年对斯考切波的《国家与社会革命》一书的尖锐批评。该文发表在《亚洲研究杂志》(*The Journal of Asian Studies*) 1980 年第 39 卷第 3 期。另一个例子是斯沃普(Kenneth M. Swope)对许田波(Victoria Tin-bor Hui)的《战争与国家形成：春秋战国与近代早期欧洲之比较》(*War and State Formation in Ancient China and Early Modern Europe*)一书的批评。该文发表在《亚洲研究杂志》2007 年第 66 卷第 2 期。两个批评都认为政治学理论缺乏对中国历史经验的正确认识。

上源自“社会科学理论”与“历史经验事实”的划界与隔膜。这种学术职业生态成为现今历史学与政治学互动的重要样态。①

然而,对“历史解释”的追求却使历史实证主义在学理上面临实质性困境。历史解释需要学者不仅仅弄清楚“是什么”。在构建历史解释时,他们需要把各种“是什么”的史料组织起来,形成对现象(如事件、制度)如何发生、为什么发生的解释。这一工作的核心是建立历史经验现象之间的关联。因此,学者必然需要回答:为什么我们以“如此方式”将历史资料组织起来是合理的?为什么如此组织史料可以使历史叙事具有因果性?他们进而需要回答:历史过程中何种实质性特征可以成为解释历史结果的原因?研究者可以通过什么样的理论视角展现这些实质性特征?要想回答这些问题,研究者便不能再滞留于自我想象的“历史客观真实”之中,而是需要将“真实”本身纳入反思与学理分析,需要自觉探究“历史解释何以可能”这一认识论问题。具体来说,学者无法再执着于“客观历史经验能否印证理论”的争论,他们需要讨论历史经验“何以能够”生成历史解释。这必然意味着,学者需要承认任何所谓的“客观”经验都难以将其自身假定为真实,因为研究者构建“客观化了的经验”(特别是历史解释)的学理过程本身才是历史的真实。② 要想揭示此种历史真实,我们需要分析理论视野对学者经验构建过程的引导作用。

---

① 对职业生态的讨论,参见 Andrew Abbott,“Linked Ecologies: States and Universities as Environments for Professions”, *Sociological Theory*, Vol. 23, No. 3, 2005, pp. 245-274。

② 对“客观化”的讨论,参见阿尔弗雷德·许茨:《社会世界的意义建构:理解的社会学引论》,霍桂桓译,北京师范大学出版社 2017 年版,第 199 页。

三、中国现代性研究的方法分析

下面，我们将重点分析两部作品，从研究者的认识实践过程本身出发，分析历史研究者不同的理论视角如何引导他们建立起对中国国家"现代性"问题截然不同的理解。

李怀印的《现代中国的形成(1600—1949)》一书将"历史目的论"作为对话对象。[①] 作者强调不能简单地用所谓"帝国"转向"民族国家"这一西方历史发展的基本模式来衡量中国历史，进而否认中国可以发展出具有"现代性"的国家体制。作者相信中国国家"现代性"具有超出西方历史的意涵。他提出解释现代国家能否产生的三个历史机制：一是地缘政治，即面对国际挑战，国家统治者能否制定相应的目标以应对；二是财政动员机制，即国家如何将社会经济资源通过财政税收抽取出来，将之调动为达成国家目标的物质资源；三是政治认同机制，就是在分配社会经济资源时不同社会、政治集团内部成员或集团之间的认同和凝聚力，这种认同越强，财政和军事资源的使用效率也就越高。[②]

这一框架的提出，源于作者在政治学理论与历史研究两个领域的学养累积。作者对国家建构三大机制的认识受到了英语世界国家建构(state-making)理论流派的影响。比如，对地缘政治的讨论受到了欣策、韦伯等"战争推动国家建构"理论的影响，该理论强

① 李怀印：《现代中国的形成(1600—1949)》，广西师范大学出版社 2022 年版。

② 李怀印：《现代中国的形成(1600—1949)》，广西师范大学出版社 2022 年版，第 18—19 页。

调欧洲近代早期地缘战争推动统治者创新制度以应对战争挑战,现代国家的兴起是应对战争的结果。[①] 对于国家财政动员机制的讨论,受到了如蒂利以及有关欧洲财政国家(fiscal states)等研究的影响,这些研究关注国家如何建立政治体制以汲取财政资源,特别是不同国家的经济条件如何促使统治者或是依赖民主体制或是依靠强制制度来汲取财政收入。[②] 对社会内聚性与认同对国家能力的影响的讨论,受到了迈克尔·曼(Michael Mann)等学者关于社会凝聚性与国家基础性权力(infrastructure power)关系研究的影响。[③] 这些理论视角引导了作者对碎片的历史经验的整合,在经验与理论视角不断的相互启发中,将理论视角转化为"分析"历史意义的框架。[④] 作者详细叙述和分析了中国国家发展中的三个关键过程:18 世纪末到 19 世纪末整整一个世纪的社会、内政和地缘政治危机对清朝已有的统治方式的挑战,清廷为应对挑战而开展的自强运动和清末新政,以及与此连带的整个社会精英的自我转变历程;[⑤]军阀混战中"集权化的地方主义"的出现与国民党最

① 对战争国家论的介绍,参见 Theda Skocpol, "Bringing the State Back In: Current Research", in Peter Evans, Dietrich Rueschemeyer and Theda Skocpol (eds.), *Bringing the State Back In*, Cambridge: Cambridge University Press, 1985。

② Charles Tilly, *Coercion, Capital, and European States, AD 990 - 1992*, New Jersey: Wiley-Blackwell, 1993.

③ Michael Mann, *The Sources of Social Power, Vol. 2, The Rise of Classes and Nation-States, 1760 - 1914*, Cambridge: Cambridge University Press, 1993.

④ 框架是行动者建立起对当下情境理解的媒介。它来自行动者经历过的某种意义图景模式,行动者将此模式应用于对当下的理解中,使当下具有了意义。对框架的经典讨论,参见 Erving Goffman, *Frame Analysis: An Essay on the Organization of Experience*, New York: Doubleday Anchor, 1974。

⑤ 李怀印:《现代中国的形成(1600—1949)》,广西师范大学出版社 2022 年版,第 26—30 页。

终的胜利;[1]国共斗争与共产党的最终胜利。[2] 作者通过将这些具体历史过程与国家建构理论参照比对,寻找合适的理论来表现历史的实在性特征。

历史实在性机制如何促生了中国国家现代化过程中的各种历史现象?作者主要通过两个环节将机制与具体历史现象连接起来。首先,作者强调上述机制不仅仅是历史的外部形式,而且也是具体历史人物真实的行动动机。在叙述中,统治者是在自觉应对挑战,追求提升财政能力,并建立政治认同,塑造国家和社会的凝聚力。历史实在性机制乃是历史人物为应对微观历史环境条件而展开的行动,这种基于内在动机的机制,解释了各种国家制度为什么可以发生——它们是行动者达成动机的手段。其次,作者还以上述机制来衡量历史结果:历史叙事关注历史人物是否达成了上述目的,以及他们在应对挑战、财政动员与建立社会认同方面的努力是否具有相较于其他行动者的优势。同样,作者相信历史行动者自己也会做出类似衡量,并以此为基础展开后续的应对行动。

由此,作者依照三大机制建立起基本的历史叙事模式:为了达成上述三大目标,国家建设者既利用清代帝国原有的历史遗产,又采取一系列策略来建设新的制度,这些策略的目的是使中国走向现代国家;在这个过程中,一些方式并没有达成原有设定的目标,这样的不足会推动历史人物继续开展行动;走向现代国家也是一

① 李怀印:《现代中国的形成(1600—1949)》,广西师范大学出版社 2022 年版,第 31—33 页。

② 李怀印:《现代中国的形成(1600—1949)》,广西师范大学出版社 2022 年版,第 34 页。

场竞争，现代化目标完成得不好的行动者会被淘汰；胜利者的成果由此被作为新的历史路径依赖而得到巩固，优胜劣汰使有效的国家建设成果不断累积；在一波又一波的竞争中，国家得以建立起应对地缘政治有效的财政制度与国家和社会凝聚力，政治“现代性”在历史中产生出来。按照这样的叙事模式，作者讲述了 18 世纪到 20 世纪的中国在内忧外患中孕育现代国家的历史进程。从 18 世纪末开始，到 19 世纪末达到极致的内外危机破坏了清朝财政结构中长期保持的低度均衡，地缘政治危机推动了清朝统治者改革地方体制以增加财政汲取资源能力。改革影响了地方对中央的认同结构，地方精英开始要求中央给地方让权，这使“地方化的集权主义”这一新的国家制度出现，为新的历史发展奠定了基础，为中国走向现代主权国家开启了条件。在发展地方集权的过程中，国民党成为具有资源动员和社会认同优势的地方性力量，战胜其他军阀而统一了中国；但新兴的共产党有力地提高了自身的社会凝聚力与财政动员能力，并在新的高度实现了突破，最终战胜了国民党。共产党的成就也塑造了中国现代国家的形态。作者把一系列具体的事件融于历史叙事，从而展现出历史机制“如何”使一系列看似无关的现象出现。正是在这样的从历史实在到现象的不断运动中，具有“现代性”的中国国家从历史中涌现出来。

与李怀印不同，赵鼎新在《儒法国家：中国历史新论》(*The Confucian-Legalist State: A New Theory of Chinese History*)一书中依据不同的方式建立起对中国国家“现代性”的理解。作者首先界定了人类历史的结构性机制，将人类彼此竞争、追求战胜并支配他人视为一切社会的基本结构。作者建立起四种竞争性行动模式，将其视为分析历史现象的"理想型"。这四种模式共同表现了行动者（包括群体、组织乃至某种文明）如何"理解他们生活的意义，以及如何向自己和他人证明行动与目的的合理性"。这四种模式包括：人们追求提高他们榨取、转化、分配和消费自然资源的能力；人们的侵略性和防御被他人侵略的诉求；人们需要建立集中强制的规则来保证支配与相互合作的顺利开展；人们需要将自己的生活和行动合理化乃至使之变得荣耀。这四种行动模式使行动者可以在竞争中累积四种权力资源：经济权力、军事权力、政治权力与意识形态权力。当行动者更擅长运用某些行动模式时，他便可以在相应领域累积更多的权力资源。同样，当某些行动模式被一种文明中的人们所普遍采纳时，此文明也就在相应领域具有更强的权力资源，更适合应对相应的历史挑战。[①] 作者通过这一理论框架分析中国自西周到现代的长时段历史进程，将中国传统国家发展的历史表现为"意识形态"和"政治"这两种行动模式被普遍接受的过程。在这两种模式的主导下，中国自西汉开始形成了长期稳定的"儒法国家"形态。在此种形态中，意识形态和政治权力资源的累积成为主导性的社会样态。

作者进而强调，作为中国历史长时段发展机制的"儒法国家"形态，可以解释一系列具体的历史现象的出现。比如，为什么中国自西汉确定的政治文化制度模式可以历经不同时代的变迁，灵活应对挑战，保持相对稳定？与蒙元等少数民族政权相比，为什么清代可以建立更持久的帝国？为什么中国的民间宗教可以在宋代之

---

① Dingxin Zhao, *The Confucian-Legalist State: A New Theory of Chinese History*, Oxford: Oxford University Press, 2015, p. 32.

后得到更大发展？为什么明代后期的一些非正统儒学思想没有能够削弱理学的支配作用？[①] 作者通过对历史人物在具体情境中的思想与行动，展现四种行动模式及其促生的权力资源结构如何左右了具体的历史发展轨迹。

正是基于对历史机制的认识，作者提出传统中国与现代国家的根本区别。作者强调，现代政治运行的社会基础在于人们普遍将“私人导向的工具理性转化为社会行动的正面价值，并服从这种理性的支配”。与之相对，儒法国家与现代政治在基本运行逻辑和资源累积特性方面具有根本不同。由此，该书超越了具体历史现象的比较，说明现象之下中西历史的实质性差异。这显示了该书认识模式所具有的独特优势。正如作者所揭示的，在以意识形态和政治权力为普遍追求的社会中，即使出现某些类似现代政治的现象，研究者只要将这些现象和其他现象连接起来，或从更长的历史时段再次观察这些现象时，就会发现：那些看似说明中国具有“现代性”的片段性现象却依然被儒法国家这一历史实在所左右。作者因此批评加州学派依照“控制性比较”的认识模式建立起的“现代性”研究。后者过于强调偶发事件对生成“现代性”的作用。在该书的叙事与分析中，“现代性”代表了特定文明形态中人们通过稳定的行动模式而长期累积的权力资源分布特性。

在“认识实践”视域中，首先，上述两书的观点实际上源于作者不同的方法模式，尽管作者并没有着意强调自身实践方法与其对国家“现代性”认识二者的关系。李怀印强调国家建设者具有追求

① 李怀印：《现代中国的形成(1600—1949)》，广西师范大学出版社 2022 年版，第 6—13 页。

政治"现代性"的动机，并可以不断调整自身行动而完成诉求。这是"目的-手段"的存在论模式。赵鼎新则并不认为不同文明的行动者具有追求"现代性"的共同动机。他关注不同文明中的行动者如何理解和展示其行动意义，证明行动和目的的合理性。这是以"意义理解"为中心的存在论模式。对社会行动模式的不同理解也引导作者看到不同的"历史实在"。赵鼎新的著作聚焦于行动者如何通过不同行动模式累积权力资源，以经济、军事、政治和意识形态四种类型展现历史结构，从而提出"儒法国家"这一被政治和意识形态行动逻辑主导的历史机制。李怀印则依照"从目标追求到结果"的方式划分出三种历史机制。其次，二者的差异还表现在如何展现历史机制和现象的关系。李怀印将历史人物的"动机-手段-结果"作为展现实在性机制如何生成现象的基本叙事模式。赵鼎新则关注具体历史动态情境如何强化了儒法国家的基本结构。正是方法的差异，塑造了二人对中国能否自我发展出"现代"国家的不同看法。

四、本章小结

我们进入学者对国家"现代性"问题研究的认识实践中，分析构造起他们对"现代性"问题理解背后的实践方法。在这个新的分析层次上，我们看到，对"现代性"的理解源于学者对历史中人之"存在状态"的把握，源于对隐藏在历史现象之下的实在性机制及其因果性的认知，源于对理论与经验证据二者关系的认识。如果我们只是注意到这些研究的观点,那么很容易得出一种所谓“本土化”的“现代性”观点。这种观点强调中国历史具有超越西方国家“现代性”发展道路的所谓“独特性”,这种独特性使中国摆脱了西方国家现代政治发展所奠定的固有消极特点。当然,这样的观点也很容易陷入二元思维的争论中。中国历史究竟是否具有所谓“现代国家”的特点,以及这些特点是否具有积极意义,历来是中西学界不断争论的话题。①

“认识实践”的方法论将推动我们超越此种“现代性”二元思维的桎梏,依据新的方法论层次重新理解历史与我们时代的关系。在接下来的讨论中,我们将对话那些塑造了学界对中国国家“现代性”历史图景一般理解的基本常识性观念;展现我们如何在历史经验感受的推动下,重新调动新的理论资源,揭示出中国历史发展的特质。“历史”由此在“认识实践”的方法论自觉中浮现出来,为我们理解自身时代问题提供了新的可能。

---

① 对这一话题进行讨论的经典作品,可参见孔飞力:《中国现代国家的起源》,陈兼、陈之宏译,生活·读书·新知三联书店 2013 年版。

第五章　长时段历史再认识

对中国长时段历史分期的研究，历来是“现代性”思维的重要体现。研究者超越王朝历史界限，依据某些特征将历史划分为不同时期。学者建立分期的目的，是为了回答现代中国的历史渊源问题。他们提取与现代中国相关的某些特质，将其作为分期的标尺，回溯这些“特征”如何在历史中产生，又如何延续到现代。实际上，学者对特征（如“家产官僚制”“乡绅统治”“士大夫政治”）的认识，来自整个学术共同体对中国历史与“现代性”关系的想象之中。比如，当学者探讨中国历史中“君主官僚制”的出现与发展时，自然蕴含着对当代中国官僚体制是否依然具有类似特征，以及能否突破此种体制的束缚以发展出现代“理性官僚制”的思考。①

本章将探索如何超越历史分期论的“现代性”思维模式，以“史观”与“历史质性分析”的方法探索对中国历史整体性的理解。中国历史长时段研究不再围绕“现代性”这一固化问题而展开，而是回归研究者自身丰富的认识实践之中，探索如何依据对历史情境的具体感受，调动多元理论视野，呈现出历史变迁中蕴含的多样质性特点。当我们超越历史分期论的束缚而揭示这些历史特质时，

---

①　周雪光：《中国国家治理的制度逻辑：一个组织学研究》，生活·读书·新知三联书店2017年版，第53—84页。

我们也便看到理解古今相通的时代问题的新的可能性。

本章将以唐宋转型（或称“唐宋变革”）研究为例探讨上述问题。20 世纪初日本学者内藤湖南提出“唐宋变革”学说，历经百年，至今仍吸引全世界中国历史研究主要学术共同体的持续关注，其已经成为中国历史“转型”研究的经典问题意识。笔者曾从“史学史”的视野介绍日本和欧美学界对此问题的基本认识。① 其后二十年间，又亲身经历了该问题在中外学术共同体中的讨论。② 对此问题的研究并非仅仅是学术观点的表达，③更体现了认识世界的“方式”。④ 实际上，一些学者已经开始从“研究方式”的角度理解唐宋转型问题。特别是 2000 年后，学者们普遍将历史目的论作为批评的对象。⑤ 自内藤湖南开始的以“中世-近世”模式概括唐宋变革的研究，被视为“现代性历史目的论”的体现，即将西方走向现代的道路当作普遍模式，以唐宋历史论证中国在走向现

---

① 罗祎楠：《模式及其变迁——史学史视野中的唐宋变革问题》，《中国文化研究》2003 年第 2 期，第 18—31 页。

② 本章的讨论依照时间顺序展开，包括日本学者的“唐宋变革论”及其细化研究，美国学者郝若贝（Robert Hartwell）、韩明士（Robert Hymes）提出的唐宋历史转型论及对此看法的批评，以及 2000 年后国内外学者对中国中期帝国（750—1550）历史变化问题新的研究。上述学者对唐宋变革的内容和时空范围都有不同看法。但之所以将三者都归入对唐宋变革问题的研究，首先是因为学者们都承认中国在唐代中后期到南宋时期发生了一系列的重大历史变化，这些变化影响了中国历史走向；其次，学者们的对话是前后承继的，他们认为自己与前人处于同样的学术对话脉络之中。

③ 对唐宋变革观点的评介，参见李华瑞主编：《“唐宋变革”论的由来与发展》，天津古籍出版社 2010 年版。

④ 一些学者已经自觉地展开对方法的讨论，代表性讨论参见柳立言：《何谓“唐宋变革”?》，《中华文史论丛》2006 年第 1 期，第 154 页。

⑤ 对目的论的介绍，参见 William H. Sewell, Jr.，“Three Temporalities: Toward an Eventful Sociology”, in *Logics of History: Social Theory and Social Transformation*, Chicago: The University of Chicago Press, 2005, p. 84。

代文明的路上出现停滞。这些反思主要发生在以"在中国发现历史"为目标的英语学界。学者们提出"分期论"作为阐释中国中期帝国历史的主要方法。在他们看来，分期论之所以优于目的论，是因为它可以引导研究者打破所谓"传统-现代"的二分，将中国历史变化的内在逻辑（intrinsic logic）作为研究对象。[①] 持分期论的学者着力探讨南宋出现的综合形态如何在整个中期帝国时期得以延续。[②] 研究者从历史转型的角度重新阐释唐宋历史变革的特征。他们将此种特征概括为"乡绅的兴起""市场经济的发展"等。[③] 早在 20 世纪 80 年代，施坚雅（William Skinner）、郝若贝和韩明士等"新社会史"学者便提出南北宋时期经历了社会的根本转型（transformation）。基于对中国自 750 至 1550 年间长时段历史数据的统计，结合对唐宋微观地方社会历史的综合考察，他们提出如下观点：南宋地方精英不再如唐代中期至北宋的精英那样，关心如何从朝廷获得政治资源；他们转而致力于经营地方，从中获得社会、经济资源。精英"地方化"的行动模式一直持续到帝国结束，有效地维系了传统中国的地方秩序。在这些研究中，学者们强调如何发现中国历史自身的真实性，将目的论视为追求历史真实的

---

① Richard von Glahn, "Imaging Pre-Modern China", in Paul Jakov Smith, Richard von Glahn (eds.), *The Song-Yuan-Ming Transition in Chinese History*, Cambridge: Harvard Asian Center, 2003, pp. 46-48.

② 包弼德：《唐宋转型的反思：以思想的变化为主》，刘宁译，载刘东主编：《中国学术》第3辑，商务印书馆 2000 年版，第 63—87 页。

③ Richard von Glahn, "Imaging Pre-Modern China", in Paul Jakov Smith, Richard von Glahn (eds.), *The Song-Yuan-Ming Transition in Chinese History*, Cambridge: Harvard Asian Center, 2003, p. 44.

对立方式。[①] 然而,研究者依然难以避免目的论的影响。他们用现代中国的某些特点(如地方精英统治)来追溯历史中这些特征是如何形成的。

此种"以中国为中心"的研究方式,却也被批评为违背中国的"历史实际"。[②] 比如,有学者列举大量历史证据,说明士大夫在南宋同样关心朝廷的活动,因此精英活动的"地方化"并非历史真实情况。[③] 批评者甚至将证据范围扩大到汉魏晋南北朝,指出所谓"精英"在地方的活动早在汉末就已出现,这种延续性挑战了将"地方化"视为南北宋转型的结论。[④] 批评者将"历史实证主义"作为正当性的理由,他们批评原有研究缺乏对所谓"历史事实"的基本理解,特别强调西方中国学在诸如史料运用、解读等方面的不足。[⑤] 这样的批评虽然十分有力,但实际上遮蔽了批评者自己所暗自秉持的历史分期意识与目的论倾向。比如,当研究者批评

---

① 对日本学者唐宋变革说"目的论"的反思,参见李华瑞:《走出"唐宋变革论"》,《历史评论》2021 年第 3 期,第 79 页;包弼德:《唐宋转型的反思:以思想的变化为主》,刘宁译,载刘东主编:《中国学术》第 3 辑,商务印书馆 2000 年版;Richard von Glahn, "Imaging Pre-Modern China", in Paul Jakov Smith, Richard von Glahn (eds.), *The Song-Yuan-Ming Transition in Chinese History*, Cambridge: Harvard Asian Center, 2003, pp. 38-39。对内藤湖南等日本学者唐宋变革说与其所处时代政治、学术知识关系最详细的讨论,参见张广达:《内藤湖南的唐宋变革说及其影响》,载荣新江主编:《唐研究(第十一卷):"唐宋时期的社会流动与社会秩序"研究专号》,北京大学出版社 2005 年版。张广达并没有从目的论角度来理解唐宋变革,而更多地将其视为"以中国文化为主体观"。

② 李华瑞:《"唐宋变革论"对国内宋史研究的影响》,《中国史研究》2010 年第 1 期,第 10 页。

③ 余英时:《朱熹的历史世界——宋代士大夫政治文化的研究》,生活·读书·新知三联书店 2011 年版。

④ 柳立言:《何谓"唐宋变革"?》,《中华文史论丛》2006 年第 1 期,第 155 页。

⑤ 张邦炜:《"唐宋变革"论与宋代社会史研究》,载李华瑞主编:《"唐宋变革"论的由来与发展》,天津古籍出版社 2010 年版,第 1—62 页;包伟民:《站到观察历史的制高点》,载包伟民、刘后滨主编:《唐宋历史评论》第 1 辑,社会科学文献出版社 2015 年版,第 5 页。

南宋精英“地方化”的历史分期图景时，心中相信宋代属于传统士大夫政治的理想时代，希望在当代复兴此种失落了的政治形态。[①]

更重要的是，尽管上述争论对中国历史转型具体内容的理解相互冲突，但学者们对自身“研究过程”的理解却有类似之处，乃至形成了某种“公众讲法”。他们相信，历史学研究便是收集证据以证明“唐宋转型”是否存在于历史之中。研究者将历史资料视为某种遗存，这些遗存也正是指向“客观历史事实”的证据系统。[②] 他们相信可以运用这些证据来说明，作为主观认识的“唐宋转型”理论是否如实反映了历史真实。比如当研究者发现南宋士大夫如朱熹、陆九渊等也曾积极参与朝廷改革时，他们就以此证明精英“地方化”的观点违背了历史真实经验。在这样的“公众讲法”中，研究者往往以为达到了对“唐宋转型”问题的领会。但是套用海德格尔(Martin Heidegger)的话，这恰恰使“一切新的诘问和一切分析工作都被束之高阁”，反而加深了历史学者的某种自我“封闭”。[③]

本章从“认识实践”视域分析唐宋转型研究，就是希望说明，尽管研究者相信可以通过“主观认识是否反映历史真实”来证明研究的合理性，并在研究行动中力图寻找证据以发现历史真实，但实际上他们却是在更加丰富的研究过程中建立起对历史“真实”的理

---

① 蔡涵墨：《朱熹和他的世界：评〈朱熹的历史世界〉》，载《历史的严妆：解读道学阴影下的南宋史学》，中华书局 2016 年版。

② Isaac A. Reed, *Interpretation and Social Knowledge: On the Use of Theory in the Human Sciences*, Chicago: The University of Chicago Press, 2011, pp. 19-20.

③ 海德格尔：《存在与时间(中文修订第二版)》，陈嘉映、王庆节译，商务印书馆 2016 年版，第 239 页。

解。换言之，在研究者自我想象的研究行动之外，依然存在着被遮蔽的认识过程，甚至连研究者自己也还没有向这种过程完全敞开。在此过程中，历史学者有意无意地依照不同的实践方法，将具体历史经验"理解"成唐宋时代的整体变化。可以说，引导历史学者建立他们心中"历史真实"的认识过程本身同样构成了一种真实。此种"真实"并非只是如历史学者们所意识到的、自己是在运用证据证实唐宋变革是否真实存在。要揭示此种"真实"，我们需要从认识实践的维度展开分析工作。

另外一些学者已经开始意识到另一层真实的存在。他们强调不同的研究视角会使历史学者揭示出历史分期的不同面貌。因此，所谓"历史真实"也并不是唯一的。比如包弼德（Peter Bol）提出，唐宋变革论是学者在特定思想和政治潮流影响下得出的历史阐释。① 葛兆光提出，唐宋乃至宋明间中国历史是"转型"还是"延续"，不同的回答源自研究者的"视域变化"。② 又如阎步克所论，不同理解历史的视角"好比是从不同角度投射向黑暗的历史客体的许多光束，它们必然各有其所见不及之处，但也毕竟都各自照亮了不同的景象"③。

沿着这些学者的思路继续思考，既然被视为"真实"的历史生成于研究实践过程之中，那么就需要展开对"实践过程"的分析，在分析中呈现此种真实。本章首先从"认识实践"的角度切入，分析

---

① 包弼德：《唐宋转型的反思：以思想的变化为主》，刘宁译，载刘东主编：《中国学术》第3辑，商务印书馆2000年版。

② 葛兆光：《"唐宋"抑或"宋明"——文化史和思想史研究视域变化的意义》，《历史研究》2004年第1期，第18—32、191页。

③ 阎步克：《士大夫政治演生史稿》，北京大学出版社1996年版，第515页。

郝若贝与韩明士提出的唐宋历史转型说背后的方法特点，特别是他们如何将分散片段的历史现象组织起来以建立对长时段历史的系统性认识的不同方式。[①] 接下来，我们将通过“史观”与“历史质性分析”的方式，重点探讨三部中国中期帝国历史变化的作品。实践方法论引导我们看到这些作品所揭示的中国历史转型新的面貌，建立对中国历史长时段研究的新的质性理解。

一、“郝若贝-韩明士”唐宋转型研究的方法模式

郝若贝和韩明士将唐宋变革视为唐宋社会经济结构转型下精英社会行动策略的整体性改变。郝若贝接受了施坚雅的区域经济研究成果，提出唐宋之变源于唐代中期开始的人口迁移以及与此相伴的社会经济资源中心的重新分布。他的学生韩明士继续探讨此背景下精英行动策略的变化。他认为唐宋变化的核心特点在于：北宋精英依赖在朝为官和同官宦家族联姻来获得资源利益，而南宋精英则转而依靠控制地方社会来获得资源利益。他将此过程称为精英“地方化”，或“精英与国家的分离(separation)”[②]。历史转型中精英的社会行动模式被概括为：精英采取策略获得资源以维系自身利益。

---

① Isaac A. Reed, *Interpretation and Social Knowledge: On the Use of Theory in the Human Sciences*, Chicago: The University of Chicago Press, 2011, p. 7.

② Robert Hymes, *Statesmen and Gentlemen: The Elite of Fu-Chou, Chiang-Hsi, in Northern and Southern Sung*, Cambridge: Cambridge University Press, 1986, p. 212. 下文所引韩明士研究内容及页码，皆来自此书。

韩明士通过对鄱阳湖流域抚州案例的研究来细化此整体认识。抚州地区属于因安史之乱引发的移民潮中所产生的人口聚居区，[①]也是中唐到南宋逐渐形成的新兴资源集聚区（第28页）。这种资源格局分布推动了精英的地方化策略。韩明士认为抚州地区在整个宋代存在同样的社会精英群体（group），他称之为乡绅（gentry）或地方精英（local elites）（第4页）。此精英群体在移民浪潮中以家族形态进入抚州地区，并逐步在当地发展起来（第21页），自南宋到明清他们一直是地方秩序的主导者（第216页）。韩明士强调此群体在社会行动方式上的"自我连贯性"（第1页）——他们采取特定的策略和行动来获得社会资源，以达成自身利益。南北宋时期的变化便是此群体集体行动模式的改变。

韩明士将财富（wealth）、权力（power）和声望（prestige）视为历史人物行动的资源条件。"宋人至少已经隐隐识别出这三种类别的资源，将它们彼此区分开，视它们为值得渴求的东西，追逐获得它们，并且运用这些资源占有的程度来比较和评价彼此；这些都很清楚地在史料中表现出来。"（第7页）作者将历史人物的行动归纳为获得地方资源的"策略"，并特别列举了七种主要策略，包括为官，参加科考，参与地方佛道庙宇建设，组织或贡献财物，参与建立学校或修桥补路等地方福利工程，组织地方常平或民兵工作，以及同以上工作的重要参与者或组织者建立亲友、师生、同窗等关系（第9—10页）。地方精英的策略行动也为地方社会成员赢得了利益。整个抚州地方形成了利益上的共同体，以至于政府难以干预

① 伊沛霞、姚平主编：《当代西方汉学研究集萃·中古史卷》，上海古籍出版社2012年版，第196页。

地方事务，更难以将地方利益整合为国家利益（第 214 页）。由于国家失去了赋予精英身份的能力，精英也便不再将与政府合谋视为获得自身利益的策略，反而与地方其他社会成员建立利益联盟。

“郝若贝-韩明士”的“南北宋转型说”一经提出，便引发学界的质疑。批评者通过更加丰富的历史案例，提出“地方化”无法代表南宋精英的行动模式。比如，余英时并不认为宋代的士人“好像只知道怎样为利益——个人的、家族的以至‘士’集体的——精打细算”[①]，他强调，无论是南宋还是北宋，士大夫都具有“以天下为己任”的权力主体意识。贯穿他们各种行动的，是追求建立完美人间秩序的目的。[②] 余英时进而提出，两宋士人不仅仅将经营地方作为达成理想人间秩序的手段，更将“得君行道”视为重要策略。皇权依然是他们达成目的的最大权力资源。他们通过与皇帝“共定国是”，利用皇权的资源来提高自身的权力，以此追求理想秩序的重建。[③] 余英时批评了南北宋转型的说法，提出南宋政治依然处于“后王安石时代”，与北宋王安石开始的新法改革行动一脉相承，[④]士大夫政治并不存在所谓“地方化”的整体变化趋势。

如果从“认识实践”的视野反观这一争论，那么可以看到：尽管

---

① 余英时：《朱熹的历史世界——宋代士大夫政治文化的研究》，生活·读书·新知三联书店 2011 年版，第 219 页。

② 余英时：《朱熹的历史世界——宋代士大夫政治文化的研究》，生活·读书·新知三联书店 2011 年版，第 210 页。

③ 余英时：《朱熹的历史世界——宋代士大夫政治文化的研究》，生活·读书·新知三联书店 2011 年版，第 228—229 页。

④ 余英时：《朱熹的历史世界——宋代士大夫政治文化的研究》，生活·读书·新知三联书店 2011 年版，第 891—892 页。其他代表性的批评包括 Richard Davis，*Court and Family in Sung China，960-1279：Bureaucratic Success and Kinship Fortunes for the Shih of Ming-Chou*，Durham：Duke University Press，1986，pp. 182-183。

争论者将“历史真实”作为焦点,但被争论所遮蔽的,却是他们共同遵循的存在论与认识论模式。争论双方都将士人精英的社会行动理解为行动者达成“自我目的”的“策略手段”。研究者依照“资源条件-目的动机-策略手段”的分析框架组织起历史叙事。他们首先假定历史行动者具有固定目的,无论这样的目的是“利益”还是“秩序理想”,也无论历史人物是否阐明此种目的。这些目的被研究者视为先于(pre-given)历史语境的存在。研究者进而将自己所认定的“资源”分布结构,如资源是集中在皇帝手中,还是属于政府,抑或是地方社会——作为历史解释中的结构性原因。他们将士人的行动解读为获得资源以达成自我目的的策略。出于对“目的”和“资源”的不同理解,研究者对历史人物的“策略”给出不同的认定:如果研究者相信资源集中于朝廷政府,就会否认精英具有地方化的策略;反之则会认定精英的策略符合社会经济资源分布的地方化。他们选取历史资料中的某一部分,印证自己的看法。韩明士关注陆九渊在地方的经营活动,而余英时则将注意力集中在陆九渊在淳熙年间“得君行道”的经历。[①] 研究者甚至因对“目的”和“资源”的不同认定,而赋予同样的行动以不同标签。韩明士将社仓乡约等行动视为南宋特有的精英地方化策略,而批评者则认为这些活动恰恰体现了精英如何依靠朝廷获得自我利益。[②]

一些学者开始初步意识到上述认识模式的局限。比如柏文莉

---

① 余英时:《朱熹的历史世界——宋代士大夫政治文化的研究》,生活·读书·新知三联书店 2011 年版,第 891 页。

② Richard Davis, *Court and Family in Sung China, 960-1279: Bureaucratic Success and Kinship Fortunes for the Shih of Ming-Chou*, Durham: Duke University Press, 1986, pp. 183-184.

(Beverly Bossler)通过对婺州精英的研究提出，南北宋婺州精英行动策略并没有发生明显变化。她进而申述，南宋史料会出现大量关于精英地方活动的记载，这恰恰并非反映出精英策略的转型，而是体现了南宋士人开始重新理解国家并描绘地方生活。因此，精英书写的地方文献在南宋大大增加。作者由此转向研究南宋精英如何理解地方生活。[①] 沿着这一线索，我们将继续探讨，当我们以新的实践方法论展现历史时，便可以不再拘泥于如精英是否出现"地方化"等争论的窠臼，而以新的维度呈现出中国中期帝国历史转型的整体特质。

二、蕴于情境中的历史质性之变：新的认识模式

在对"郝若贝-韩明士"模式的反思中，国际学界逐渐意识到，他们需要将研究范围扩展到整个中期帝国，超越精英地方化的单一历史图景，展现整个中期帝国不同领域中此起彼伏、相互联动的历史变革与延续。在这一探索过程中，学者们开始扩展对历史的叙事与分析：他们探讨历史人物如何在不断变化的历史情境中生成对世界的理解，[②]并从中呈现出更加深厚的历史变化。这些研

① 柏文莉：《权力关系：宋代中国的家族、地位与国家》，刘云军译，江苏人民出版社 2015 年版，第 267—270 页。

② 本章所说的"情境"(situation)是历史学者叙述和分析历史的一个层次。情境是历史人物对当下正在发生什么的想象。此种想象是他们运用已有框架建立对具体人、事意义的理解。对作为分析层次的"情境"的定义，参见 David Diehl，Daniel McFarland，"Toward a Historical Sociology of Social Situations"，*American Journal of Sociology*，Vol. 115，No. 6，2010，p. 1716。

究提示我们,中国历史在宋元明时期的变化不再只是社会群体集体行动策略的改变,而是被表现为蕴含于具体情境之中的“历史质性”之变。尽管对于研究者来说,这种研究方式的改变并非来自方法论自觉,但这些作品为我们自觉地以“史观”与“历史质性分析”的方法维度重新思考中国历史长时段的变化提供了很好的范例。我们将看到,这些研究帮助我们反观“现代性”思维中的“历史变革(或转型)”图景,重构中国传统历史丰富的质性意涵。下面,我们首先结合三部作品,分析其中蕴含的对历史中人的存在状态的理解,以及基于此理解而呈现的历史质性之变。

(一) 唐宋历史中的士人角色身份之变

在《历史上的理学》一书中,包弼德解释了自南宋直至明中叶理学家(Neo-Confucians,包括程朱理学与陆王心学等流派)如何推动地方社会建设运动。透过对历史人物不同情境中思想与行动的描述,凸显理学带来的士人角色身份(identity)在南宋的变化。[①] 包弼德的研究帮助我们看到此种历史质性之变。

作者描述出南北宋时期士人新的身份意识的出现,这是由理学促生的。他首先探讨北宋士大夫的身份意识。发轫于唐代中后期,到北宋开始繁荣的古文运动,塑造了士人对自身角色的理解,并引发了神宗时期的新法运动。通过对新法运动中王安石、司马光、苏轼、张载等重要人物思想与政治活动的叙述,说明他们尽管信仰不同,却都将自己视为理想政治规划的阐发和实践者。类似

---

① 包弼德:《历史上的理学》,王昌伟译,浙江大学出版社 2010 年版,第 97 页。下文所引包弼德研究内容及页码,皆来自此书。

的角色意识使他们着力证明自己对经典中政治规划的理解是正确的。与古文运动思想家不同，南宋理学家强调个人的“为学”过程。这样的想法蕴含着他们对世界“统一性”（unity）的信仰（belief）。他们相信可以超越各种支离学说的束缚，达成对外部自然与社会世界“统一性”的切身理解——尽管也许不同学派对其他学派是否真正超越了支离之学持不同看法。他们还相信可以超越个人那些具体的、分散的甚至前后矛盾的生活体验，达成对自身统一性的理解。他们甚至相信可以超越个人与体制间的利益矛盾，以自身实践推动体制朝向统一的“善”（第 173 页）。基于对“统一性”的信仰，理学家开始“自发性”（voluntarism）地投入对自我精神与社会体制的改造。他们将此种社会行动视作“为学”的过程（第 192 页）。

包弼德展现了理学思想如何塑造人们对身份角色的理解。所谓“身份”并非只是抽象的话语标签，而是人们对自我之“意义”的理解。理学家将自我视为通过主体转化而给外部世界带来“善”的行动者，他们对自我意义的理解也包含了对“他者”的想象。理学家认为自己和那些只关注科举、入仕和晋升的“常人”不同，他们因此处于与常人世界的紧张关系之中。作者将此种角色认同与新法运动中的士大夫角色意识进行比较，凸显出南北宋的实质性变化。理学使士人不再着意于对圣人经典之“文”意的阐发，他们更加关注自身行动的社会和道德意义，相信可以在行动中不断加深对“为学”者身份的理解。他们不再只是为了理想的政治蓝图而献身，他们开始相信，一切“理想”只能在绵延不绝的自我转化体验中才具有意义。

包弼德将理学家新的角色"身份想象"视为解释南宋至明中后期诸多历史变化的原因。"身份"意识促使理学家不断展开社会改造运动，他们兴建书院、义仓、乡约，在行动中，更加确信自己正在实现精神世界的转化。包弼德通过明代吴与弼等人的例子，说明身份意识如何使理学家不断"站在主流之外"去思考"为己为学"的意义，如何带来理学家与现实政治的紧张感，推动他们不断创造新的儒家学说（第162—164页）。包弼德展现了唐宋中国整体社会经济结构的转型，但并没有将此种转型视为解释精英地方化策略的资源条件。他更加关注转型中的历史人物如何对时代之变给出自己的理解，特别是古文、理学等思想如何塑造了历史人物对自身所处具体历史情境的理解。他进而透过历史人物理解世界的过程，将"角色身份"之变凸显为南北宋转型历程的质性特点。

（二）宋元历史变迁中的制度生态之质

在《协商的权力：12至14世纪中国的国家、精英与地方治理》（*Negotiated Power: The State, Elites, and Local Governance in Twelfth-to Fourteenth-Century China*）一书中，李锡熙（Sukhee Lee）讨论了宋元时期明州（或称庆元府、庆元路，即今天的宁波）地方精英和政府相互关系的变化，并分析了产生此种变化的制度生态。他通过丰富的历史事件展现了南宋明州地方官员和士人精英的合作模式：在处理地方事务过程中，他们将彼此视为互相尊重的协商者与同一文化圈层（continuum）中的成员，并建立起相互信任的合作关系。[1] 官员将学校视为与士人平等商讨治理问题的场所，他们将乡饮酒礼视为促进地方士人社群发展的方式，强调“义”作为地方治理的重要道德原则，这些都体现出对士人为政理想的认同(第198—201页)。同样，明州士人对地方官也有类似的角色期待。尽管双方会在如何实践理想上有所冲突，但他们始终将平等的协商合作视为彼此的关系模式(第200页)。

李锡熙进而勾画出此种关系是如何从南宋的制度生态中生成而出的。南宋科举与相关教育制度的影响已经渗透到社会生活的方方面面，这塑造了官员和普通士人的高度文化同质性。他们遵循共同的儒学知识与价值。科举、教育制度还塑造了社会精英对“为士”身份的认同。在他们眼中，“为士”是比“为官”更加基础的身份底色。士人追求科考成功，但他们相信为官只是人生中的入仕阶段而已，“为学”才是永久的状态。在官场之外存在着士人广阔的社会网络。明州士人和地方官也身处这种制度和社会氛围之中，他们拥有相似的儒学背景，共同参与社会文化网络。他们更多地将彼此视为平等的“士”，而非身份差别很大的官与民。士人相信自己可以通过科举为官，和地方官不存在无法逾越的身份差异，更不需要依附于地方官个人的庇护(第207—208页)。

李锡熙进而描述了士人和官员关系在元代的巨大变化。通过解读“去思碑”“德政记”“赠行序”“送行序”等地方文献中士人对自己与官员关系的表达，他提出，元代明州地方士人主动为地方官

---

① Sukhee Lee, *Negotiated Power: The State, Elites, and Local Governance in Twelfth-to Fourteenth-Century China*, Cambridge: Harvard University Asia Center, 2014, p. 207. 下文所引李锡熙研究内容及页码，皆来自此书。

写作歌功颂德的“去思碑”，在碑文中公开炫耀自己和某些官员的亲密关系，过分肉麻地称颂地方官的仁德和高效。这种写作风格恰恰说明了士人与国家的疏离感(alienation)——毕竟彼此真正的信任和尊重是不需要依靠歌功颂德维系的。与疏离感相伴的，是士人们刻意通过文学才能博得地方官的青睐，丧失了与官员的相互尊重和平等合作。

李锡熙分析了产生这种关系模式的制度生态。元代在科举教育考试、地方官选任、诸色户计等制度上的变化改变了明州地区(元代的庆元路)士人和官员之间的关系模式(第207页)。尽管元代明州的乡饮酒礼、书院教育等制度依然流行，但南宋时期塑造士人和官员关系的制度生态已经不复存在(第235页)。科举考试制度在元代一度恢复，但地区士人难以依靠“为学”和参加科举考试获得官职。元代明州地方官主要来自异族征服者，或是文化差异很大的北方汉人(第207页)。科举教育制度影响力的衰退与官员选任制度的变化，使为士与为官不再互通。士人不再与官员拥有共同的知识背景和价值取向，不再自信可以依靠科举考试制度自主地获得精英身份。同样，地方官也不认为自己属于“士人”。他们不了解士人的知识和价值世界，也更谈不上对士人的尊重(第258—259页)。另外，元代国家赋予地方官更多的强制手段(如诸色户计制度)；地方官在地方事务的处理上拥有很大的任意裁量之权。在由元代制度造成的身份与权力的高度不对等之中，士人与官员的关系模式也自然发生变化。士人的卑微与谄媚正是在元代整体制度生态中产生的(第257页)。

李锡熙着力呈现出宋元整体制度生态之变，并展现出明州士人与地方官的相互理解和关系如何伴随制度生态的变化而改变。制度生态并非只是某种制度条文，而是制度系统在运行中“挥发”而成的整体社会氛围。[①] 李锡熙与韩明士都讨论了地方制度（如学校、乡饮酒礼等）的运行过程，但是前者不再按照“精英如何利用各种制度资源以获得利益”的模式叙述历史，而是着力展现制度生态塑造具体历史现象的动态过程。为此，李锡熙重点分析了科举、教育制度如何构建官员与士人共同认同的社会文化圈层，以及此种圈层在元代的制度系统中如何被身份区隔所代替。他不仅勾画出制度生态的运行状态，而且展现出此种制度生态如何促生了士人和官员在具体情境中的相互关系。比如，通过展现宋元不同制度生态中士人心态的改变，解释了明州士人和官员的合作关系为何衰落。他将作为历史质性的制度生态与具体制度区分开来。他强调，即使某些制度（如书院、乡饮酒礼，以及元代一部分时期恢复的科举考试）在元代依然存在，但无法如南宋一般成为生态系统，因此也就无法再具有塑造历史的力量。

新的认识模式也使宋元之间的历史转型被呈现出来，这一转型在“郝若贝-韩明士”唐宋转型的历史图景中无法看到。在后者呈现的历史图景中，从南宋到元代，明州地方精英面对的资源分布格局没有变化，因此精英们依旧延续地方化的策略。这种观点源于历史学者对社会行动的认识，以及将史料与“资源条件-目的动

---

① 李锡熙并没有直接运用制度生态（ecology）这个理论概念，但其历史叙述与分析符合制度生态的基本理解。对于作为分析层次的“制度生态”的阐释，可参见 Andrew Abbott, “Linked Ecologies: States and Universities as Environments for Professions”, *Sociological Theory*, Vol. 23, No. 3, 2005, pp. 245-274。

机-策略手段”等分析标签相对应的分析方法。李著则改变了对于历史中人的存在状态的基本理解。他没有将资源结构的变化与行动者相应的策略改变视为解释历史变化的直接因素，却着力展现历史人物在多样的具体情境中如何相互理解，以及这些理解如何生成于制度生态之中。作者构造出新的叙事层次，这帮助我们看到被“唐宋转型”图景遮蔽了的宋元历史质性之变。

(三) 两宋历史变迁中的“祖宗之法”

在《祖宗之法——北宋前期政治述略》(以下简称“《祖宗之法》”)一书中，邓小南围绕“祖宗之法”探讨唐末到南宋士大夫政治文化形态的质性变化。作者有意识地将该书的研究方式与碎片化的历史描述区别开来，希望对“产生一系列人物、事件、制度的时代”进行深入理解与分析。[①] 作者有意识地构造出具体制度条文规定之外的“祖宗之法”。祖宗之法并非被人们随意涂抹、层累和叠加的“话语”符号，而是历史人物理解世界的方式，是“理解 10 世纪后期至 13 世纪中叶帝国政治特殊性质的主要线索之一”(第 527 页)。历史人物处于不断的互动中，他们运用“祖宗之法”这一框架将具体的个人经验整合起来，从而使得经验具有了“意义”。在作者动情的历史叙述中，此过程弥漫着士大夫精英防弊务实的行动风格，树立统治规范、实现长治久安的社会理想，以天下为己任的深切热情与责任感(第 526 页)。通过对意义、风格、理想、热情、责任感的叙述，作者展现了由唐末五代的整体社会变革演生出

---

① 邓小南：《祖宗之法——北宋前期政治述略(修订版)》，生活·读书·新知三联书店 2014 年版，第 3 页。下文所引邓小南研究内容及页码，皆来自此书。

的北宋前中期政治文化形态。通过活生生的事件、人物、制度，展现出作为“历史实在”的“祖宗之法”的出现、强化与衰落（第 74、77 页），同时展现了这种历史实在衍生而出的政治生态环境（第 14 页）。

《祖宗之法》首先讨论唐末五代变革期间剧烈的社会变动如何改变了文人群体的整体面貌，最终产生了北宋 11 世纪士大夫精英“具备明确主体意识、道德责任感张扬、兼具才学识见与行政能力”的群体风貌（第 150 页）。新文人群体奠定了“祖宗之法”这一政治文化形态得以运行的基础。作者没有简单将“祖宗之法”的出现视为此种情形下的结果，而是将笔触深入太祖、太宗两朝复杂的历史情境，各种具体的人、事与制度在两朝并生、交结和层叠，比如讲述了赵匡胤从军阀向帝王的转变、太祖“杯酒释兵权”之类戏剧性的事件以及太祖朝在“波折中”调整的中枢体制等。作者提出，唐末五代剧烈变动带来的政治局面的复杂性，最终促使太宗提出“事为之防，曲为之制”的执政原则（第 266 页）。此种原则“强调保持对于意外事变的戒惕心态，强调防范纤悉，同时以制度的平缓调适保证政治的稳定”（第 284 页）。

作者继续讨论了真宗朝士大夫如何遵循“防弊”的精神，运用“祖宗法度”消解君主在自我造神运动中脱逸正常运行轨道的消极结果（第 331、390—340 页），进而讲述了仁宗朝“祖宗之法”政治文化的成熟及其运行实态。刘太后临朝为士大夫政治的成长、成熟提供了机会。士大夫议政时的自信日益加强，他们不断抵制僭越仪制之举（第 361 页）。面对压力，刘太后始终将恪守祖宗成规作为与士大夫的共同信条，这更加促进了士大夫的责任意识（第

364页)。仁宗亲政后,为了走出太后政治的阴影,士大夫群臣和皇帝将恢复“祖宗法”作为政治表达方式。祖宗之法及其实质原则,成为朝堂上下“不倒的大旗”(第373页)。作者讲述了天圣七年(1029)范仲淹等抗议太后受朝、明道二年(1033)台谏官十余人集体诣垂拱门伏奏力谏废郭皇后等重要事件的经过,展示事件过程中“祖宗之法”如何成为士大夫“理解”时政的方式。

所谓“理解”,并不是历史人物表达的抽象概念。在作者笔下,“理解”蕴含了历史当事人丰富的情感。情感推动了历史事件的出现,也形塑了士大夫政治的动态轨迹;它们深深渗透在历史人物的言行之中,需要历史学者以同情之心体悟。比如,作者充分注意到史料中关于历史人物情绪的表达,如对敢于言事者“忻然向之”,对某些事件的“讻讻”“多不悦”(第358—363页),从而勾画了士大夫群体在事件中的热情和责任感,并展现其历史作用。

作者继续讨论在新法时期,士大夫如何在政见之争中依然共同维系着祖宗之法这一政治文化形态。王安石一方面反对过分依赖“百年无事”的祖宗之法,希望“突破祖宗法度束缚”,因此提出“祖宗不足法”;但另一方面他认同祖宗之法中注重制衡、防患于未然的原则精神。基于这种认同,改革者可以时常反观变法的不足,将祖宗之法中的“关防”原则融于新法的实际运行之中,不断完善调整政策设计(第441页)。新法的反对者如司马光,则主张要积极有为地革除弊端。他认为此种弊端在于祖宗之法中的纪纲、秩序没有被很好地维持,因此他将振举纪纲视为主要目标(第440页)。这同样体现了对祖宗之法防弊原则的认同。司马光和王安石虽然政见不同,但内心都坚持防弊的原则。他们彼此欣赏对方忧国忧民的炽诚精神，并相互尊重(第 437 页)。

最后，作者展现了从哲宗绍圣、元符，直到徽宗时期作为政治文化形态的祖宗之法如何失去了其质性特征，蜕变成官员和皇帝满足私利的口号与斗争工具。神宗之后的朝廷不断强调神宗皇帝的“更法立制以垂万世”，以拉开与前代习称祖宗家法的距离。这种对一帝之法的绝对推崇，反而将祖宗法原本的防弊原则抽空。士大夫以“绍述”神宗之政为借口排斥异己，朋党之防愈演愈烈。祖宗法度成为可以被“玩弄于股掌之上”的标签工具(第 446 页)。而“防弊”等核心原则却不再是历史人物理解现实政治的真正方式。与此相伴的是士大夫精神价值、责任意识的集体蜕变。以至于到了南宋，统治者虽然经常利用“祖宗之法”来证明统治的正统性(第 457 页)，但是丧失了务实应变防弊的能力、彼此尊重认可的胸怀，以及承担天下责任的热情。

邓小南认为唐末五代至北宋中期统治人群发生了重大变化，但与“郝若贝-韩明士”模式的分析方式不同，邓小南并没有将社会结构的变化视为决定后续历史发展的根本性变革，而是展现出蕴于具体情境中的整体历史质性之变。质性之变蕴含于情境，但二者又分属于不同层次的历史存在。作者笔下的“历史之质”正是作为理解世界方式的祖宗之法。南北宋历史被表现为此种历史之质的兴衰。作者的研究呈现出历史之质与历史现象之错位。从表面上看，熙宁时期士大夫政治的特点是不断批评祖宗之法，而南宋时期则不断高举祖宗之法大旗。然而，历史之质的变化恰恰和此现象相反：新法中对具体政策的批评体现了士大夫对祖宗之法防弊原则的坚持，而高举祖宗大旗的党同伐异反而说明祖宗之法已蜕变成统治者口号式的说教。该书不仅展现了作者寓情于事的生动与柔和，还呈现出穿透复杂琐碎现象以展现历史实在的洞察与明确。

三、在新的方法论自觉中呈现中国历史的整体性

当我们以“认识实践”的方法论自觉反观上述研究时，可以看到作者如何从不同维度展现了中国中期帝国的历史质性之变。这是超越“历史分期论”的整体性。从“史观”的角度看，三部作品没有凭借预先设定的“人物动机”来解读史料，也没有将历史人物行动统统解读为“策略”，而是将历史人物理解其所处世界的过程讲述为“历史事实”。比如，三部作品分别讨论了南宋士人如何在改造地方社会的过程中将自我行动理解成“为己之学”；士人如何将地方官视为追求共同理想秩序的同道；士大夫如何将现实政策视为符合或违背祖宗之法。

作为与“目的-策略”手段不同的存在状态，“理解”是历史人物赋予世界以意义的过程：历史人物将个人分散的经验整合起来，使这些经验可以对自己“意味”着什么。[①] 此种理解是情境化的（situational）。对历史人物“理解”过程的关注，使研究者不再以“证明”的思路看待史料：他们不再关心历史资料能否成为证明某种目

---

① Josh Whitford, “Pragmatism and the Untenable Dualism of Means and Ends: Why Rational Choice Theory Does Not Deserve Paradigmatic Privilege”, *Theory and Society*, Vol. 31, No. 3, 2002, pp. 334-335.

的、策略或资源变量的“证据”，转而探讨历史行动者如何在相互的关联中理解情境。研究者由此回到历史的意义脉络之中。

我们看到研究者如何透过意义脉络展现出历史之质的变化。所谓“历史之质”，是蕴含在历史现象之中，维系历史复杂现象的系统性特质，“历史之质”不断推动现象的衍生和演化。它是实在性的(real)，与实际(actual)观察到的现象不同。[①] 比如，祖宗之法便是一种历史实在，它无法被还原为各种具体可见的制度条文，却蕴含于历史人物理解和阐发条文的过程之中。历史的变化被表现为蕴含于“实际现象”之中的“实在之质”的变化。研究者不仅将历史之质与历史现象区分为不同的层次，而且着力展现二者间的“蕴含”与“生成”关系。他们不再使用“资源条件-目的动机-策略手段”等概念作为历史材料的“标签”。所谓“标签”并非历史实在，也谈不上历史质性特征。在贴标签的思路中，研究者理所当然地将材料视为证明概念标签的数据。他们在“证据-理论”二分的思维中，利用经验素材(如“历史人物如何经营地方”)证明理论概念(如“精英地方化策略”)，由此构建所谓“历史转型”(如“精英转向地方”)的图景。新的研究则不同于此种实证思维方式。历史“实在之质”乃是情境中蕴含的整体特点，是研究者在理论的引导下“理解”到的历史意义，实在之质不是唯一的，它可以随着研究者自身理论视角的转变而变化。比如，包弼德专门在“方法与问题”一节中勾勒出对理学的分析路径：他将理学视为“身份认同”，并列举历史资料说明这种“身份认同”如何体现在历史人物对自己和周围人

① Isaac A. Reed, *Interpretation and Social Knowledge: On the Use of Theory in the Human Sciences*, Chicago: The University of Chicago Press, 2011, pp. 42-43.

的理解之中。他还强调，研究者可以从“立场”(position)、“社会运动”(social movements)等其他层面分析理学发展历史的实在性特征。[①] 李锡熙则将宋元制度生态的变化与官员士人的关系模式联系起来，认为制度生态“带来了地方精英特征的变化”，其叙事与分析也围绕这种“带来”的过程而展开。作为历史实在的宋元制度生态由此得以呈现。[②] 邓小南不断提醒研究者应当透过现象看到历史实质性变化，历史质性之变与依靠标签来认定的现象之变并不是一回事。[③]

在“质性”思维中，历史之质蕴含于历史现象之中，代表了局部历史现象的整体性。研究者探寻历史之质，意味着他们不再纠结于能否为历史找到普遍性规律。“历史之质”是实在性的，它是历史学者运用特定的理论光柱照向历史局部现象而呈现出的意象，这也决定“历史之质”不会是普遍性的。研究者并不关心对某种历史质性特征的认识是否可以推广到其他案例。因为即便这些认识无法推而广之，却依然可以呈现出历史自我演变的力量。比如，学者完全可以勾画出北宋仁宗朝士大夫政治截然不同的风貌，但是这些风貌并不妨碍“祖宗之法”作为“历史之质”的意义。只要研究者可以说明祖宗之法如何蕴含于具体历史人物的言行之中，又如何推动了历史的演进发展，那么“祖宗之法”作为对历史的系统性

---

① 包弼德：《历史上的理学》，王昌伟译，浙江大学出版社2010年版，第96页。

② Sukhee Lee, *Negotiated Power: The State, Elites, and Local Governance in Twelfth-to Fourteenth-Century China*, Cambridge: Harvard University Asia Center, 2014, p. 204.

③ 邓小南：《祖宗之法——北宋前期政治述略(修订版)》，生活·读书·新知三联书店2014年版，第451页。

认识便可以建立起来。在新的认识模式中，研究者可以跳出对所谓唐宋变革“历史真实”的争论，探寻多元性的历史实在及其促生历史演化的因果力量。

当我们以实践方法论重新看待上述作品，会看到这些作品可以如何帮助我们重新理解历史与我们时代的关系。这是一种超越了所谓“历史分期论”的新的思考方式。在分期论中，不同时期是由某些历史特征界定的。比如，韩明士将乡绅精英对地方的支配界定为南宋至明中叶中国历史的稳定特征；其他学者则强调新式宗族组织的出现才是此时期的根本特征。[①] 受分期论影响，研究者相信，他们只有依靠证明历史经验是否符合某种分期特征，才可能将片段经验整合进以分期为标识的历史整体图景之中。之所以选择某些特征建立分期，是源于对中国是否具有（或“何时具有”）“现代性”的特征（如中国是否具有“市场经济”“公共领域”）这一根本问题意识。[②] 比如学者可以将地方精英的支配视为现代中国国家统治形态的起源之一，进而讨论 20 世纪的现代国家如何部分改造了此种形态，又怎样承继了其特征。[③]

即便对历史之质的呈现难以回答当下世界的历史渊源（origin）问题，但是同样体现出历史学者如何在对当下世界的把握中

---

① Song Chen, "The State, the Gentry and Local Institutions: The Song Dynasty and Long-Term Trends from Tang to Qing", *Journal of Chinese History*, Vol. 1, No. 1, 2017, pp. 141–182.

② Richard von Glahn, "Imaging Pre-Modern China", in Paul Jakov Smith, Richard von Glahn (eds.), *The Song-Yuan-Ming Transition in Chinese History*, Cambridge: Harvard Asian Center, 2003, p. 48.

③ 孔飞力：《中国现代国家的起源》，陈兼、陈之宏译，生活・读书・新知三联书店 2013 年版，第 93—102 页。

理解过往的历史。无论是“角色身份”“制度生态”还是“政治文化”,历史学者自身的理论世界都引导着他们穿透历史情境,将目光投向特定的历史之质。理论不再是悬浮于研究过程之外的抽象知识。理论使碎片的历史经验具有了整体意义:这些经验在历史学者眼中,体现了不同时代中角色身份、制度生态、理解世界方式等的整体性变化。同样,历史学者需要在自身与历史人物生活世界的交汇中,“体悟”那看似无形,却“充盈于天地之间”,被历史人物“呼吸吐纳于其间”的历史情境。[1] 理论使历史变得丰富,历史使理论得以绽放。历史学者正是在理论与历史的“共同成长”中,不断扩展中国历史转型研究的界限。

四、本章小结

本章以唐宋转型研究为例,探讨如何在历史长时段研究中超越“现代性”思维的局限。我们首先揭示出经典唐宋转型研究所遵循的存在论与认识论模式,进而探讨如何在新的实践方法论自觉中激活对中国历史长时段研究的想象力。通过对三部作品的分析,我们探讨如何讲述历史人物对自身所处情境的理解,如何通过比较分析揭示蕴含于具体情境之中的整体历史质性之变。

在新的思维中,研究者不再纠结于历史是否具有某些“现代性”的端倪,他们不再只是以“追溯”的方式为当下的世界寻找所谓

---

① 邓小南:《祖宗之法——北宋前期政治述略(修订版)》,生活·读书·新知三联书店2014年版,第544页。

“历史起源”。研究者相信自身看待历史的方式是多样的，此种多样性超越了“现代”与“传统”的二分界限。当研究者意识到自身正处于不同文明思想交汇的时代，他们便可以自觉地从更加广阔的文明世界中寻找理解中国历史整体性的思想资源。中国历史在研究者自身的思想解放中获得多样的质性色彩。这便是被“反求诸己”的方法论自觉所激活的“历史”，是超越“现代性”单一色调的历史长时段多彩风貌。[①] “历史”也为我们理解自身时代的问题提供了新的可能。

---

① 近来对中国历史长时段研究方法的探讨，参见罗祎楠、徐晓宏等：《重思长时段历史研究中的社会科学方法》，《读书》2023 年第 11 期。

第六章 国家治理权力生成机制再探讨

“现代性”思维还体现在中西学界关于中国国家治理过程中“权力”如何生成这个问题的研究中。此思维方式将“传统”与“现代”构造成相互对立的权力机制。本章所讨论的韦伯关于现代“理性官僚制”与传统“家产官僚制”的二分类型，便体现了此类思维。类似的“二分”类型还包括诸如“民主与威权”“大众动员与乡绅支配”等。研究者相信，他们可以将历史事实归于某种类型之下，作为证明其存在的“客观证据”，他们可以不依赖对历史演化本身的分析，就预先规定所谓“传统中国治理权力”的本质特点，从而将中国放到“传统”或“现代”中的一方。

这样的思维也塑造了研究者间争论的焦点。这些争论的本质目标在于证明传统中国国家治理“是否”具有“现代性”。争论者彼此针锋相对的观点却体现出共同的思维方式。他们在各自的立场内不断延展出中层理论。比如，一些研究者给“威权”或“民主”再加上“形容词”，衍生出各种分类型。他们有意或无意地按照先已认定的“本质”特征，设计问卷变量，建立统计推论。这些内部延伸工作看似“科学”，实际上依然是在强化他们先已认定的框架。二分框架成为构建经验事实或中层理论过程中的“前提”，研究者不认为需要将这些“前提”自觉地纳入反观、分析与更新之中。

本章尝试超越“传统”与“现代”二分思维的束缚。在新的方法论引导下,揭示中国国家权力在治理领域的“内生性演化”特点。我们将“现代性”研究中的“二分思维”本身纳入“史观”之中,将其归结为“个体性权力视角”,并分析其局限。我们进而提出新的“制度性权力”视角,说明其与“个体性权力视角”的差异。通过中国历史具体案例说明此种视角如何引导对中国国家治理历史多样“质性”特点的叙述与分析。“内生性演化”的历史也逐渐浮出水面。

本章以宋元明时期儒家文化与国家治理关系研究为例,回答以下问题:我们如何超越外生于中国历史的理论视角对传统历史的僵化性刻画,呈现中国治理多样性的演化历程?如何在学理上说明这样的演化是“内生”于中国历史机制自身的?国家治理“内生性演化”论题蕴含着对治理权力何种新的理解?为何治理权力必须呈现于社会科学学理探究的过程之中?

一、“个体性权力”视角与宋元明国家治理权力研究

自 19 世纪末开始,历史学界对宋元明时期国家治理的概括受到了多种理论模式的影响,如家产官僚制、君主专制、地方精英支配等。通过对这些理论模式的分析,我们可以看到其背后体现的“个体性权力”视角。我们首先以韦伯构建的“传统型权威”为例,来说明这个问题。

韦伯的理论中存在一种对权力的理解:将“权力”(macht)视为基于个体(包括个人、组织等行动者)依靠资源占有上的优势而将

意志施加于其他个体的过程。我们称之为“个体性权力”视角。在以“个体性权力”为主导的支配结构（如家产制国家）中，对支配妥当性的服从只是帮助不同参与者获得权力资源的手段而已。权力过程完全服从于“纯粹个人性的关系、偏好、承诺与特权”，参与者依靠各种方式（如传统规范、社会声望、获得精英身份的礼仪化生活方式、意识形态、令人畏惧的政治军事强制手段等）扩展自己的实力与权力。传统规则得到巩固是因为其赋予了支配者“合法性”这一权力资源，也赋予了支配者在传统之外任意而为的潜在权力；赋予了家产官僚占有个人官职而牟利的合法性，使之可以利用传统规则的模糊性获得利益；赋予了其他家父长组织抵抗支配者干预本组织事务的合理依据。权力过程具有自利、分裂、僵化、专断和靠实力说话的特点。权力结构要么表现为支配者无力阻止望族控制而导致的官职定型化，要么呈现为支配者的个人专断。①

韦伯将他对家产制国家权力逻辑的理解应用于对传统中国治理的描述：在儒教伦理的推动下，君主、官僚与社会组织之间只能就传统规则的合法性达成共识。在传统之外则是君主、官僚与社会组织随意自由裁量的空间。家产制国家内部权力关系处于僵化平衡之中，难以改变。儒教成为强化这一结构的文化因素。它不能塑造士人改造现实世界的“由内而外统一”的伦理，只能使士人继续成为按照自己个体权力利益灵活行动的“种种有用的、个别的

---

① 马克斯·韦伯：《支配社会学》，康乐、简惠美译，广西师范大学出版社2010年版，第145页。

特质所构成的一个组合体”。①

这一视角弥散于国际学界对宋元明时期国家治理的多种理论概括中。传统国家权力过程被理解为君主、士大夫不同集团、官僚部门等依靠资源优势争夺对某些治理领域排他性的控制权和特权利益。参与者占有的资源、其意志和实力的对比关系,决定了互动的结果。“国家”不过是他们逐利竞争的场所。研究者对这场竞争中的主导方认识不一,产生了诸如君主专制说②、士大夫官僚部门竞争说③等论断。

另一些学者则将国家想象为具有自主性(autonomy)的行动者(actor)。政府部门、官僚、皇帝等个体统治者被视为国家的代表,而其他行动者则被视为社会的代表。“国家”与“社会”只是不同个体行动者的代名词。④ 宋元明时期的历史变化被概括为:北宋职业精英领导国家积极有为地干预经济和社会事务(代表性的例子是王安石新法),自南宋开始,这一治理方式则被社会精英主导地方事务所代替。学者强调宋元明时期国家在社会和市场管理方面呈现出狭隘和无能的特点。⑤ 但是他们对什么样的社会力量在治理中起主导作用的认识不一,包括强调乡绅依靠经济、文化或政治

---

① 马克斯·韦伯:《中国的宗教:儒教与道教》,康乐、简惠美译,广西师范大学出版社 2010 年版,第 103、311 页。

② 内藤湖南:《概括的唐宋时代观》,载刘俊文主编:《日本学者研究中国史论著选译》第 1 卷,中华书局 1992 年版。

③ 王亚南:《中国官僚政治研究》,商务印书馆 2015 年版,第 54—55 页。

④ Michael Mann, *The Sources of Social Power*, Vol. 2, Cambridge: Cambridge University Press, 2012, pp. 50-51.

⑤ Paul Jakov Smith, *Taxing Heaven's Storehouse: Horses, Bureaucrats, and the Destruction of the Sichuan Tea Industry, 1074-1224*, Cambridge: Council on East Asian Studies, Harvard University Press, 1991.

优势对基层进行控制的“乡绅支配说”；[①]强调士人独立于国家权威而对地方文化和社会事务进行主导的士人精英理论；[②]将士人、乡绅及其他基层力量统一视为“地方精英支配”；[③]等等。

总之，传统中国的治理过程在“个体性权力”视角中被理解为“崩解成一堆分别为个人（基于其特权而）占有的拼凑权力”。参与者由于具有资源和实力优势而在某一治理领域或职位上具有排他性的控制权。这样的控制权又为参与者带来特权和新的资源，使之可以继续强化权力。这种自我强化的权力占有机制“一旦确定，支配者即别想更动，除非他想激起利害关系者的强烈反抗”。这使得国家治理被分解为不同参与者各自占有的权力领地，这些领地交错共存、盘根错节而难以改变。正如韦伯所说：“这样的一种结构是僵硬的：无法适应新任务，也不能接受抽象的规制。”[④]

中国历史研究中的“个体性权力”视角，蕴含了功能主义的思考方式。功能主义的特点在于将一套先入为主的理想制度视为达成国家权力运行最优结果的唯一途径。[⑤] 学者大量运用定量分析等方法证明他们认为的理想制度，但并没有摆脱规范性政治理论所提出的命题和结论。规范性研究和社会科学研究纠葛难分，在

---

① 吴晗、费孝通等：《皇权与绅权》，天津人民出版社 1988 年版，第 16 页。

② Peter Bol, *"This Culture of Ours": Intellectual Transitions in T'ang and Sung China*, Stanford: Stanford University Press, 1992.

③ Robert Hymes, *Statesmen and Gentlemen: The Elite of Fu-Chou, Chiang-Hsi, in Northern and Southern Sung*, Cambridge: Cambridge University Press, 1986.

④ 马克斯·韦伯：《支配社会学》，康乐、简惠美译，广西师范大学出版社 2010 年版，第 144—145 页。

⑤ Paul Pierson, *Politics in Time: History, Institutions and Social Analysis*, Princeton: Princeton University Press, 2004, p. 104.

一定程度上，反映了社会科学学理思维的缺失。在受此影响的中国研究中，学者会有意或无意地将中国作为证明理想治理模式优越性的正面或反面素材。比如，韦伯社会学研究方法的特点在于抓住研究对象的本质，将其抽象化以建立“理想型”，而后对比“理想型”间的差异。① 中国的治理模式就是作为“理性官僚制”这一“理想型”的对立面而被建构出来的。理性官僚制所具有的“追求与献身于‘切事化’的目标，以及接受此一目标的支配”的行动，根本不同于家产制国家权力结构的“僵化”，“无法适应新任务，也不能接受抽象的规制”。② 而与“反面论”相对的研究则试图在中国传统中搜寻出符合理想标准的制度，进而印证中国早已经具有了“现代性”，如证明中国有某些先进社会群体主导的公共领域等。③

从“认识实践”的角度看，两种看法尽管针锋相对，却反映了同样的方法路径——研究者专注于运用中国历史资料来印证理想政治模式的正确。但是，即便他们动用了大量史料，其研究路径依然只是将材料抽离于历史过程以佐证自己早已形成的某些带有价值倾向的判断。这些判断来自脱离中国历史而产生的理论，它外生于中国历史自身的发展逻辑。历史概括的随意性也为学术与政治

---

① Wolfgang Schluchter (ed.), *Rationalism, Religion, and Domination: A Weberian Perspective*, Berkeley: University of California Press, 1989, p. 89.

② 马克斯·韦伯：《支配社会学》，康乐、简惠美译，广西师范大学出版社2010年版，第53、145页。

③ Frederic Wakeman, Jr., “The Civil Society and Public Sphere Debate: Western Reflections on Chinese Political Culture”, *Modern China*, Vol. 19, No. 4, 1993, pp. 108-138.

权力的纠葛打开了大门。[①]

二、"制度性权力"视角

对中国国家治理"内生性演化"的发现，需要研究者以新的视角看待中国国家治理的历史与现实，我们提出的"制度性权力"视角便属此类。概括来说，这一视角将治理参与者的行动与相互关系作为被解释对象；要求从学理上说明制度与其运行的历史过程交织而成的"历史机制"如何塑造治理结果。

在这一视角下，中国国家治理"内生性演化"的历史进程被照亮：国家治理丰富的演化过程"生成"于超越个体之上、由制度及其运行的历史过程扭结而成的历史机制之"内"。这种生成作用也体现了权力的意义：历史机制具有因果力量，塑造了融于其中的治理参与者的行动与相互关系。更为重要的是，这种权力过程必须依赖社会科学的分析才得以呈现。这需要学者自觉地构建方法论以分析历史机制与治理演化间的因果关系，将方法论与史料分析、理论构建融会贯通。这便是"内生性演化"学理研究的意涵。

"制度性权力"视角与"个体性权力"视角对国家治理过程有着根本不同的理解。在后者看来，国家治理过程是某些个体参与者

---

① 学术与政治纠葛的代表性例子是日本学者中国停滞论的产生。参见包弼德：《唐宋转型的反思：以思想的变化为主》，刘宁译，载刘东主编：《中国学术》第 3 辑，商务印书馆 2000 年版，第 71—72 页。

依赖自身资源优势获得对权力领地排他性的支配权,并依靠这样的支配权持续获得特权利益,从而进一步维持其支配权的过程。在此视角下,研究者往往认为存在着超越任何制度的参与者的自主利益、偏好,并以此来解释治理结果。

"制度性权力"视角则认为,国家治理的结果取决于由制度及其运行的历史过程所共同构成的历史机制(mechanism)。其中包含着对"制度"与"制度运行的历史过程"两方面的理解。"制度"是人们长期稳定和可重复的行动与思考模式——无论这些模式的形成是来自外部权威的强制,还是主动的信仰,抑或是内心无意识的自觉遵守。按照社会学与政治学的一般认识,我们将制度分为三类。第一类是被国家或社会权威力量支持的规制性体系,包括正式或非正式的法规、通用的话语结构、政府或社会的组织结构等。第二类是规范性因素,包括常规行为、价值、社会或政治规范等。第三类则是人们已经习以为常的文化认知体系,包括话语符号系统、思维模式或道德标准等。① 本章讨论的制度既包括人们内心主动服从的文化制度,也包括依靠习俗的力量所规定的具有强制性的礼仪制度,还包括依靠国家强制实行的政治制度等。所谓"历史过程",是将常态性的制度"激活"为即时变化的治理参与者的行动和相互关系的过程。我们将这样的过程视为由事件、互动、意义等因素构成。②

---

① Peter Hall, Rosemary Taylor, "Political Science and the Three New Institutionalisms", *Political Studies*, Vol. 44, No. 5, 1996, pp. 938-948.

② Daniel Hirschman, Isaac A. Reed, "Formation Stories and Causality in Sociology", *Sociological Theory*, Vol. 32, No. 4, 2014, pp. 259-282.

在“制度性权力”视角看来，正是制度与其动态运行过程扭结在一起，成为一种具有“因果力量”的历史机制。历史机制不能简单地还原为参与者意愿、价值、伦理、掌握的资源大小等个体性特征的加总。“权力”不再表现为个体依靠资源的优势来实现自我目标，而是表现为历史机制那种塑造行动和相互关系的因果力量。① 国家治理权力不被个体性的力量所决定——无论这一力量的主体是政府组织、统治者、某些社会阶层，还是社会组织。治理权力来源于超越这些个体力量的历史机制。历史机制决定于生产方式等客观历史条件的深刻变化。在特定的历史条件中，具体的制度和错综复杂的历史过程相互作用，塑造了国家治理权力的表现形式——“人们自己创造自己的历史，但是他们并不是随心所欲地创造，并不是在他们自己选定的条件下创造，而是在直接碰到的、既定的、从过去承继下来的条件下创造”②。

“制度性权力”视角从两个层面理解制度与历史过程的辩证关系，以此建立对“历史机制”的理解。首先，制度在历史机制中具有属于实在（real）层次的统合（coordination）作用：参与者的主观世界与行为方式无法脱离其深陷的制度世界，即使他们并没有意识到制度的具体存在。这种统合作用的实在性在于它需要依赖方法论指导下的理论分析才可以显现，它是高于具体历史过程的。在具体而微观的历史过程中，我们观察到的可能是截然相反的权力

① Dave Elder-Vass, *The Causal Power of Social Structures: Emergence, Structure and Agency*, Cambridge: Cambridge University Press, 2010, pp. 4-5.

② 马克思：《路易·波拿巴的雾月十八日》，载《马克思恩格斯选集》第1卷，人民出版社2012年版，第669页。

现象。我们可能看到制度如何赋予治理参与者资源，使他们利用制度能动地获得个人利益；我们也可能看到制度如何制约行动者的选择。[①] 这样的过程是治理者所直接面对的具体情景。但是这样看似矛盾的具体过程却体现了制度"统合"这一实在性特点：制度在具体的历史中发挥着塑造参与者行动和相互关系的因果力量。制度的统合性特点不是虚幻的想象，不是规范性的理论假说，也不只是可观察到的直接而具体的互动。这种统合性涌现于明确方法论指导下的历史分析之中。[②]

其次，制度统合性的显现无法脱离于具体的过程。研究者只有在对具体事件、意义、互动的分析中才可能在社会科学意义上呈现出这种"统合性"。这样具体过程的发生和延展，是超出历史当事人预期的。此过程将静态的制度转变为行动方式和关系模式。脱离了这样的历史过程，制度便隐没于无法被科学分析照亮的黯淡之中——它们便只是死板的规章规定、抽象静态的条条框框，也就失去了塑造治理轨迹的力量。[③]

"制度性权力"视角强调，历史机制的内生性因果力量可以被系统性地分析：研究者可以在特定的社会科学实践方法论引导下

---

① 安东尼·吉登斯：《社会的构成——结构化理论纲要》，李康、李猛译，中国人民大学出版社2016年版，第23页。我们强调更加具体的制度所具有的作用。制度是中国历史记录中的具体存在，而并非主要来自研究者运用理论概念构造出来的社会系统的结构性特征（同前书，第16—22页）。

② Dave Elder-Vass, *The Causal Power of Social Structures: Emergence, Structure and Agency*, Cambridge: Cambridge University Press, 2010, pp. 16-17.

③ Paul Pierson, *Politics in Time: History, Institutions and Social Analysis*, Princeton: Princeton University Press, 2004, pp. 483-486.

阐释历史机制中导致治理结果变化的质性原因。[1] 所谓“实践方法论”，是要回答这样的问题：为何研究者选择一定的研究方式就能够发现因果性，从而建立对治理结果的理论解释？答案背后蕴含着对什么是因果解释以及该如何发现因果解释的不同回答。[2] “制度性权力”视角强调从经验材料分析上升到理论构建离不开方法论的自觉，并以此区别于“个体性权力”视角——后者只关心如何利用历史资料来印证根据异国经验得出的带有规范性特点的理论模式。“制度性权力”视角相信历史机制的可分析性。这种信念要求研究者有意识地思考和阐明研究中的方法论问题：研究者需要以什么样的方法路径揭示历史机制中系统的因果联系？为什么这样的路径是合理的？这需要研究者融入与不同社会科学研究方法论流派的对话中，进而对历史资料进行有的放矢的分析，说明资料的组织与“何以能知”的方法论间的连贯性。这区别于还原历史本真或者通过罗列材料建立历史叙述的研究方式，后者较少关心以建立历史解释为目标的方法论问题；[3]这也不同于将某些政治学或社会学理论随意贴到经验资料上，后者忽视了经验资料若想上升到理论，则必须经过方法论的合理性说明。方法论自觉使“内生性演化”的社会科学学理研究成为可能。

---

① 克利福德·格尔茨：《文化的解释》，韩莉译，译林出版社 2014 年版，第 30 页。

② 罗祎楠：《思想史视野中的质性研究：以方法意涵的构建为例》，《社会》2019 年第 1 期。

③ 刘子曦：《故事与讲故事：叙事社会学何以可能——兼谈如何讲述中国故事》，《社会学研究》2018 年第 2 期。

三、"制度性权力"视角中的国家治理"内生性演化"

研究视角从"个体性权力"到"制度性权力"的转化,使"内生性演化"的学理分析成为可能。我们结合学界对宋元明时期儒家文化与国家治理关系的新近研究成果,来展现这一视角如何揭示出被"个体性权力"视角所忽略的中国国家治理质性特点。①

(一) 成为共同价值的儒学与南宋国家治理:基于具体情态的分析

"个体性权力"视角将儒学视为被治理参与者操控的权力资源。在韦伯的描述中,儒教为士人群体提供获得身份的权力资源;在君主专制理论中,宋明理学是为君主专制提供思想支持的工具。② 包弼德的研究则揭示出作为文化制度的儒家思想如何在一定的历史过程中转化为士人改造社会的价值驱动力,并塑造新的基层治理组织关系。他在《历史上的理学》中提出,理学之所以能够成为一种价值驱动力,首先源自理学信徒对"学"的信仰。"学"的目的就是让人意识到"理"或"道"在内心的存在。学的过程就是

---

① 本章与上一章都讨论了包弼德与李锡熙的作品。这并非简单的重复,恰恰揭示出不同理论视角("情境"或"思想制度";"制度生态"或"制度体系")如何使同一部作品在读者眼中呈现出不同的"事实"。这例证了认识实践"方法"本身如何具有塑造"事实"的力量。

② 刘泽华主编:《中国政治思想通史(综论卷)》,中国人民大学出版社 2014 年版,第 9—10 页。

将道"内化"的过程：人在日常的社会活动中汲取知识，通过思考和实践感觉到世界的一致性（就是"理"），进而根据这种内在道德感改造自己的思想和行动。"为学"可以使自身在面对多变的外部环境时，做出符合"理"的一贯性应对。[①] 尽管理学内部对如何完成这样的过程存在分歧，但各种认识都相信"学"的目的是重塑人的主观思想和社会行为。[②] 而"为政"也正是"为学"过程的一部分。"为学"者需要通过"为政"对自我和社会进行改造。自我道德修养是制定政策和制度的目标。"为政"者并不是出于私利，而是出于对公共利益的认知而行动。他们应当自发组织起来，相互之间基于价值认同而产生信任。[③] 治理过程中领导权威的获得不依赖于官位，而是源于在"为学"过程中产生的影响力。

包弼德进而揭示了将理学的思想制度激活为实际治理结果的历史过程。与韦伯讨论新教教义如何转化为行动的价值动力类似，[④]将一般性的理学信仰转化为改造社会的价值驱动的关键在于理想与现实世界的冲突感。这种冲突感激发士人按照自己对理想秩序的设计以展开对现实世界的改造。[⑤] 我们从朱熹的《建宁府崇安县五夫社仓记》等文献中可以看到，面对急迫的自然灾害，朱熹等士人精英对政府在社会救济中的组织落后、能力低下不满，

---

① 包弼德：《历史上的理学》，王昌伟译，浙江大学出版社 2010 年版，第 150 页。

② 包弼德：《历史上的理学》，王昌伟译，浙江大学出版社 2010 年版，第 169、171—173 页。

③ 包弼德：《历史上的理学》，王昌伟译，浙江大学出版社 2010 年版，第 122—123 页。

④ Max Weber, "Religious Rejection of the World and Their Directions", in H. H. Gerth, C. Wright Mills (eds.), *From Max Weber: Essays in Sociology*, London: Routledge, 1948, pp. 223-359.

⑤ 包弼德：《历史上的理学》，王昌伟译，浙江大学出版社 2010 年版，第 190—191 页。

这推动了他们将自己的社会理想付诸实施。朱熹将引发不满的政府救济方式形容为“钩校靡密，上下相遁”[①]——官僚为了自我晋升而不顾实际救灾的迫切要求。这样的现实与“为学”理想的落差感成为理学家改造国家治理的驱动力。在此价值驱动下，理学家将他们构想的新的社会治理方式付诸实践。那些共同拥有“爱民虑远之心”的管理者，通过“左提右挈，上说下教”[②]的方式将社仓组织起来。由于没有“计私害公”的行为，组织上下级可以建立充分信任。共同的价值和信任转化为新的组织运行方式：他们不必受官僚“钩校靡密，上下相遁”的局限，可以在“出乎法令之外”的空间灵活运用国家社会救济的权力。类似的激发过程在南宋到明代的历史中不断出现，见之于书院、乡约、义庄等例子中。[③] 这些研究尽管可能忽视了理学家之外的普通民众生活，但揭示了儒家思想制度在历史过程中影响治理的某种机制：面对急迫的治理挑战，理想与现实的落差感转化为推动理学（包括阳明学）改造国家基层治理组织关系的动力。这为“内生性演化”的学理分析提供了基础。

（二）儒家文化制度与国家治理：对不同地域的比较

科大卫（David Faure）的研究揭示了士绅控制背后的文化制度

---

① 朱熹：《晦庵先生朱文公文集（五）》卷77《建宁府崇安县五夫社仓记》，载朱杰人、严佐之、刘永翔主编：《朱子全书》第24册，上海古籍出版社、安徽教育出版社2002年版，第3722页。

② 朱熹：《晦庵先生朱文公文集（五）》卷77《建宁府崇安县五夫社仓记》，载朱杰人、严佐之、刘永翔主编：《朱子全书》第24册，上海古籍出版社、安徽教育出版社2002年版，第3722页。

③ 梁庚尧：《宋代社会经济史论集》下册，允晨文化实业股份有限公司1997年版，第447—453页。

因素，并看到明中叶以后在珠三角地区，这样的制度如何在历史过程中转化为地方成员对国家的认同。这构成了士绅控制背后的历史机制。儒家文化不再被视作被士绅阶层操控的权力资源，在历史过程中它“活化”为解释国家基层权力的制度性因素。

科大卫对广东佛山地区的研究揭示了支撑士绅控制的文化制度基础。可以看到从 15 世纪 60 年代开始的一系列偶发事件（如嘉靖时期大礼仪之争）如何将士人的知识体系转化为弥散于社会中的文化制度。这些文化制度反映了士人知识体系中的朝廷取向：承认朝廷皇帝的权威、建立系统化礼仪、模仿政府运行的程序和等级等。珠三角地区上至士绅、官员，下至普通民众，甚至包括风水师这样的基层社会精英都开始认同这样的文化制度。在共同知识的指引下，自明中叶开始，此地区出现了一系列文化制度建设活动，包括：公开宣扬科举考试成功者以彰显宗族成员的社会身份地位；以模仿国家科举考试的形式举行镇民聚会；乡村宗教中对王朝制度的模仿；等等。① “国家”的内涵，如朝廷和皇帝权威、政府行政程序、科举考试等，被当地人普遍认同，成为衡量身份地位和声望的方式。

尽管在这一时期的地方历史记载中，我们看到许多私自违背正式礼仪和法规的行为——这看似印证了“个体性权力”的视角。但科大卫的研究同样提示我们，制度在具体历史动态过程中发挥着统合的作用。那些看似死板固定的文化仪式和宗族法规文本中包含着对国家权力的想象与认同。在宗族、社区和商业生活中，这

---

①　科大卫：《皇帝和祖宗：华南的国家与宗族》，卜永坚译，江苏人民出版社 2009 年版，第 149、253、255 页。

些公开的仪式和法规被人们不断实践着，使国家治理的权威、程序、等级在潜移默化中成为公共文化活动参与者内心服从的对象。[①] 将皇帝与祖宗融为一体的儒家文化由此走进普通人的内心。这也使两个看似矛盾的过程得以共同实现：珠三角地区被成功地整合进中华帝国的同时保持了以宗族认同为基础的商业伦理。

正是因为建立起对“皇帝”的文化认同，明中后期开始形成了以宗族强大资源动员能力和成员对国家权威高度认同为前提的政府委托宗族运行国家权力的间接治理模式。国家在税收、公共事务等诸多领域和士绅宗族达成委托关系。支撑这一组织关系的是儒家文化通过制度实践而塑造的家国认同心态。而所谓“士绅控制”只是勾画出整个图画中的一条单线而已。[②]

杜正贞对山西泽州地区的研究使我们看到一个非常不同的历史机制。从宋代到明清，地方士绅、政府、社会组织等在文化知识和价值上一直存在着隔阂，这表现为民间对“神明的理解与崇祀方式和士绅的理想仍然存在差距”[③]。此外，与华南不同，明清山西泽州的宗族建设基本局限在士绅阶层中。虽然也能看到族谱祠堂等外在形式，但没有经历华南宗族的制度化道路。地方的主要自治组织“社”尽管也拥有公共财产和相应的管理制度，但是并没有

① 科大卫：《皇帝和祖宗：华南的国家与宗族》，卜永坚译，江苏人民出版社 2009 年版，第 253—254 页。

② 有关宋元明清时期制度如何取代士绅控制，参见 Song Chen, “The State, the Gentry and Local Institutions: The Song Dynasty and Long-Term Trends from Tang to Qing”, *Journal of Chinese History*, Vol. 1, No. 1, 2017, pp. 141-182。

③ 杜正贞：《村社传统与明清士绅：山西泽州乡土社会的制度变迁》，上海辞书出版社 2007 年版，第 93 页。

如华南地区的宗族那样，通过仪式和法规建立起对皇帝与祖宗共同权威的认同。例如，在明清之际的郭峪本地的制度环境中，尽管乡绅依然发挥作用，但这更多的是不可持续的个人行为。“社”所承载的地方文化信仰与士绅家族文化依然存在很大差异，此地区并没有出现华南地区意义上的“士绅化”进程。这样的地方特点，突出表现为明清之际，泽州地区是一个“贫富分化、矛盾渐生”的社会，充斥着士绅与平民、本地人与客居小民的矛盾和冲突。[①] 尽管在一些时候可以看到乡绅对地方事务的控制，但是国家权力机制呈现出的总体特点是不同权力参与者（如“社”、士绅、政府、移民、本地人）基于各自利益考量而产生的对抗关系。最终这样的对抗关系推动地方“社”职能的扩展，其逐渐在清代成为被包括乡绅在内的各方力量所依靠的组织平台。这种“社化”是与“士绅化”十分不同的历史过程。明清之际到清代的历史过程揭示出，脱离了“士绅化”进程的乡绅阶层只是整个地方复杂权力图景中的一抹色彩而已。

（三）居于制度体系中的儒学与国家治理：宋元的比较

士人精英理论认为从南宋开始，地方士人独立于国家而自主地获得精英身份，并对地方事务行使主导权。而李锡熙对明州的研究说明，只有当儒家文化与一定的政治、经济、社会制度组合起来时，才能在具体的历史过程中产生如南宋明州地区那样的士人与地方政府平等合作协商的治理形式。尽管这样的合作在具体历

---

① 杜正贞：《村社传统与明清士绅：山西泽州乡土社会的制度变迁》，上海辞书出版社2007年版，第134—144、146页。

史中表现复杂,但是作者依然将其视为对南宋明州历史某些实在性特征的合理概括。一旦这样的制度体系与历史过程在元代不复存在,合作型治理也便难以维系。

李锡熙揭示了科举制度的兴盛为明州士人依靠“为学”获得自主地位提供了制度保证——士人只要通过学习和考试,无论其出身与社会关系背景如何,就都有可能成为国家精英。科举保证了士人可以通过“为学”获得精英身份。这就使得“为学”成为社会和国家认可的主流价值。① 加之一系列围绕“为学”展开的地方性士人活动,如兴建学校、举行乡饮酒礼等,对“为学”价值的鼓励成为影响人们的社会风气。在这种社会风气下,士人积极阅读学习儒学经典,通过对科举考试课程和教材的影响来传播不同学说。由此,士人的自主心态得到了进一步加强,他们相信只要按照“为学”的价值进行社会实践,就可以成为地方精英,在地方治理中发挥主导作用。

南宋的官员选任制度使明州地方士人和官员具有共同的知识背景、价值认同。他们对什么是国家治理的主要工作,以及如何完成这样的职能具有高度共识。他们都强调仁爱、教化、兴学是政府和士人共同的行动目标。② 共同的知识和价值,使地方官员与士人建立互相信任和合作。地方官员积极包容具有自主意识的士人

---

① Sukhee Lee, *Negotiated Power: The State, Elites, and Local Governance in Twelfth-to Fourteenth-Century China*, Cambridge: Harvard University Asia Center, 2014, pp. 153-174.

② Sukhee Lee, *Negotiated Power: The State, Elites, and Local Governance in Twelfth-to Fourteenth-Century China*, Cambridge: Harvard University Asia Center, 2014, pp. 161, 198, 207.

参与地方治理，而南宋的制度环境也为这样的合作型政治提供了保证。在南宋官僚体制中，州政府比较大的政策自主性使地方官员有空间和士人一同推动义役、社仓等反映他们共同价值的治理政策，并可以通过士人网络将新的治理方式向其他地区扩展。南宋财政制度给予明州政府在酒坊经营等事务上的自主权，因此州政府可以依靠市场比较好地获得财政资源。充裕的财政是官民合作的物质基础。[①]

可见，南宋明州地区特有的文化、政治、财政制度体系，在动态的历史过程中塑造了士人与政府自主平等合作的治理关系。但伴随着科举等制度在元代的衰落，将儒家文化转化为合作治理模式的制度系统和历史过程不复存在——即使儒家文化依然在本地默默流传。

在李锡熙的研究中，我们看到一个新的治理制度体系在元代的形成。尽管科举制在1314年被恢复，但是也远没有如南宋那样成为国家官员选拔的主要制度。科举制的衰落使士人失去了可以凭借"为己之学"以获得精英地位的渠道保证。他们比南宋士人更依赖于地方政府来获得一官半职，或者是得到官方认可的"儒户"身份。地方人士需要依靠对官吏的个人依附，而不是如在南宋时那样依靠被士人群体认同的属于"士人"的行为方式来获得精英身份。元帝国任官制度的变化使来自北方的外族地方官在明州任职，而科举制度的衰落也导致官员不再是那些因"为学"而获得举

---

① Sukhee Lee, *Negotiated Power: The State, Elites, and Local Governance in Twelfth-to Fourteenth-Century China*, Cambridge: Harvard University Asia Center, 2014, pp. 131-132, 200, 269.

业成就的士人,地方官员因此不再与士人具有类似的知识背景和价值认同,他们之间甚至横亘着知识和文化的鸿沟。这些制度性变化都改变了地方士人的自主群体意识。元代明州士人的心态转变可以从现存大量的元代“去思碑”中体现出来。士人通过“去思碑”卑微而过分地夸赞远道而来的陌生地方官。这种方式使他们得以表现自己和政府官员的密切关系,以此获得精英身份的承认。[①] 制度体系的变化使南宋士人在地方治理中的自主意识被依赖政府官员个人恩护的心态所取代。政府可以依靠户计等人身控制制度,强制性动员不同类型户的地方人士为国家服务。原本由士人和政府共同管理的如义役田、义庄等治理领域已经转而由地方州县政府直接控制。[②] 由此可见,南宋明州的制度体系被代替后,以“为学”价值为基础的国家与地方精英的合作方式不复存在,取而代之的是以地方士人和政府官员间纵向的恩护为特点的组织关系。这说明,一旦失去了特定的制度体系及其嵌入的历史动态过程,儒家文化只能是凝固的制度而无法在国家治理中发挥作用。

(四) 对“内生性演化”的学理分析

上述研究揭示了被“个体性权力”视角中的“家产官僚制”“士人精英”“地方精英(士绅)控制”等理论模式所遮蔽的中国国家治

---

① Sukhee Lee, *Negotiated Power: The State, Elites, and Local Governance in Twelfth-to Fourteenth-Century China*, Cambridge: Harvard University Asia Center, 2014, p. 258.

② Sukhee Lee, *Negotiated Power: The State, Elites, and Local Governance in Twelfth-to Fourteenth-Century China*, Cambridge: Harvard University Asia Center, 2014, pp. 233-243.

理历史进程。通过这些研究，我们可以进一步理解如何将方法论与历史资料分析密切结合，从而揭示出历史机制的因果力量。国家治理方式演化的“内生性”在这样的学理分析中逐步呈现出来。

首先，研究者需要按照一定的社会科学方法论建立历史解释。上述研究揭示了国家治理体制如何在治理参与者的主体意义世界与客观制度系统、事件环境的互动中演化。这一理解的方法论基础在于：历史解释中的因果性生成于被研究对象的主体意义世界与其所处外部世界的不断互动过程之中。① 通过分析朱熹等在紧急的灾荒情境下对常平仓制度局限性的看法，可以为解释理学家主导的社仓制度在地方的产生找到线索；通过分析“去思碑”的语气、观点与情感，我们为解释明州士人与政府关系的改变寻找线索。基于对文本的阐释，我们分析历史资料书写者对现实世界的理解，进而对照其他文献的记载，揭示出行动者主体之间或行动者和外部情势间的持续互动过程，以此解释特定治理结果的出现和变化。

其次，研究者需要从带有叙述性的历史解释中，发现导致治理轨迹变化的系统性制度原因。与统计推论逻辑中将随机抽样与赋值作为发现这些系统性因素的做法不同，质性研究相信只有通过对具体经验资料中所蕴含的历史知识的不断理解，才能将对具体过程的观察延展到对过程背后制度结构性因素的分析。② 比如，

① 阿尔弗雷德·许茨：《社会世界的意义建构：理解的社会学引论》，霍桂桓译，北京师范大学出版社2017年版，第1章。

② Michael Burawoy, "The Extended Case Method", *Sociological Theory*, Vol. 16, No. 1, 1998, pp. 4-33；渠敬东：《迈向社会全体的个案研究》，《社会》2019年第1期。

在对明州地区的研究中,李锡熙结合南宋地方志、个人文集、《宋会要辑稿》等文献中对州县财政制度的记载,以及现有的对地方财政、赋役等制度的研究成果,揭示出南宋明州地区士人与官府形成合作治理关系背后的财政和市场制度基础。再如,科大卫等历史人类学者,通过对地方宗教和礼仪的田野调查,看到珠三角地区的家族和社区如何模仿国家建立地方礼仪制度。中国传统官修史料中大量的对文化、政治、经济制度的记载,以及地方志、族谱等对基层社会制度的记录,可以帮助研究者系统地分析隐藏于历史过程中的制度结构。

再次,研究者可以对比不同案例,识别出历史机制中导致了不同治理结果的制度特质。[①] 比如,对宋元时期明州的研究聚焦于比较同样地区(明州)、同样社会群体(具有"为学"价值的地方士人)如何在不同时期与地方政府建立不同的关系。基于此研究所呈现出的历史差异,我们可以进一步展开历史比较,找到解释这种不同关系的质性原因。比如,历史研究揭示了明州地区不同时期发生的制度变化事件,如科举制的衰落、地方财政的紧张、诸色户计等制度的出现。我们可以尝试将这些制度变化作为解释治理体制演化的原因。杜正贞和科大卫为我们提供了比较地区差异的可能案例。他们的研究揭示出,即使泽州与珠三角地区都存在士绅、宗族等组织,但前者没有经历珠三角地区发生的"士绅化"的进程,两地在明清时期的治理结果也不相同:明清之际泽州士绅家族的

① Theda Skocpol, *States and Social Revolutions: A Comparative Analysis of France, Russia, and China*, Cambridge: Cambridge University Press, 1979, pp. 33-42.

出现，所体现的不是地方的整合，而恰恰是社会的分化，[①]这也最终造成了“社”在清代成为地方公共的治理平台。这区别于珠三角地区的政府委托士绅宗族运行国家权力的治理模式。在说明两个地方具有可比性的基础上，我们可以按照跨地区质性比较的方法，将解释特定时期地区差异的原因聚焦于“士绅化”过程。尽管现有研究提供给“控制性比较”的资料依然不够，但相信研究者可以不断重访以挖掘适用于此方法的历史资料。[②]

最后，研究者对“历史机制”制度性特质的分析需要结合理论概念。历史机制的“实在性”在于其高于具体过程的理论性。因此，必须借助理论概念才能揭示历史机制的实在性因果力量。理论概念需要尽量和经验资料契合，即“理论始终保持与其基础的紧密联系”[③]。比如李锡熙的研究呈现出南宋时期地方士人和政府关系具体而复杂的面貌，其中充满了龃龉、不满、劝服等现象。但是这并不影响作者运用“合作型治理”概括南宋明州士人和政府的关系模式，因为这样的概念可以很好地抽象出超越具体历史复杂性的一般特点。比如，科大卫运用“士绅化”(gentrification)概念建立了对具体的制度化历程的理论概括——这是关于共同文化制度如何在治理实践中形成的历程。这一概念来自他对明清时期珠三角地区士绅文化意识和文本书写方式的理解，并借助了以往研究对士绅群体特点的概括，此概念的建立还得益于他所具有的长时

① 杜正贞：《村社传统与明清士绅：山西泽州乡土社会的制度变迁》，上海辞书出版社2007年版，第144页。

② Michael Burawoy, “Revisits: An Outline of a Theory of Reflexive Ethnography”, *American Sociological Review*, Vol. 68, No. 5, 2003, pp. 645-679.

③ 克利福德·格尔茨：《文化的解释》，韩莉译，译林出版社2014年版，第31页。

段宏观历史视野和中西对比的理论学养。

学理分析为传统中国治理“内生性演化”的研究与国际社会科学理论（如国家建构）的对话开辟了空间。上述研究从不同侧面揭示了中国传统文化对国家建构所起的作用，提供了与别国经验不同的历史解释。以往政治学和社会学研究在解释国家建构这一问题上大多认为，不同经济基础（如以商业税收还是农业土地税收为主要财政资源）、君主与其他政治力量的对比、近代早期战争发生的不同时机、大学中科学知识的普及、宗教伦理的扩展等，都可以解释现代欧洲国家的组织形式。[①] 但这样的理论解释难以适用于传统中国的历史经验。这就为传统中国研究与国际社会科学对话提供了空间。研究者可以充分调动中国历史中出现的概念（如士绅），[②]将其用于对因果机制的理论概括之中（如士绅化）。研究者还需要借助现代社会科学的概念（如“恩护关系”），使其内涵契合于历史现象。比如，基于明州的历史，我们可以得出对历史过程质性特点的认识：建立在共同的文化制度认同基础之上，依靠对参选者文化知识、能力进行评价的官僚开放选拔制度，可以系统性地解释知识精英和政府间平等合作协商的治理方式的兴衰。这样的理论认识，为我们深入思考中国经验的国际意义提供了借鉴。

---

① Tuong Vu, “Studying the State through State Formation”, *World Politics*, Vol. 62, No. 1, 2010, pp. 148-175.

② 本土概念运用的实例，参见周飞舟：《差序格局和伦理本位：从丧服制度看中国社会结构的基本原则》，《社会》2015 年第 1 期。

四、本章小结

“制度性权力”视角对国家治理权力的理解是历史性、制度性的；这些认识是通过实践方法论自觉而得出的。从认识实践角度看，国家治理权力不是来自研究者强加给历史的某些外生性的结构或变量，也不是来自历史上的统治者依靠资源占有优势而行使的强制力。国家治理权力来自由制度与具体历史过程的交融而铸就的历史机制。更重要的是，国家治理权力的面貌需要通过实践方法论的学理分析才能得以呈现。正如前文所述，这种权力的发生与发展是在儒家思想这一大的文化制度下展开的。但这并不意味着研究者可以随意抽取儒家文化的某种特征来概括历史，那只会为当代人的权力资源竞争提供便利。当我们以方法论自觉深入对历史机制的研究时，会看到儒家文化如何在时空中“活化”成历史人物的家国认同、相互间的信任、“为学”的信心、改造社会的驱动力。但同样地，我们也看到在其他时代的某些历史机制中，儒家文化虽然依然被一些人信守、提倡、宣扬，但已经不再能够对治理发挥作用。同样的儒家文化，却可以产生截然不同的治理结果。这背后体现的，便是历史的力量；历史的力量之所以能够涌现出来，则在于学者对实践方法论的自觉。

只有承认这种“自觉”，我们才能按照社会科学的学理——而不是某些僵化的理论模式——对中国国家治理的权力给予系统性解释。这是对具体历史研究的推进，是对具有实在性的制度力量的揭示,也是对不同历史时期中国深刻的社会生产方式变化如何切实作用于国家治理方式的思考。这些都说明了“内生性演化”研究所具有的融合传统历史研究、现代社会科学理论和方法论的发展潜力。[①]

① 本章的部分内容参见罗祎楠:《中国国家治理“内生性演化”的学理探索——以宋元明历史为例》,《中国社会科学》2019 年第 1 期。

第七章　传统士大夫政治中的"天下情势"

如何推动"传统文化创造性转化",这是摆在学界面前的重大理论问题。接下来的两章,我们将聚焦于传统中国士大夫政治中的"天下情势"问题。以此为例,呈现出"认识实践"方法论自觉可以如何推动学者实现沟通古今的研究创造性。"创造性"体现了研究者生生不息的实践状态:他们不断超越惯常认识的束缚,从传统中国的精神血脉中寻找到理解当前时代与未来选择的新的可能性。

在充满纷争的人类政治世界中,如何处理分歧,是任何政治体都必须回应的问题。一种"惯常"的回应视角是:行动者必定针对那些与自己有分歧的目的诉求,采取排斥乃至消除诉求的手段,以达到对利益、权力地位或是法定政策理念的控制独占。① 这一视角广泛影响了对中国传统士大夫政治决策过程的研究。② 许多研究将决策者(如皇帝、士大夫官僚等)处理彼此间分歧的方式视为

---

① Harold Lasswell, *Politics: Who Gets What, When, How*, New York: McGraw-Hill Book Company, 1936.

② 本章讨论的"士大夫政治"特指由皇帝、士大夫群体共同参与的历史过程。参与政治决策过程的历史人物无论身份地位如何、秉持何种政治权力目的、具有何种经济利益,都在一定程度上相信他们的"为政"经历也正是"为学"实践的过程。这也是本章围绕"天下情势"而展开的"士大夫政治"区别于其他传统政治类型(如"皇权政治""官僚政治""儒家政治""士大夫党争政治"等)的历史性特点。

分裂性的:他们将分歧者视为对手,为达成自我目的而相互斗争排斥。本章则尝试揭示出被此种“惯常”视角所遮蔽的中国传统士大夫政治的一种历史特质:超越二元对立思维、在复杂的世事经历中以天下胸怀处理分歧的独特实践智慧。①

本章以北宋熙宁初年发生的“青苗法事件”为切入点。“青苗法”不仅是北宋熙丰新法(又称“王安石变法”)中重要的改革措施,而且历来被视为推动时代转变的关键事件。该法要求地方政府在夏秋两季借贷钱粮给农业生产者。受贷者在收成之后偿还借贷钱物,并以半年为核算周期加二或三分息。青苗法的颁布引发了士大夫决策者的重大分歧。这场争论最终导致朝廷将推行新法作为不可动摇的“国是”。“定国是”也由此成为宋代朝廷处理分歧的基本方式,影响了后一千年中国传统政治的发展格局。

“青苗法事件”历来被视为证明士大夫政治“分裂性”的关键事件,但又包含了“惯常”视角无法解释的历史现象。在惯常认识中,权力追求、阶层利益与学术思想间的巨大分歧使变法派与反对派相互斗争,最终促使朝廷定“国是”:公开确立变法新党对权力地位、利益取向和政策理念的独占控制,将反对者排斥出决策层。② 具体来说,第一类研究将士大夫政治视为新旧党之间权力

---

① 本章引入“天下情势”这一阐释视角,通过剖析“青苗法事件”,勾画出围绕“天下情势”展开的“一种”士大夫政治历史实践形态。实际上,传统士大夫政治的历史形态远比本章展现的丰富。即便是看似都以“天下”为表达方式,北宋后期开始的以私人恩怨为特色的党争形态也与本章所论不同。

② 此处仅列出代表性文献。对王安石新法文献较为全面的梳理,参见李华瑞:《王安石变法研究史》,人民出版社 2004 年版;李华瑞:《近二十年对王安石及其变法的重新认识——为王安石诞辰一千周年而作》,《史学月刊》2021 年第 11 期。

争斗的过程。[①] 学者认为士大夫具有“以天下为己任”的权力主体意识，他们的权力理想是取得对国家和社会事务的控制权，故而将其他士大夫视为实现自我权力地位的对手——王安石、程颢、司马光等人物竭力争取皇帝支持以使自己的学说获得“国是”地位，并将对手排斥出朝廷决策层。第二类研究将士大夫政治视为利益争夺的过程。“定国是”被解释为皇帝、士大夫、官僚等群体利益分化与竞争的结果。学者叙述了青苗法改革者和士人官僚如何利用“国是”展开毫不妥协的利益争夺。[②] 第三类研究强调士大夫将实现心目中理想的政治秩序视为从事政治的根本目标。他们对“什么秩序才是合理的”产生意见冲突，理念分歧促使他们千方百计地排斥对手主张，努力使自己的学说获得法定地位，上升为“国是”。[③] 上述观点虽各不相同，但都体现了“个体主义”的思维方式：将历史人物应对分歧的逻辑归结为“分歧”—“对立”—“排斥、消除对手主张”—“达成独占”。尽管此种视角可以解释诸多历史问题，但在“青苗法事件”中出现了上述观点无法完全解释的众多历史现象。历史人物对“分歧是什么”以及“如何应对分歧”有着更加丰富的理解。[④]

---

① 平田茂树：《宋代政治结构研究》，林松涛、朱刚等译，上海古籍出版社 2010 年版，第 100—107 页。

② 马克斯·韦伯：《中国的宗教：儒教与道教》，康乐、简惠美译，广西师范大学出版社 2010 年版，第 103、193、195、143、224—225 页。

③ 包弼德：《斯文：唐宋思想的转型》，刘宁译，江苏人民出版社 2017 年版，第 294—296、301—302、281—282、319—321 页。

④ James T. C. Liu, *Reform in Sung China: Wang An-Shih (1021 - 1086) and His New Policies*, Cambridge: Harvard University Press, 1959, p. 29；邓广铭：《北宋政治改革家王安石》，生活·读书·新知三联书店 2007 年版，第 49 页；钱穆：《明道温公对新法》，载《中国学术思想史论丛》第 5 卷，九州出版社 2011 年版，第 73 页。

我们发现,在历史当事人往来的书信、奏议、日记等史料中大量出现诸如“天下汹汹”“天下之人归陛下”“众意乖戾,天下骚然”等表述。我们认为,这些表述体现出历史人物“理解”分歧的一种独特层次——“天下情势”。对历史人物而言,“情势”是正在发生的社会现实(“情”),又是蕴含着变动的趋向(“势”)。“情势”永远处于动静之间,在稳定的整体状态中时刻孕育着变化的先机。“天下”则是社会关系的图景,其中既包括相互影响的角色类别,如君主、君子、异论者、奸邪小人;又包括被角色互动关系所影响的“天下人心”。在历史人物眼中,“天下情势”虽无法被还原成具体的人或事,却是他们身处其中而又不断变化的社会现实,也是他们行动的重要出发点。他们从自己与“天下情势”的实践关系出发看待分歧。他们因“实事”而“求是”:将“分歧”视为发生在情势现实中复杂而多变的事情经历;“应对分歧”则意味着在推动“天下情势”达成理想秩序的实践过程中,不断体会如何超越那些事情经历带来的不确定感,追求内心“一以贯之”的精神秩序。“得到”与“推动”揭示了不同的实践状态。历史人物的行动逻辑并非“个体主义”视角所认定的,为了实现对利益、权力地位和法定政策理念的独占控制而与对手展开争夺,亦非追求以孤立的自我为中心的“占有满足”,[①]而是在与“天下情势”建立连接的复杂社会过程中不断理解自身行动的意义,感受改造世界的动力。作为新的历史阐释视角,“天下情势”的角度能够揭示出被“个体主义”思维遮蔽的中国政治文明的独特实践逻辑和动力机制。

---

① 叶启政:《社会理论的本土化建构》,北京大学出版社 2006 年版,第 108 页。

尽管已有学者注意到“天下情势”在中国思想中的独特地位，[①]但本章的推进之处在于揭示出“天下情势”的历史性实践意义：“天下情势”并不是囿于历史人物“我思”的抽象理念，而是他们在错综多变的经历中不断体察感受，又以自己之努力加以改造的社会整体现实。

一、从青苗法到“定国是”：对“天下情势”的三种理解

我们围绕王安石、新法批评者与宋神宗，讲述在熙宁二年到三年（1069—1070）青苗法论争中先后出现的三种对“天下情势”的理解——它们构成了从青苗法颁布到“定国是”这一历史进程的关键节点。通过历史叙事，本章将展现历史人物如何不断将切身经历的分歧整合为“天下情势”的图景，从改造“天下”的角度采取行动以应对分歧，以及他们的行动如何引发超出预期的结果，推动他人建立对“天下情势”截然不同的理解和应对。在环环相扣的历史进程中，“定国是”最终成为熙宁决策者的集体选择。叙事中同样蕴含着此种历史过程得以展开的政治、社会和文化制度条件。由此，我们着重刻画士大夫政治的历史性特质：由制度系统与突发事件催生的冲突张力，以及身处其中的历史人物理解和应对冲突的实践定力。“定国是”正是此种历史性特质所创生的现象。

---

① 余莲：《势：中国的效力观》，卓立译，北京大学出版社2009年版。

(一)“与天下流俗相为重轻”:青苗法之争论与王安石理解的“天下情势”(熙宁二年九月至熙宁三年三月)

青苗新法于熙宁二年九月颁布,最初是在河北、京东和淮南路试行。主要内容是要求各路级转运、提举常平广惠仓等官司,调动本路常平、广惠仓的钱粮,在每年夏秋未熟的“新陈不接”之时,借贷钱或粮给有需要的乡村或坊郭户,让他们随夏秋税缴纳所贷钱粮,以半年为核算周期,加纳二或三分利息。[①] 青苗法的“初始版本”在仁宗皇祐五年(1053)就曾被陕西转运使李参施行。[②] “初始版本”延续了北宋的和买(或称“预买”)政策:政府为了增加对急需物资(如绸绢、粮食等)的收购数量,预先付给农民价钱,同时约定采购数量;到收成的时候,农民上缴政府预购的物资。[③]

熙宁青苗法与此前“初始版本”最大的区别在于将“预先防范”作为政策设计的主要考虑。王安石等人根据此前的常平法、青苗法、和买(预买)法中出现过的弊端,设计了防范措施。他们相信,正是因为有了这些措施,熙宁青苗法可以由旧式的临时应急之法转变成能够“广储蓄、抑兼并、赈贫弱”的常平新法。[④] 制定预先防范措施时,王安石充分考虑了改革主导机构制置三司条例司内部成员对青苗法的批评意见。他曾和条例司官员私下商量过可能的利弊,并接受了如检详文字官苏辙的批评。他对苏辙说:“君言甚

① 徐松:《宋会要辑稿》食货四,刘琳等点校,上海古籍出版社2014年版,第6041页。

② 赵翼:《青苗钱不始于王安石》,载《廿二史劄记校证》第26卷,王树民校证,中华书局1984年版,第562页。

③ 李晓:《宋朝政府购买制度研究》,上海人民出版社2007年版,第310—313页。

④ 徐松:《宋会要辑稿》食货四,刘琳等点校,上海古籍出版社2014年版,第6051页。

长，当徐议而行之。此后有异论，幸相告，勿相外也。”[①]一句“勿相外也”，说明他将苏辙的建议视作条例司“自己人”的内部讨论。政策的讨论实际蕴含着对讨论者相互间关系的理解。

具体来说，王安石着意于三种预先防范措施。这些措施的基本原则在于保证借贷者的自由选择，促进政府和其他社会成员对新法运行的管理监督。

其一，保护借贷者面对各种市场价格波动时的自愿选择权，以此防范和买政策实施时出现的问题，即由于政府预先支付给生产者的和买价和后来市场物价相比过低，导致生产者在交纳钱物时利益受损。新的措施在保证政府不会“亏损官本”[②]的前提下，贯彻“皆以为民，而公家无所利其人”[③]的立法之意。特别是，政府保证借贷者根据物价自主选择借出与归还钱或粮：“取民情愿预给，令随税纳斛斗，内有愿给本色，或纳时价贵，愿纳钱者，皆许从便。”[④]

其二，建立关防制度保证其他社会成员的监督权，从而有利于政府钱物的收回。所谓“关防”，就是预先立法，防备出现借贷者拖欠钱物的情况。政府通过保甲制度，调动民众对借贷各个环节进行主动“检防”，保证可以及时收回借出钱物。青苗法要求城乡十户以上为一保，且保内要包括财力较好的“上三等户”。如果有借贷人无法还钱物，就要保内其他成员共同负担债务。对此，王安石

① 苏辙：《与王介甫论青苗盐法铸钱利害》，载《龙川略志 龙川别志》，俞宗宪点校，中华书局1982年版，第13—14页。

② 徐松：《宋会要辑稿》食货四，刘琳等点校，上海古籍出版社2014年版，第6042页。

③ 徐松：《宋会要辑稿》食货四，刘琳等点校，上海古籍出版社2014年版，第6041页。

④ 徐松：《宋会要辑稿》食货四，刘琳等点校，上海古籍出版社2014年版，第6041页。

自信地说:“自来预买绌绢及给青苗蚕盐,其关防法未能备具如此。”[1]

其三,王安石等意识到在常平旧法实行过程中,没有专门的官司规范监督籴粜过程。首先,这导致一些地方出现收购粮食价格过高,以至于在某次收购后的数十年间,都无法找到优于收购价的合适时机卖出粮食,这使常平法丧失了赈救的功能。其次,由于缺乏专门部门的监督,造成“籴粜之时,官吏奸弊百端”[2],地方抑配等问题层出不穷。对此,新青苗法明确权责,要求各州在通判或幕职官中选差官员来主管相关业务,如计算钱粮兑换折算价等。朝廷明令主管官员不得强迫人户借贷,或者阻抑借贷,并明确要求各路提点刑狱司负责监察。[3] 行政监督部门职能的整合与强化,可以有效杜绝此前出现的各种问题。[4]

王安石花费了大量精力设计上述预防措施,以至于他和皇帝说:“臣论此事已及十数万言。”[5]他自信这些措施完全能够解决之前政策出现的种种问题。可令他没想到的是,新青苗法仅仅试行了三个月,就迎来言者交攻。从熙宁二年十二月开始,台谏官吕公著、李常、孙觉、陈襄,侍从官翰林学士范镇、司马光,中枢主要官员曾公亮、陈升之、文彦博,乃至于仁宗和英宗两朝的股肱之臣、时任

---

① 徐松:《宋会要辑稿》食货四,刘琳等点校,上海古籍出版社2014年版,第6051页。

② 徐松:《宋会要辑稿》食货四,刘琳等点校,上海古籍出版社2014年版,第6051页。

③ 徐松:《宋会要辑稿》食货四,刘琳等点校,上海古籍出版社2014年版,第6041—6042页。

④ 徐松:《宋会要辑稿》食货四,刘琳等点校,上海古籍出版社2014年版,第6046页。

⑤ 杨仲良:《皇宋通鉴长编纪事本末》第2册,李之亮点校,黑龙江人民出版社2006年版,第1200页。

判大名府韩琦等纷纷表达对青苗法的质疑。实际上，北宋官僚体制下政策在执行过程中总会产生参差不齐的结果。比如，即使新的青苗法试图预先防范一些问题，一些地方却依然出现强迫发放贷款等现象。[①] 批评者总能从这些现象中找到支持自己意见的例证，因此难以改变对青苗法的固有成见。

但是在王安石眼中，这些批评无视青苗法在预先防范方面的努力和成果。熙宁三年二月初二日他和皇帝以及宰执官围绕判大名府韩琦一天前对青苗法的批评意见展开争论。这次争论体现了王安石对其所处情境的新的理解。在争论中，王安石不仅重申了预先防范的基本思路，而且对各种质疑无不应答自如。在逻辑缜密地反驳各种批评后，他向皇帝抱怨道：“臣论此事已及十数万言，然陛下尚不能无疑。如此事尚为异论所惑，则天下何事可为？”[②]此一句说明他已将批评视为迷惑皇帝的“异论”。王安石在给曾伉的信中表达得更加清楚：“治道之兴，邪人不利，一兴异论，群聋和之，意不在于法也。”[③]他将反对者分为“邪人”“群聋”。他认为这些批评之所以出现，或是源于“邪人”感到新法之道不利于自己，或是因为“群聋”根本无法理解新法之义。“异论”在王安石的语义中，与一般政策建议不同。在当日的谈话中，王安石告诉皇帝，异论者“或有情”，使“其言必不应事实也”。“情”是表达者对新法的情绪冲动，情绪使他们无法公正地看待新法，所言必然成

① 徐松：《宋会要辑稿》食货四，刘琳等点校，上海古籍出版社2014年版，第6044页。

② 杨仲良：《皇宋通鉴长编纪事本末》第2册，李之亮点校，黑龙江人民出版社2006年版，第1200页。

③ 王安石：《答曾公立书》，载《王荆公文集笺注》中，李之亮笺注，巴蜀书社2005年版，第1239—1240页。

“伪”。因此，王安石认为皇帝要深察批评者内心之情与所言之“伪”，防止“为异论所惑”。①

皇帝在二月初二日的犹豫不决令王安石感到失望。王安石很清楚，如果皇帝不能克服“异论”的迷惑，对自己之所学“本末不疑”②，那么变法的基础也就没有了。他因此请辞参知政事。直到神宗皇帝最终表明了支持青苗法的态度，王安石才在二月二十一日寒食节假期结束后视事。

二月初一日韩琦上书后的一系列切身经历推动王安石建立并不断强化对“天下情势”的判断。他在二月初四日和皇帝的谈话中表达了这一判断。③

> 安石入谢，因为上言中外大臣、从官、台谏、朝士朋比之情，且曰：“陛下欲以先王之正道胜天下流俗，故与天下流俗相为重轻。流俗权重，则天下之人归流俗；陛下权重，则天下之人归陛下。权者与物相为重轻，虽千钧之物，所加损不过铢两而移。今奸人欲败先王之正道，以沮陛下之所为。于是陛下与流俗之权适争轻重之时，加铢两之力，则用力至微，而天下之权，已归于流俗矣，此所以纷纷也。”④

---

① 杨仲良：《皇宋通鉴长编纪事本末》第 2 册，李之亮点校，黑龙江人民出版社 2006 年版，第 1200 页。

② 杨仲良：《皇宋通鉴长编纪事本末》第 2 册，李之亮点校，黑龙江人民出版社 2006 年版，第 1045 页。

③ 刘成国：《王安石年谱长编》第 3 册，中华书局 2018 年版，第 1005—1006 页。

④ 《王安石传》，载脱脱等：《宋史》第 30 册，卷 327，中华书局 1985 年版，第 10545 页。

在王安石的理解中，“情势”是天下中不同类别角色间的整体互动关系及其对人心的影响；所谓“角色”，包括“皇帝”、“奸人”、“流俗”之人等，角色的互动将影响天下人心之“情”。“性情”之论是王安石思想的重要组成部分。如王安石在《性情》一文所言：“喜、怒、哀、乐、好、恶、欲发于外而见于行，情也。性者情之本，情者性之用。”[①]“情”是人对外来刺激的具体内心反应。当人接触到外在情境（如流俗异论）时，自然就会产生“喜、怒、哀、乐、好、恶、欲”的感受。这些感受具有某种倾向性（如人心可以“归于流俗”）。在内心感受的推动下，人会“接于物而后动”（如人们因内心“归于流俗”而异论“纷纷”）。由于“情”包括这种“发于外而见于行”的部分，决策者可以通过人之“行”来判断天下“人情”之变。人情是多变的，既可以“为外物之所累，而遂入于恶”，也可以“为外之所感，而遂入于善”。[②] 王安石和皇帝的谈话说明，他认为当前的情势是异论正在排挤正论，引发人情不断相互影响（“朋比”），倒向异论，成为流俗力量。王安石在回复皇帝慰抚他的手诏中，对此种流俗“异论”如何带来人情之变有更生动的描述：“内外交构，合为沮议，专欲诬民，以惑圣听，流俗波荡，一至如此！”[③]王安石所用“波荡”一词，十分形象地描绘出“流俗”如何像水波一般向外扩展，使原本平静的“人情”之水面变得不断动荡。所谓“朋比”“交构”“合为”都表现出

---

① 王安石：《性情》，载《王荆公文集笺注》中，李之亮笺注，巴蜀书社 2005 年版，第 1062 页。

② 王安石：《性情》，载《王荆公文集笺注》中，李之亮笺注，巴蜀书社 2005 年版，第 1063 页。

③ 王安石：《谢手诏慰抚札子》，载《王荆公文集笺注》上，李之亮笺注，巴蜀书社 2005 年版，第 210 页。

“流俗”在天下人情中的“波荡”状态——人情正在被卷入流俗的水波之中。

如果追溯王安石在韩琦上书后的一系列经历，就可以理解他为何如此看待情势。

直接推动王安石在二月初四日做出情势判断的是前一天发生的司马光拟批答事件。二月初三日，王安石称病，翰林学士司马光代皇帝起草批答以督促王安石出来视事。批答提到“今士大夫沸腾，黎民骚动”二语。王安石读罢此语，“大怒”，并立刻“抗章自辨”。[①] 王安石之所以反应如此激烈，是因为司马光以皇帝的名义向天下承认，青苗法已经成为情势动荡的根源。换言之，司马光要代表皇帝从天下情势的高度否定青苗法。王安石非常担心这种言论会极大影响天下人心所向。神宗皇帝看到王安石的抗章后，马上意识到司马光如此代皇帝立言“乃为文督迫之过”，并向王安石道歉。[②] 但是王安石依然无法释怀。他在当日回复皇帝的札子中强调，当今天下是“法度未能一有所立，风俗未能一有所变。朝廷内外，诐行邪说乃更多于向时”[③]。他强调司马光代皇帝立言对人心有巨大影响，是造成这种情势的重要原因。在二月初五日至十一日期间，神宗希望任命司马光为枢密副使，特意咨询王安石的看法。王安石虽然尊重司马光个人品行，但是更以“天下”为本位评

---

① 杨仲良：《皇宋通鉴长编纪事本末》第2册，李之亮点校，黑龙江人民出版社2006年版，第1201页。

② 杨仲良：《皇宋通鉴长编纪事本末》第2册，李之亮点校，黑龙江人民出版社2006年版，第1201页。

③ 王安石：《答手诏封还乞罢政事表札子》，载《王荆公文集笺注》上，李之亮笺注，巴蜀书社2005年版，第212页。

价司马光的作用。他提出司马光是天下“异论之人倚以为重”的角色，如果让司马光参与“国论”，就如同给天下异论之人“立赤帜”，使反对新法的流俗势力增长。王安石坚决要求皇帝不要任命司马光为枢密副使。[①]

另外两条事件线索则更加强化了王安石对天下情势的判断。首先，王安石相信韩琦的意见正在影响下到地方官、上到朝廷宰执的广大官僚群体，推动他们共同阻碍变法。比如，在二月二十一日，王安石当面提醒皇帝要防止“大臣”对地方官的影响：大臣“必有讽谕所在，令故意拖延，及非理科扰人户，然后奏请此法不便者”[②]。这里的大臣暗指的便是韩琦。王安石从自己的信息渠道得知韩琦“讽逾诸县”，让他们报告说“百姓皆不愿投状”借青苗钱，[③]以此证明青苗法违背百姓意愿。此外，在王安石告假期间，和他一起制定青苗法的中书门下宰臣曾公亮、陈升之等，因为人心倚重韩琦，竟然删改了原本督促官员不得“抑遏不散”青苗钱的诏令。王安石对宰臣朝令夕改的做法十分愤慨，以致“志气愈悍，面责公亮等”有失宰臣职守。[④] 曾公亮等人的转向使王安石更加确信韩琦正在影响人心。

其次，台谏与中书门下宰执的关系。比如，在二月二十三日，王安石批评中书主要成员陈升之等被以台谏为代表的流俗所影

---

① 杨仲良：《皇宋通鉴长编纪事本末》第2册，李之亮点校，黑龙江人民出版社2006年版，第1205页。

② 徐松：《宋会要辑稿》食货四，刘琳等点校，上海古籍出版社2014年版，第6047页。

③ 徐松：《宋会要辑稿》食货四，刘琳等点校，上海古籍出版社2014年版，第6046页。

④ 杨仲良：《皇宋通鉴长编纪事本末》第2册，李之亮点校，黑龙江人民出版社2006年版，第1203页。

响。王安石提出,陈升之原本支持青苗法,只是因为看到“台谏汹汹如此”才改变态度。[①] 他批评到,陈升之作为中书大臣既然已经同意了颁布青苗法,就应当“以身徇”诏令,[②]维护朝廷的决定。可陈升之却畏惧台谏的批评,大臣与台谏的朋比之情助推流俗“波荡”:“自大臣以至台谏皆有异,则人言纷纷如此,何足怪!”[③]

王安石之所以能够将上述事情整合成对流俗朋比的理解,源于他对“本朝”长期以来历史状况的记忆。他将切身经历与这种情境记忆结合,形成了对“天下情势”的判断。在熙宁二年见宋神宗时,他就描绘了本朝常年积习而成的风俗状况:“天下风俗法度,一切颓坏,在廷少善人君子,庸人则安常习故而无所知,奸人则恶直丑正而有所忌。有所忌者唱之于前,而无所知者和之于后,虽有昭然独见,恐未及效功,而为异论所胜。”[④]王安石认为青苗法遭到的非难就是庸人、奸人相互应和,用“异论”阻碍“正论”“独见”的情境重现。

王安石在二月初四日的谈话中也筹划了该如何开展行动以扭转天下情势,此过程便是“陛下与流俗之权适争轻重”。他将正论者与流俗异论者之争比喻为“权”物的过程:“权者与物相为重轻”——秤的一边是物,另一边是权锤。在权与物的平衡状态下,只要权锤稍微加铁两之力,物就会朝“权”的方向移动。双方各自

① 徐松:《宋会要辑稿》食货四,刘琳等点校,上海古籍出版社 2014 年版,第 6047 页。

② 杨仲良:《皇宋通鉴长编纪事本末》第 2 册,李之亮点校,黑龙江人民出版社 2006 年版,第 1204 页。

③ 徐松:《宋会要辑稿》食货四,刘琳等点校,上海古籍出版社 2014 年版,第 6058 页。

④ 杨仲良:《皇宋通鉴长编纪事本末》第 2 册,李之亮点校,黑龙江人民出版社 2006 年版,第 1045 页。标点有修改。

有“权”，天下人则如“物”。他们倒向正论者之权，还是流俗异论者之权，都取决于哪方可以在几微之处用力，胜过对方之权。“异论”欺蒙民众（“诬民”），使天下人滑向流俗异论者之权。王安石相信，人情虽然多变，却可以被人主规制：“人之情所愿得者，善行、美名、尊爵、厚利也，而先王能操之以临天下之士。”[①]只有不断和异论斗争，满足人情之所需，才能影响天下走向，将风俗导向正道。可见，王安石眼中的天下时刻处于变化之中。他争取皇帝的支持，并非要得到所谓“权力优势”以达成个人目的。而是因为，他相信皇帝对正论的支持，可以影响天下人心之情，从而扭转流俗波荡之势，使天下之权重归正论之主。王安石复出后便在皇帝的支持下，开始力行扭转天下情势。

王安石将如何对待韩琦的批评意见视为扭转天下人心的关键。二月二十一日复出伊始，他便当面向皇帝提出要向天下“明示此法不可变”，以此澄清何为新法正论，表明朝廷的变法决心。神宗皇帝接受了王安石的建议。皇帝相信澄清青苗法意，可以更好地明确赏罚标准，使官员忠实地行法。[②] 得到了皇帝的支持，王安石以条例司的名义逐条反驳韩琦上奏，并经皇帝同意，在三月初四日将反驳意见以“申明”的形式下发到全国路一级的安抚使、转运使、提点刑狱和提举常平官之处，并要求他们晓谕所属官吏。[③] 在公开的“申明”中，王安石详细解释了青苗法并非为谋利而制定的，

① 王安石：《上仁宗皇帝言事书》，载《王荆公文集笺注》上，李之亮笺注，巴蜀书社2005年版，第57页。

② 徐松：《宋会要辑稿》食货四，刘琳等点校，上海古籍出版社2014年版，第6047页。

③ 徐松：《宋会要辑稿》食货四，刘琳等点校，上海古籍出版社2014年版，第6049页。

青苗取息符合《周礼》，青苗法的设计足以解决包括抑配、百姓利益受损、朝廷无法收回贷款等各种问题。王安石并没有将自己的做法视为针对韩琦个人的排斥。事后他的好友程颢亲自到中书门下，建议王安石应当包容韩琦个人的言论，王安石断然拒绝了此请求。正如他所言："令朝廷申明，使知法意，不得谓之疏驳大臣章奏。"[①]王安石认为他的做法是在代表朝廷向天下人展示正确的主张："若不申明法意，使中外具知，则是纵使邪说诬民，而令诏令本意更不明于天下。如此，则异议何由帖息？"[②]这种做法无关个人恩怨，而是为了使天下人心"明"诏令本意。

王安石相信人心具有领悟先王道德、性命之理的能力，"性命之理出于人心"。这就需要有正确的学说告诉他们"道""理"是什么，这样可以引导人情朝向先王之道，建立如先王时代那样的理想秩序。王安石认为在"上失其政，人自为义"[③]的时代，君子的工作是推行圣人至善学说以"胜"邪说，从而扭转天下人心所向。他将公开反驳韩琦视为传布"法意"以使天下人"知"先王之道的过程。

（二）"台谏所言常随天下公议"：批评者理解的"天下情势"（熙宁三年三月初四日至熙宁三年四月）

条例司对韩琦的反驳，一经公布就迅速引发了新一轮的批评。批评者主要是台谏官吕公著、孙觉、李常、程颢、张戬等。在他们看

---

① 徐松：《宋会要辑稿》食货四，刘琳等点校，上海古籍出版社2014年版，第6058页。

② 徐松：《宋会要辑稿》食货四，刘琳等点校，上海古籍出版社2014年版，第6058—6059页。

③ 王安石：《虔州学记》，载《王荆公文集笺注》下，李之亮笺注，巴蜀书社2005年版，第1557—1558页。

来，无论王安石的观点是否有理，公开反驳韩琦这个行动本身就已经使天下情势产生了现实变化：天下人开始反对新法。批评者之所以要从天下公议的角度看待王安石的行为，这与北宋台谏官在决策体制中的特定角色密切相关。正如苏轼谈到台谏官之传统时所概括的：“台谏所言，常随天下公议，公议所与，台谏亦与之，公议所击，台谏亦击之。”[①]台谏官在天下中的角色便是把握并向皇帝传达天下公议，他们将对新法的激烈批评视为实践此种角色的方式。

批评者其实并不关心王安石到底澄清了些什么，因为在他们看来，新进之臣王安石及其追随者敢于针对在朝野深得人望的老臣韩琦的章奏“逐条疏驳，巧为辩说，敷告天下”[②]，这种听不得批评的做法本身就足以被反对，因为这样的行为已经使天下情势发生了变化。王安石的好友、监察御史里行程颢在三月初四日的上奏中批评王安石在处理青苗法这样一件“轻”事上，却要执拗莽撞地“以威力取强，语言必胜”。这种举动说明他以自己的“固必”之见来阻止公议：“是乃举一偏而尽沮公议。”此种举动“徒使中外物情，愈致惊骇”，“舆情大郁”。程颢认为此举因小失大，失去了最为根本的“众心”。程颢并没有否认新法内容有合理之处，但即使如此，如果天下人心之情反对新法，那么新法必然是“若欲遂行，必难

---

① 苏轼：《上神宗皇帝书》，载《苏轼文集》第 2 册，孔凡礼点校，中华书局 1986 年版，第 740 页。

② 吕公著：《上神宗乞罢提举常平仓官吏》，载赵汝愚编：《宋朝诸臣奏议》下，北京大学中国中古史研究中心点校整理，上海古籍出版社 1999 年版，第 1216 页。

终济"。[①] 同样,王安石原本的好友、御史台长官吕公著在给皇帝的上奏中也没有否认青苗法意的合理,但他话锋一转,"然今日所行,才一二末事,颇已轻失人心"。就算立法之意是好的,但王安石大动干戈地反驳韩琦,这种做法只能使人无论智愚都反对青苗法。[②]

批评者将三月前后的一系列具体事情联系起来,得出了对天下情势中人心走向的判断。右正言孙觉在三月初四日上奏中提到,三月初一日辅臣曾公亮、陈升之因为与王安石争论新法不胜而称病在告;他还提到了知通进银台司范镇坚持封还了皇帝允许条例司反驳韩琦以及不再任命司马光为枢密副使的两份诏书。[③] 孙觉把这些看似分散的经历联系起来,发现了众人在不谋而合地反对王安石。这种不谋而合印证了人心自然所向。吕公著也感受到了类似的联系。他在三月的上奏中说,一些连皇帝和执政大臣都相信的"豪俊多才",也会集体认为王安石反驳韩琦是十分荒谬的,以至于他们"不谋"而辞去官职。这种"不谋"而成的共同行动,说明了天下人心真实的状态。[④]

批评者之所以能够将分散的个人经历整合为对人心的理解,也是源于他们根据以往情境经历而得出的对人心自足的判断能力

---

① 程颢:《谏新法疏》,载程颢、程颐:《二程集》上,王孝鱼点校,中华书局 2004 年版,第 457 页。

② 吕公著:《上神宗乞罢提举常平仓官吏》,载赵汝愚编:《宋朝诸臣奏议》下,北京大学中国中古史研究中心点校整理,上海古籍出版社 1999 年版,第 1216 页。

③ 孙觉:《上神宗论条例司画一申明青苗事》,载赵汝愚编:《宋朝诸臣奏议》下,北京大学中国中古史研究中心点校整理,上海古籍出版社 1999 年版,第 1225 页。

④ 吕公著:《上神宗论青苗》,载赵汝愚编:《宋朝诸臣奏议》下,北京大学中国中古史研究中心点校整理,上海古籍出版社 1999 年版,第 1230 页。

与人心之情多变特点的看法。他们不相信天下人需要被王安石教以“道”才能判断对错。恰恰相反，人心判断对错的能力与所谓“知”道与否并没有必然联系。正如苏轼在三月的上奏中说，天下人心对是非的判断，不会受到“巧辩”的影响：天下人心“岂如婴儿鸟兽，而可以美言小数眩惑之哉”。因此，苏轼强调，王安石试图从言语上对韩琦进行辩驳，这非但不能说服天下人，反而只会激发更多的反对，使天下陷入无休止的争论，导致朝廷失去天下人的“服”与“信”。[①] 吕公著认为人情的特点是“难安易动”，而且一旦浮动，就很难再稳定，“人心一摇，未易复收”。王安石的做法就已经造成了这种浮动。就算他有再好的政策，也会因为人心动荡而难以实行（“后虽有善政，亦难行矣”）。[②] 监察御史里行张戬则从“人心之变”的角度理解情势，天下人之心是随“时”而变的，同样的行为在人心中可能“昔非今是”，统治者需要体会人心之变而顺应之。王安石固执己见，强行改变人心所向，激发起“众意乖戾，天下骚然”。[③]

一旦形成了对天下情势的判断，批评者便会坚定地向皇帝和天下人展现出自己的主张，他们相信这是自己履行角色、推动天下走向理想秩序的方式。韩琦事件后，反对王安石最激烈的恰恰都是他多年的挚友。他们的天下角色意识在其中起到关键作用。吕

① 苏轼：《拟进士对御试策（并引状问）》，载《苏轼文集》第1册，孔凡礼点校，中华书局1986年版，第303—304页。

② 吕公著：《上神宗论不宜轻失人心》，载赵汝愚编：《宋朝诸臣奏议》下，北京大学中国中古史研究中心点校整理，上海古籍出版社1999年版，第1233页。

③ 张戬：《上神宗论新法》，载赵汝愚编：《宋朝诸臣奏议》下，北京大学中国中古史研究中心点校整理，上海古籍出版社1999年版，第1230页。

公著在给皇帝的上奏中自述了自己如何不得不随天下人心改变对王安石的态度。吕公著与王安石同为仁宗时的“嘉祐四友”，王安石开始改革后即推荐吕公著为御史台长官，但此时吕公著却成为反对新法的重要人物。根据吕公著的自述，他看到天下“人无智愚，莫不讥议”，还看到王安石不仅没有改正错误，反而去公开反驳韩琦。他感慨王安石的做法让天下的“奉公忧国之士莫不怀愤切叹”，他坚信自己“既当事任，义不容默”。① 同为王安石好友的谏官李常在其陈述中说，他虽然曾寄希望于王安石新法可以有利于天下，但当看到王安石的行为给天下造成“小大惊疑，远近腾沸”之后，他意识到，二人的故旧之情只是私人间的情谊。作为谏官，此时正应该“竭诚毕虑，救正阙失”，如此才算是履行自己的天下角色。② 更明显的例子是程颢。作为程朱理学之开创者，程颢一直认同王安石开启的“大有为”之政，他对王安石寄予厚望，以至于王安石在熙宁三年二月请辞时，程颢依然坚定地支持王安石主持改革，向皇帝请求留任王安石。③ 但当条例司反驳韩琦后，程颢改变了态度，坚决反对王安石。他认为自己是谏官，面对天下失序，就应当维持朝廷纲纪，公开辨明是非。他甚至拒绝接受权京西路提点刑狱的任命，宁可去做更低的差遣，因为在他看来，如果接受了任命，

---

① 吕公著：《上神宗论新法乞外任》，载赵汝愚编：《宋朝诸臣奏议》下，北京大学中国中古史研究中心点校整理，上海古籍出版社1999年版，第1234页。

② 李常：《上神宗论青苗》，载赵汝愚编：《宋朝诸臣奏议》下，北京大学中国中古史研究中心点校整理，上海古籍出版社1999年版，第1228页。

③ 杨仲良：《皇宋通鉴长编纪事本末》第2册，李之亮点校，黑龙江人民出版社2006年版，第1203页。

便是采取模糊暧昧的态度对待是非，这是“蒙耻”的做法。[①]

可见，批评者尽力把握天下人心之走向，将自己视为天下公议的追随者、代表者和传达者。他们向皇帝展示公议的主张，他们规劝皇帝听从公论，因为他们始终相信皇帝有能力理解、体会天下人心，可以“沛大恩而新众志”[②]，消除朝廷与天下公议的龃龉。他们将这一切做法视为在情势中的行动之“义”。他们相信自己坚持不懈地完成天下角色，可以推动理想秩序的重建。

（三）“去壬人而国是定”：宋神宗心中的“天下情势”与皇帝角色（熙宁三年三月后）

熙宁三年三月到四月间，台谏官对王安石的持续批评引发了一系列的事件。在这些事件的推动下，神宗皇帝形成了对天下情势新的理解。神宗没有以王安石或台谏官的方式看待天下情势。在北宋长期形成的决策体制中，皇帝不会选择支持某种固定的士大夫派别主张，而是在法与天下人心的层面考虑如何决策。[③] 神宗也秉承了这一基本传统。他相信皇帝需要直面天下人心之变，在人心动荡之际，通过对法的坚守“以定民志”[④]，从而将民志统一于“国之所是”以重塑情势。此过程便是“定国是”。绍圣本《神宗

---

① 程颢：《上神宗辞提刑》，载赵沙愚编：《宋朝诸臣奏议》下，北京大学中国中古史研究中心点校整理，上海古籍出版社1999年版，第1243页。

② 程颢：《谏新法疏》，载程颢、程颐：《二程集》上，王孝鱼点校，中华书局2004年版，第457页。

③ 邓小南：《祖宗之法——北宋前期政治述略（修订版）》，生活·读书·新知三联书店2014年版。

④ 徐松：《宋会要辑稿》选举七，刘琳等点校，上海古籍出版社2014年版，第5401页。

实录》将这段历史过程概括为“去壬人而国是定”[①]。“国是”，并不是确指某个具体法令或某种大政方针，而是概称所有“国”之所“是”的法度政令。“国是”之“定”乃是“定国是”这个过程的结果。[②]“去壬人”正是“定国是”过程的关键环节。“去壬人”，并非只是支持新法派、打击保守派，而首先是对“天下情势”的判断过程。神宗皇帝需要判断何为“壬人”，“壬人”在天下情势中的作用是什么。他还需要理解为什么“去壬人”可以将天下人心安定于“国之所是”。

虽然皇帝在三月同意公开下发条例司反驳韩琦的意见，但是他同样没有阻止台谏官对此事的批评，并“谕安石，令稍修改常平法，以合众论”[③]。皇帝将台谏官的批评视为“众论”而非“异论”，说明他认可批评的合理性。可见，神宗关心的并不是如何给“异论”与“正论”划界，而是如何吸纳意见以建立更完善且可执行的法度。此前，他之所以同意条例司公开反驳韩琦，也并非因为他已将韩琦等批评者的言论视为需要斗争的流俗“异论”。他相信，条例司的公开“申明”是要向官僚严明赏罚，这样便可以保证新法达成目标。正如他所言，“新法有何不善，若推行有害，但绌责官吏则害自除矣”[④]。但是，熙宁三年四月二十五日前后，青苗法批评者的角色在神宗眼中发生剧烈变化，“去壬人”成为皇帝应对情势的选

---

① 李焘：《续资治通鉴长编》第14册，中华书局2004年版，第8458页

② 在其他语境中，“定国是”也可以指由皇帝或士大夫决定国家大政方针。参见李华瑞：《宋神宗与王安石共定“国是”考辩》，《文史哲》2008年第1期。

③ 杨仲良：《皇宋通鉴长编纪事本末》第2册，李之亮点校，黑龙江人民出版社2006年版，第1209页。

④ 徐松：《宋会要辑稿》食货四，刘琳等点校，上海古籍出版社2014年版，第6047页。

择。司马光在日记中记录了当日他与神宗在经筵后的私下谈话，①从中我们可以探知神宗对情势的判断为何有如此大的改变。神宗在谈话中提到了吕公著、宋敏求、李常等人的做法。皇帝将他们的做法理解为一个个具体的事情，然后把这些事情整合起来，建立对天下情势的理解。

神宗提到，吕公著在四月初当着他的面“涕泣论奏”，提醒韩琦可能会因为王安石的举动而起清君侧之兵。吕公著希望使皇帝意识到，“朝廷申明常平法意，失天下心”②这一情势的严重性，以此向皇帝传递天下人心，并规劝皇帝能够顺应人心。神宗却将此做法理解成吕公著没有履行职守、如实反映真实情况。正如他所说，“舜‘堲谗说殄行’。若台谏欺罔为谗，安得不黜”，神宗认为台谏官的主要职责是如实反映政令执行中的问题，吕公著却违背法定职守，“诬方镇有除恶之谋”。这里的欺罔为谗、“诬”告之错是皇帝罢黜吕公著的原因。③

神宗还提到了知制诰宋敏求拒绝按照要求给吕公著贬谪诏书拟词这件事。皇帝要求宋敏求在诏书上明言吕公著“诬方镇”之罪，但宋敏求以自己是中书属官，要遵守宰相曾公亮的要求为理由，拒绝了王安石传达的皇帝命令。他只在诰词中轻描淡写地说吕公著“援据匪宜”，希望以此向皇帝传达公议。④ 神宗却对此行为有不同的理解。他强调宋敏求的主要错误在于“文字荒疏，旷其

① 李焘：《续资治通鉴长编》第 9 册，中华书局 2004 年版，第 5112—5114 页。

② 李焘：《续资治通鉴长编》第 9 册，中华书局 2004 年版，第 5097 页。

③ 李焘：《续资治通鉴长编》第 9 册，中华书局 2004 年版，第 5112 页。

④ 李焘：《续资治通鉴长编》第 9 册，中华书局 2004 年版，第 5098 页。

职业”,即“失职之罪”。正如他和曾公亮等解释,“令作公著诰词,初不依旨明言罪状,乃宣言于外,以为朝廷改诰词,须当乞免知制诰”[①]。宋敏求为了获得自己在天下人中的好名声,不惜破坏知制诰应当遵守的职责,有意地把自己破坏职责的行为作为美谈“宣言于外”,将原本属于“常事”的“改诰词”升级成搅动“人言纷纷”的手段。神宗认为这是“挟奸”[②],要求向天下公开宋敏求的错误。

神宗还提到了谏官李常的表现。右正言李常批评一些州县存在着强迫民间交纳青苗息钱的情况。神宗要李常“分析”是什么州县的什么人这么做的。但李常认为谏官的“风闻言事”是传达天下的公议,而不是去就公议的内容进行“分析”核实,[③]因此他拒绝了神宗的要求。神宗恰恰看重的是台谏所言之事是否属实。他认为李常不敢去实际调查,这说明他“言事反覆,专为诋欺”[④]。这显然违背了台谏官的职守。皇帝还发现李常的言论竟然出现在民间诽谤皇帝的“谤书”之中。这说明李常有意泄露自己的言论,煽动民间对皇帝的不满。皇帝甚至发现“台谏所言,朕未知,外人已遍知矣”[⑤]。他认为这说明那些批评青苗法的台谏官有意违背职守,只为了自己在天下人心中博得好名声。

神宗将这些事情整合起来,由此将情势表述为:“今天下汹汹者,孙叔敖所谓‘国之有是,众之所恶’也。”[⑥]这里的国之有“是”,

---

① 李焘:《续资治通鉴长编》第9册,中华书局2004年版,第5105页。标点有修改。

② 李焘:《续资治通鉴长编》第9册,中华书局2004年版,第5105页。

③ 李常:《上神宗乞不分析青苗虚认二分之息》,载赵汝愚编:《宋朝诸臣奏议》下,北京大学中国中古史研究中心点校整理,上海古籍出版社1999年版,第1239页。

④ 李焘:《续资治通鉴长编》第9册,中华书局2004年版,第5107页。

⑤ 李焘:《续资治通鉴长编》第9册,中华书局2004年版,第5114页。

⑥ 李焘:《续资治通鉴长编》第9册,中华书局2004年版,第5114页。

是指朝廷有了要推行的政令；而“众之所恶”指的是西汉刘向《新序》一书中所记孙叔敖和楚庄王谈到的臣下违背职责，为了追求个人名声而批评国是，导致法令无法推行。神宗认为吕公著、宋敏求、李常等就是为了能在天下人面前获得清名而违背对君主应当奉行的职责。他们的做法造成天下人言纷纷、秩序动荡。

认定情势后，神宗便决定采取行动来扭转情势。他不认为自己可以单纯依靠新法“正论”来掌握“人情”变化，从而调控天下人心，但是他相信自己可以“定”人之“志”，即让天下官员、百姓明明白白地履行法度的要求。熙宁三年三月初八日，神宗在殿试礼部奏名进士的制策题目中描述了这种理想秩序：“盖圣人之王天下也，百官得其职，万事得其序。”神宗认为只有“百官得其职”，才能“有所不为，为之而无不成；有所不革，革之而无不服”。[①] 他将百官能否履行法度赋予的职责视为决定改革结果的关键因素。熙宁三年四月，他依法公开地“去壬人”，就是为了让天下臣僚意识到他们需要忠诚守法、履行其职，而不是代表“公议”。神宗后来在元丰四年(1081)六月再次阐发了对“定国是”的理解：

> 天下守令之众，至千余人，其才性难以遍知，惟立法于此，使奉之于彼，从之则为是，背之则为非，以此进退，方有准的，所谓朝廷有政也。如汉黄霸妄为条教以干名誉，在所当治，而反增秩、赐金。夫家自为政，人自为俗，先王之所必诛；变风、变雅，诗人所刺。朝廷惟一好恶，定国是，守令虽众，沙汰数

① 徐松：《宋会要辑稿》选举七，刘琳等点校，上海古籍出版社2014年版，第5398页。

年,自当得人也。[①]

上述谈话凸显出神宗心中的天下难题:作为皇帝,他不可能如王安石所建议的那样,深入了解每个臣下真正的才性情状。在"才性难以遍知"的情况下,他却依然需要臣下服从"国之所是"。神宗提出的"定国是",就是他达成此种目标的为政计划:朝廷明确国家所"是"的法令,并公开而坚定地以法令为标准决定官员的进退奖惩;将官员是否守法作为朝廷的"好恶"。"定国是"是皇帝向天下展示对法的权威的尊崇:"立法于此,使奉之于彼,从之则为是,背之则为非。"通过掌控是非奖惩,达到对"彼"之人心的调控,以不变而应万变。神宗在熙宁三年三、四月间应对"天下汹汹"的过程,也是"定国是"思路的体现。他在降黜官员的诏书中公开诸如"诬罔事实""奏事前后反覆不一"的罪名,[②]以臣下能否遵从法度、履行职守决定其进退,排斥不遵职守、只求个人名声的士大夫。这些做法并不是针对某个批评者个人的打压,而是在坚定地展现皇帝的主张:法是臣下必须遵守的规定。皇帝建立明确的是非标准,依照法律开展公开而严格的奖惩,他相信如此可以将人心安定于对法的遵从。

皇帝相信可以将人心之志统一于法,这源于他对人的认识能力的理解。他认为无论是士大夫还是百姓,都可以识别利害、"知所趋避"。[③] 人会根据赏罚带给自己的利害,来决定如何趋利避

① 李焘:《续资治通鉴长编》第13册,中华书局2004年版,第7586页。
② 李焘:《续资治通鉴长编》第9册,中华书局2004年版,第5107页。
③ 李焘:《续资治通鉴长编》第9册,中华书局2004年版,第5181页。

害。正如神宗所言：“若审处而当罪，小人亦自服。”[①]即使不能如王安石所建议的那样，针对具体事情中人之情状，抓住时机采取相应措施，但可以利用人心“趋利避害”的特性，将天下人的思想和行动定于“国是”之法。

“定国是”也体现了神宗对自己天下角色的理解。在神宗看来，作为朝廷之代表的皇帝，既不该如台谏官那样无条件遵从公议，也不是如王安石那样通过对具体人心情状的揣摩和处理来正天下异论。神宗将自己视为“众不能夺其所见”的君主。[②] 在熙宁七年(1074)四月王安石第一次罢相、新法遭遇困境时，神宗向天下公布诏书，再次公开明确定位了这一角色。正如诏书所言，神宗“参考群策而断自朕志”，创立了新法体系；他不仅是新法的创造者，而且是推动新法实施的决定力量；他不断主持完善大法，同时坚决地“案违法者而深治之”；他宣布将通过坚定而严格的奖惩，使天下士大夫“奉承”法令。[③] 这便是神宗皇帝所理解和推行的“定国是”。

二、“取舍异道”“大归则同”：“天下情势”内外的人情世态

在“青苗法事件”中，历史人物将他人在“天下情势”中的角色与彼此交往经历中形成的对同一个人的多种理解(如感受到的个

---

① 李焘：《续资治通鉴长编》第10册，中华书局2004年版，第5895页。
② 李焘：《续资治通鉴长编》第11册，中华书局2004年版，第6732页。
③ 李焘：《续资治通鉴长编》第10册，中华书局2004年版，第6172页。

人品行、能力、政治态度等）区分开来。即使历史人物在天下中“取舍异道”[①]（属于不能相融的异道之人），也依然可以依据在其他交往情境中建立的对彼此学行之“大归”的判断而相互认同、尊重。他们没有固着于对某一种情境或情势的理解来对待分歧，而是以开放的心态看待天下情势内外的多重人情世态。他们彼此间多层关系的共存与相互转化成为“青苗法事件”历史过程的另一个重要特点。

此种“区分”状态的典型表现是王安石与司马光的关系。作为主导和反对变法的代表人物，双方并非简单的对立关系。他们对彼此的理解体现了“天下情势”中的角色关系，但同样来自超出特定变法时期的漫长人生交往。即使二人在变法期间的政见分歧不可调和，但双方依然肯定彼此的品行和才能。

自青苗法开始实行起，王安石意识到自己与司马光的分歧日渐明显。他将这种分歧理解成双方在情势中彼此冲突的角色身份的体现。在熙宁三年二月末到三月初，司马光给王安石致信三次，王安石答复了第一封信，也就是著名的《答司马谏议书》。王安石不赞同司马光对“天下情势”的判断以及对彼此在情势中作用的理解。司马光将王安石的行动“名”之为“拒谏”，“以致天下怨谤”。王安石则认为自己的做法是“辟邪说，难壬人，不为拒谏”，即帮助皇帝与那些“不恤国事、同俗自媚于众为善”的流俗之人为战，不畏惧他们的“怨诽”，坚持先王之道“度义而后动”，坚决去除“壬人”“邪说”的影响。王安石不寄希望于司马光能同意自己对天下的理

① 司马光：《论王安石疏》，载《司马温公集编年笺注》第6册，李之亮笺注，巴蜀书社2009年版，第131页。

解，他承认就算自己“虽欲强聒”，也“终必不蒙见察”，二人的分歧不可能调和。①

在对“天下情势”的讨论之外，书信同样蕴含着王安石对司马光的另一层理解。王安石在书信开头就说自己“窃以为与君实(司马光字)游处相好之日久，而议事每不合，所操之术多异故也”。王安石此句虽是为下面具体申说二人分歧做出铺垫，但也在无意中道出了两人早已习惯的交往状态：他们历来知晓对方与自己在所操之学术上的巨大差异，所以“议事每不合”。可即便如此，他们依然能够“游处相好之日久”。在漫长的人生经历中，被二人视之自然的，是彼此学术的分歧并没有真正影响各自对对方品行才能的尊重认可。同样，在陈述了二人的根本分歧之后，王安石言道：“如君实责我以在位久，未能助上大有为，以膏泽斯民，则某知罪矣。如曰今日当一切不事事，守前所为而已，则非某之所敢知。”一方面，王安石表明司马光要自己“一切不事事，守前所为而已”，这种应对“天下情势”的做法是不可接受的；另一方面，王安石也恳切地表示，他更希望司马光可以帮助自己看到是否完成“助上大有为，以膏泽斯民”的责任。这体现了他在人生理想层面将司马光视为可以互相砥砺的同道。王安石相信司马光和自己一样，都是在尽力完成自己心中的角色理想，那就是辅助神宗“膏泽斯民”。他认为二人在天下角色上的“不同”与彼此长期交往形成的“和”并不矛盾。②

---

① 王安石：《答司马谏议书》，载《王荆公文集笺注》中，李之亮笺注，巴蜀书社2005年版，第1233—1234页。

② 王安石：《答司马谏议书》，载《王荆公文集笺注》中，李之亮笺注，巴蜀书社2005年版，第1233—1234页。

司马光也以类似的方式理解自己与王安石的关系。王安石在回信中认同司马光与自己的共同理想是“助上大有为，以膏泽斯民”。这实际上呼应了司马光第一封信对双方关系的理解。司马光在二月二十七日的《与王介甫书》中直率地批评王安石的“违众”“必欲力战天下之人”。他规劝王安石要听从公论修正错误。当说完这些后，司马光坦陈自己明知此一劝告必然“逆介甫之意”，却依然敢于向王安石坦率地陈述自己的诉求，“一陈其志，以自达于介甫”，这是因为他相信王安石和自己“趣向虽殊”但“大归则同”。“大归”，就是大的目标归宿。在司马光看来，“介甫方欲得位以行其道，泽天下之民；光方欲辞位以行其志，救天下之民，此所谓和而不同者也”。[①] 这种坚持一生的为天下之民而努力，便是二人相同的“大归”。在这句话中，司马光强调自己与王安石在“天下情势”中的行动选择是截然相反的：王安石欲得宰辅之位以行其先王之道，司马光面对王安石之道大行，却欲辞枢密副使之位以表明自己反对新法的态度。这便是二人在天下情势中的“取舍异道”。但是在人生追求的“大归”上，司马光将彼此视为相通的益友，因为与王安石的交往使他意识到，二人一生之“志”都是为了天下之民。也正因此，司马光会全力规劝王安石改正错误，在他看来，这是如往日一般尽“益友之义”。司马光并没有要求王安石接受自己的建议，因为他相信“此所谓和而不同者也”。所和者是二人对彼此个人理想之理解，不同者则是双方在天下中的角色。

王安石与司马光彼此的天下意识与个人交往之情并没有因熙

---

① 司马光：《与王介甫书》，载《司马温公集编年笺注》第4册，李之亮笺注，巴蜀书社2009年版，第561—563页。

宁三年九月二人的公开决裂而中断。[①] 直至神宗去世，闲居洛阳十多年的司马光被召重回相位，开始履行他的天下角色：尊崇天下公议，废除新法，行“元祐更化”。之后不久，王安石也去世了。司马光在和吕公著商量朝廷该如何评价王安石时，表达了自己对王安石人生的部分评价：“介甫文章节义过人处甚多。”[②]司马光相信，在日渐“浮薄”的世风中，王安石坚守内心追求的人生节义，恰恰是那个执着于“定国是”的年代所需要的人格力量。

三、张力与动力：“天下情势”的历史辩证

（一）情势理解的复杂性：植根于情境经历中的历史张力

在历史人物如何看待分歧的问题上，我们的叙事呈现了“青苗法事件”超出“个体主义”阐释视角的第一层典型意义：所谓“分歧”并非历史人物追求占有的利益、权力地位与法定政策理念的对立。“分歧”是被历史人物不断切身理解和感受的社会现实，其情境意义远比“对立”丰富复杂。历史人物切身经历的复杂性使围绕“天下情势”而展开的政治过程充满矛盾张力。此种张力产生于一定的政治与社会体制之中，推动历史以超出所有人预期的方式演进。

首先，情势政治的张力根源于历史人物在不断经历分歧的过

① 邵伯温：《邵氏闻见录》，李剑雄、刘德权点校，中华书局1983年版，第113页。

② 李焘：《续资治通鉴长编》第15册，中华书局2004年版，第9069页。

程中所产生的对“天下情势”的切身理解和感受。我们围绕王安石、批评者与宋神宗，展现了从“切身经历”到“情境”再到“情势”的逐层转化过程。所谓“切身经历”，是“正处于（情境意义）被构造的过程之中的行动”，是某种流、某种不断完成的过程。[①] “情境”指的是行动者对“现实正在发生着什么”的具体理解。历史人物会将自己正在经历着的分歧理解为真实的情境，即自我与具体的他人的主体状态以及相互交往关系的特点。[②] 历史人物把情境视为真实的“事情”，[③]这是直接从切身经历中产生的对具体人心与人际关系的理解。“情势”则是历史人物基于自己具体情境经历而整合出的对天下整体状态的把握。这样的判断来自一个个“事情”，正所谓“事所成者，势也”[④]。在历史人物的讲述中，情势是由角色人物的主体性特点、互动关系及其影响构成的“社会现实”。角色并非具体的人，而是“类”的存在（如君子、小人等）。情势展现了这些“类”对“天下”整体的影响。对历史人物而言，虽然情势的表达是抽象的，但是其意味是具体的。情势意味着那些只属于自己的，无法复制、不能重复、永不停息的切身情境经历。历史人物相信这些经历、情境与情势都是真实的，他们的现实情感也从中产生。

我们对三种天下情势理解过程的讲述也正是围绕这三个基本叙事要素来展开的。在第一段过程中，王安石先是将与苏辙等人

① 阿尔弗雷德·许茨：《社会世界的意义建构：理解的社会学引论》，霍桂桓译，北京师范大学出版社2017年版，第54页。

② Hans Joas, *The Creativity of Action*, Cambridge: Polity Press, 1996, pp. 160-161.

③ 杨国荣：《人与世界：以“事”观之》，生活·读书·新知三联书店2021年版，第68页。

④ 王夫之：《诗广传》，载《船山全书》卷3，杨坚总修订，岳麓书社2011年版，第421页。

的交流情境视为变法者内部的讨论，因此积极吸纳了他们的意见，为青苗法设计了预先防范措施。但随后他发现批评者对这些工作视而不见，依然坚守以前的意见。王安石为这一经历赋予了新的情境意义：他不再将批评者视为可以商量政策的自己人，转而认为批评者属于“邪人”或处于“无知”状态，将他们的言论视为“异论”。王安石将一系列新的切身经历（如司马光拟批答等）与他对本朝历史情境的理解结合起来，形成了对“天下情势”的判断：他相信“异论”正在阻碍正论，使天下人情滑向流俗。在第二段过程中，台谏官原本和王安石私交甚好，并赞同“大有为”之政。但在经历了王安石公开反驳韩琦之后，他们重新界定了王安石的形象，进而将一系列事情结合起来，建立了对天下现实的理解：他们根据自己在以往情境经历中对人心的判断能力和人情实态的体会，将人们对王安石不谋而合的批评视为代表了“天下人心”对新法的反对。在第三段过程中，神宗首先根据与吕公著、宋敏求、李常等人的交流经历，产生对具体情境的理解，认为他们都在违背法度规定的职守、动摇民志。他进一步根据“国之有是，众之所恶”的情境记忆，得出对天下情势的判断：“壬人”正在煽动天下人不再受“法”的约束，人心浮动，秩序动荡。

通过一个个具体事件，历史人物建立起对天下情势“切身”的理解。对他们而言，“天下情势”并不是抽象的概念，而是意味着可以被真切讲述出来的个人经历。我们之所以能够将上述分散的事情经历与历史人物对“天下情势”的理解联系起来，正是基于这些人的亲口讲述：王安石急切地和神宗谈到他如何体会到“流俗波荡”“朋比之情”；台谏官在上奏中痛陈王安石的举动如何使他们重新看待天下人心;神宗在和司马光的谈话中感慨亲身经历的事情使自己改变了对情势的判断。历史人物的情感蕴含于讲述之中。“天下情势”能够被他们所感受、讲述,这便是“切身性”的体现。

通过这些亲口讲述,我们尝试展现历史人物如何在不同的情势“现实”中感受到“分歧”截然不同的意味。所谓“意味”,不仅指历史人物可以在新的经历推动下,对自我和他人的形象有截然不同的认识。更重要的是,历史人物在具体情势中不断感受到面对分歧冲突时的“真实”情感。情感成为他们行动的动力。[①] 当他们眼中的情势发生变化时,这些现实感受也会随之改变。王安石对批评意见从“勿相外也”的庆幸到“勃然”“大怒”,对情势的理解带动了他的情绪改变,促使他力争于上前。同样,批评者一旦感受到自己身处新的情势现实,便以决绝的态度与王安石“势无两立”,哪怕双方是多年的好友。对神宗来说,他从希望可以“合众论”的宽和之情,到对“国之有是,众之所恶”的感慨和忧虑,再到他坚决地公开降黜不遵职守的批评者,正是受到对“天下情势”感受的推动。历史人物前后看似矛盾的情绪和行动,体现的是他们如何以情势为真实之处境,牵动情感,产生了解决情势问题的真实动力,并筹划了目标与手段。

其次,对情势理解和感受的“切身性”使得历史人物难以真正把捉到彼此间的差异,他们反而会预期“其他人可以如何回应自己”。[②] 此种主体间(intersubjectivity)的预期与真实差异的错位使历史以超出当事人预期的方式前进。我们揭示了历史张力的两种

① Hans Joas, *The Creativity of Action*, Cambridge: Polity Press, 1996, p. 161.

② Hans Joas, *The Creativity of Action*, Cambridge: Polity Press, 1996, p. 187.

具体表现形态。

第一种是某种处理分歧冲突的行动被其他人以截然不同的方式理解，引发了新的矛盾冲突。王安石原本以为设计好青苗法预先防范的政策系统，就可以使批评者满意，结果却遭到更加激烈的批评。他原本以为可以通过反驳韩琦让天下人接受正确的学说，但在台谏官的眼中，此举的意义却是挑战公议，造成天下公议反对、人心动荡。批评者认为自己向神宗传达公议，可以使神宗感受到天下人心，但神宗却认为他们违背职守，造成天下失序。人与人之间对行动意义的理解有着根深蒂固的差异，此种张力推动了历史突变的发生。

在第二种情况下，历史人物可以暂时表达出对情势彼此类似的“说法”，并对如何采取行动达成妥协，但这并不意味着他们在对情势的领会上达成了一致。历史人物在特定的时空中并没有意识到差异，然而潜在的张力却可以在其他情况下引发冲突。虽然王安石与神宗都认为天下中有“壬人”影响风俗，但“壬人”对于他们的意味却是非常不同的：王安石从“流俗异论”的角度理解“壬人”，而神宗将“壬人”视为贪图虚名而不忠诚于法度职守。二人虽然在青苗法的过程中对“去壬人”达成一致，但实际上并不认可彼此对“壬人”的判断。此种矛盾冲突在熙宁中后期新法的实施过程中爆发出来，最终破坏了二人的相互信任。王安石选择辞官离开，新法也由此进入新的阶段。历史人物对情势理解的差异并不会因为彼此对对方行动的暂时认可而消除，不会因看似相同的目的而消失，也不会因同盟关系的建立而弱化。

最后，历史人物“切身体会”间的张力透视出政治、社会体制固有的内在矛盾。看似“个人化”的实践体验如穿针引线一般，将体制中潜在的矛盾激活；政治、社会结构的不同组成部分通过历史人物的互动而碰撞。历史人物意义世界的张力是体制内部结构性矛盾的浮现。比如，北宋地方官僚体制在政策执行中的偏差直接推动了朝廷决策者对青苗法意见的分歧，这样的分歧连王安石都难以预料；台谏官在整个决策中的特定角色推动他们以超出王安石预期的方式，从“天下公议”的角度回应王安石的做法；王安石、台谏官都希望神宗能够接受自己的主张，但皇帝在体制中的作用却使他没有按照任何一方的预期行事，而是以“大法”为准绳“定国是”。历史人物的切身体会使看似固定的体制成为“活”的历史进程；同样，情境化的历史张力实则源于体制内部的结构性矛盾。此种矛盾是士大夫政治过程得以展开的结构性条件。

(二)“以天下为己任”的“为学”之路:历史张力中的行动意识

在如何应对分歧的问题上，我们展现出“青苗法事件”的第二层典型意义:历史人物并非将此过程视为与具体对手争夺对利益、权力地位与法定政策理念的控制独占；他们将应对分歧视为在“为己之学”实践中追求自己内心与外在秩序相统一的过程。如果说，“青苗法事件”呈现了历史人物的切身经历及其身处的体制性矛盾如何造成他们所必须面对的历史冲突与突变，那么历史同样揭示出，他们并没有困顿于突变或冲突带来的不确定感。士人文化长期的传统，引导他们将错综复杂而充满机变的人生经历视为通往达成个人内心与外部世界理想秩序的必由之路。无论是皇帝还是士大夫精英群体，尽管他们秉持对“道”的不同信仰，拥有不同的诉求，各自对“天下情势”有着不同的理解，却在共同践行这一“为学”之路。

从第一个层次上看，历史人物将自己与分歧者的对抗理解为向天下之人展现自己对世界的主张。他们通过与对手的斗争来展现自身思想的合理性，以期赢得作为观众的天下人的信服。历史人物在“为政”过程中，并不关切如何有效消除敌对的诉求以达成自己的目的。他们关心如何通过与错误意见、行为的斗争，令人信服地展现出自己的正确性。这种正确性来自超越时空而又蕴含于复杂世界中的一贯性原则——“道”（或称“理”）。王安石相信，他对韩琦的公开反驳是要向天下澄清“法意”，以期使天下之权归于正论而非流俗。台谏官不顾与王安石的私人友谊而对他激烈批评，是在向皇帝乃至天下之人展示自己遵从公议的坚定，以期可以使皇帝遵从公议。神宗皇帝坚决地公开罢黜批评者，这正是在向天下展示“法”的权威。这些行动在他们的理解中不是针对具体批评者的打击，而是通过展现符合“道”的言论主张，推动天下走向理想秩序。

王安石、新法批评者与神宗皇帝都相信，他们可以通过展现自己的正确性来统合天下人的思想与行动。在他们看来，人无论贤愚，都有认同并服从正确之“道”的能力。任何行动要想影响天下人，其决定性因素在于如何将思想的正确性最恰当地表达出来。如果行动者确定自己是正确的，就要以坚定而决绝的态度展现正确主张，犹豫和动摇只会使天下人怀疑。无论是王安石面对批评意见时所表达的“苟当于理义，则人言何足恤”①，还是台谏官在神宗面前对王安石“势无两立”，抑或是神宗在熙宁九年（1076）认为

① 杨仲良：《皇宋通鉴长编纪事本末》第2册，李之亮点校，黑龙江人民出版社2006年版，第1047页。

皇帝应当“有以揆其为非,则众不能夺其所见矣”[①],都体现了这种意识。

我们将此种行动意识概括为“以天下为己任”。所谓“己任”,是相信自己秉持正确的主张,并坚定实践之。“以天下为己任”体现了历史人物对“己任”与“天下情势”关系的理解:在应对分歧的过程中,他们相信只要坚决实践己任,完成好自己的角色,就可以推动天下走向理想秩序。与分歧者的论争是自身天下角色行动的一部分,是在秉持、展示并坚定实践自己正确的主张,以影响人心,使天下走向理想秩序。“以天下为己任”同样体现了一种行动分寸感。生活经历赋予历史人物对人情世态更为丰富的理解,他们充分珍视这种丰富性,避免拘泥于对“天下情势”中人物关系的固化认识。正如王安石和司马光并不会因为彼此在天下中的“取舍异道”而仅仅把对方视为敌人。蕴含在论争之中的,是他们将彼此视为“大归则同”的君子,这是他们在过往多年交往情境中形成的深刻印象。尽管神宗在特定的情势中视批评者为公开罢黜的对象,但是他依然宽容对待这些“以天下为己任者”,因为神宗相信不应固着于一时的“天下情势”而忽视对批评者(如吕公著、司马光等)品行的判断,神宗对这些品行的理解来自比“天下情势”更加多样的生活情境。

从更深的层次上看,在“青苗法事件”参与者“以天下为己任”的角色行动背后,蕴含着通过“为己之学”以改造天下的共同追求。首先,从青苗法论争的过程中,我们看到历史人物的一种共同的

---

① 李焘:《续资治通鉴长编》第11册,中华书局2004年版,第6732页。

“为学”取向：他们力求主动跳出具体经验的束缚，积极进入“天下情势”的处境中来理解“分歧”的意义。比如，熙宁初年苏轼曾和神宗皇帝说，他认为君主不应拘泥于具体意见争论，而应当感天下之动，积极应对，“乃能胜天下之事”。王安石则强调神宗需要“顾其时与势之所宜”①来决定如何对待意见分歧。王、苏二人和神宗都相信不必拘泥于具体经验世界，要去“度”“顾”“体”天下之变。他们相信自己可以完成从具体情境到“天下情势”的穿梭。②

其次，历史人物从“天下情势”的角度筹划如何应对分歧，他们会在实践中不断探究如何才能确信自己的做法会成功推动天下朝着理想秩序发展。对王安石来说，察“几微”是控制情势之变的关键。正如他将朝廷面对之“机”描述为“与流俗之权适争轻重”，即朝廷与“异论”争夺对人情的影响。皇帝任何细微的迟疑都会帮助流俗扩大影响，只有对臣下“于几微之际警策之，勿令迷错”③，才可以战胜流俗。对神宗皇帝来说，世界之变化是可以用固定的“法”来应对的。这需要立法者看到变化的趋势，在事情“未形”前，就知道其未来如何变化，做到预先立法以因应。如神宗所言：“知几至难，惟圣贤为能图于未形。”④神宗认为，立法者要想达成此境界，就需要体会变化之道。神宗强调“体”道的过程并不是要用“智知”道，或以“识识”道。⑤ 因为天下变化之道是不能被固定的知

---

① 杨仲良：《皇宋通鉴长编纪事本末》第 2 册，李之亮点校，黑龙江人民出版社 2006 年版，第 1108 页。

② 朱利安：《从存有到生活：欧洲思想与中国思想的间距》，卓立译，东方出版中心 2018 年版，第 6 页。

③ 李焘：《续资治通鉴长编》第 9 册，中华书局 2004 年版，第 5167 页。

④ 李焘：《续资治通鉴长编》第 13 册，中华书局 2004 年版，第 7882 页。

⑤ 李焘：《续资治通鉴长编》第 11 册，中华书局 2004 年版，第 6732 页。

识、说法所规定的。变化之道蕴于不断变化的情境经历（也就是“事情”）之中。立法者能够做的，是在自身的经历中“体”道，根据自己对道的体会来建立法度，以此应对未来各种可能的事情。正如神宗元丰四年（1081）所言：“法出于道，人能体道，则立法足以尽事。”[①]“尽事”，就是以稳定之法来因应变化之事。对批评者来说，体会天下人心之变化才是建立理想秩序的关键。如程颢所言：“安危之本在乎人情，治乱之机系乎事始。”[②]批评者将王安石反驳韩琦视为改变治乱轨迹的事情，因为此事引发了天下人情之变，是关系“治乱之机”的“事始”。程颢等认为朝廷要察觉此种人心发生变化的关键时刻，把握和顺应人心。只有“因机亟决”而不是“持之愈坚”，才可以重新稳固天下人心。

如何才能超越天地变化给个人带来的不确定感，使自己可以掌握变化之道，在对天下情势的把握中自信地行动下去？对历史人物来说，这本身就是永无止境的“为学”追求。但也正是因“为学”历程的永无止境，才使人获得最为持久的动力。正如王安石在《致一论》中所表达出的“为学”理想：

> 能穷神，则知微知彰，知柔知刚。夫于微彰、刚柔之际皆有以知之，则道何以复加哉？……圣人之学至于此，则其视天下之理，皆致乎一矣。天下之理皆致乎一，则莫能以惑其心也。[③]

---

① 李焘：《续资治通鉴长编》第13册，中华书局2004年版，第8055页。

② 程颢：《谏新法疏》，载程颢、程颐：《二程集》上，王孝鱼点校，中华书局2004年版，第457页。

③ 王安石：《致一论》，载《王荆公文集笺注》中，李之亮笺注，巴蜀书社2005年版，第1044页。

在王安石看来，既然“为学”者永远无法逃避充满冲突和突变的现实，那么他们就主动经历这些现实，在应对现实的实践中体会如何超越具体经验的束缚，达成对天下情势变化“微彰、刚柔之际，皆有以知之”的“精神”境界。当他们可以渐渐体会到圣人之学时，便可以在动荡变化、充满不确定的现实世界中不再困惑。这是“致一”的状态：既是达成内心之“一”，也是给世界带来“一”的理想秩序。青苗法的论争过程体现出历史人物应对分歧的原生动力，此种动力并不是如何千方百计地战胜敌人以达到自己的利益、权力或政治主张诉求。在纷乱的具象经历中追求内心之一，以此推动天下之一，才是他们真正的动力。

此种因“实事”而“求是”的“为己之学”的意识并非熙宁时期的政治决策者所特有的。“为己之学”是贯穿中国传统士人文化的精神内核。“为学”的重要内容便是学会如何体察天下情势，这种体察能力的培养贯穿于科举教育、帝王之学之中。[①] 士人文化所涵育的宽广视野不仅体现在政治实践中，即使是在艺术、历史等领域，士人也不断实践和体会着如何从具体而微中体察情势，[②]以至于唐岱《绘事发微》断言：“诸凡一草一木，俱有势存乎其间。”[③]王安石、批评者、神宗皇帝对“几变”的看法，同样植根于传统经典对人如何在永恒变动的世界中“感而遂通天下之故”的讨论。“为己之学”造就了熙宁初士大夫政治人物看似不可调和的个人分歧背

① Hilde De Weerdt, *Competition over Content: Negotiating Standards for the Civil Service Examinations in Imperial China (1127 - 1279)*, Cambridge: Harvard University Asia Center, 2007.

② 余莲：《势：中国的效力观》，卓立译，北京大学出版社 2009 年版，第 71—190 页。

③ 唐岱：《绘事发微》，周远斌注释，山东画报出版社 2012 年版，第 102 页。

后的共同精神基础,此种精神基础也使得传统中国政治文明有能力将分歧、张力、冲突整合为改造世界的合力,历久而弥新。

四、本章小结

“青苗法事件”折射出中国传统政治、经济和文化结构固有的内在矛盾。官僚体制偏离新法目标的执行偏差,体制内不同部门间的权责冲突,新法执行过程中不同社会阶层(如士大夫、百姓等)间的利益对撞,儒家文化内部的理念分歧(如利、义之辩),这些体制自身的矛盾被改革激发出来。身处矛盾冲突之中的人们,也不得不做出自己的应对选择。“个体主义”视角在一定程度上可以帮助我们看到这些选择的“复杂性”。在许多历史情境中,所谓“天下”可能蜕变为“流俗”之人逃避实际治理问题的空泛话术,或是追求个人目的的权谋手段。即便是同样心存天下理想的人们,彼此也常常处于误解之中。世情的复杂超出历史人物个人的预期。而“天下情势”作为一种历史阐释视角,恰恰揭示出士大夫政治自身不断运动演化的“历史性”机理:士大夫政治是在历史内生矛盾与张力中不断自我赓续、创生不息的“事件性”存在。[①] 北宋熙宁初年的“青苗法事件”即蕴含了士大夫政治的两重特点。

在第一个层面,历史人物不断将切身体验的复杂世情转化为对“天下情势”这一整体社会现实的理解和感受。尽管这样的过程

---

① 赵汀阳:《形成本源问题的存在论事件》,《哲学研究》2021 年第 12 期。

充满了冲突与突变，但是本章中的士大夫政治决策者并没有困顿于冲突或突变带来的不确定感之中。他们怀着积极的心态，将复杂的“为政”经历视为通达内心与天下理想秩序的必由之路；而传统中国长久形成的制度文化也使他们可以相对自主地立于“天下情势”的高度来应对现实。士大夫政治实践由此在更为深远的历史纵深中呈现出第二层特质。从王安石、司马光、韩琦、神宗等对青苗法在地方执行情况的调查，到台谏官对官民人心的体察，“天下情势”并非空泛的理念说辞，而是基于切身体验生成的对社会角色互动关系与人心变化的整体把握，对“天下情势”现实状态的求索也推动着历史人物为解决实际问题而展开切实行动。他们从“天地之道”的高度思考自我主张的正确性；他们坚定地展现这种正确性，相信自己的主张可以为天下人所接受。生活经历赋予历史人物对人情世态更为丰富的理解，他们珍视这种丰富性，避免拘泥于对“天下情势”中角色关系的固化认识。这种自信也使他们在“为政”中建立起妥协的艺术：历史人物从“天下情势”而非个人一时得失的高度理解分歧，他们审时度势，在对大势所趋的判断中选择个人进退之“止”，而非一味追求达到个人目的。更为根本的是他们将理解和改造天下情势视为自己一生“为学”的追求。“为己之学”，并非为“私”之学。“为己之学”是要在纷繁复杂的“为政”经历中，不断把握如何体察和应对天下之变，最终超越具体经历带来的不确定感，使内心生成“一以贯之”的自信与力量。理想的政治秩序也可以因此建立。在持久的人生历程中，士大夫政治的参与者将历史的矛盾和张力转化为持续的“为学”动力。

士大夫政治历史正是通过这看似矛盾的两个层次的辩证互动

而推展的。从切身经历走向“天下情势”过程中的冲突与突变成为历史人物改造世界的必由之路；治国者“以天下为己任”的共同追求也使得他们可以将纷乱复杂的世情经历整合为“天下情势”的意义。历史的辩证互动也成就了传统中国应对危机变局的独特活力。每逢经历危机变局，“为己之学”的实践者们便会主动投入复杂的社会生活之中，在认识和改造世界的过程中，体会自我内心的“一”的秩序。[①] 中国政治文明因此可以跨越一个个危机时代，在不断的自我革新中，成就蔚为大观的格局。

如果我们将对自身所处时代的思考融汇于此种“历史性”之中，便会发现，从中国文明自身孕育而出的士大夫政治为我们超越西方文明“个体主义”的局限、重新从“天下胸怀”理解当今时代问题拓展出新的视域。历史告诉人们，当人类文明面对充满分歧的时刻，敌对、排斥、清除与占有并非解决分歧的唯一答案。真正的答案需要我们每个人在因“实事”而“求是”的实践历程中体味：对我们而言，“政治”大概不只是关于理念、利害或者权力的争夺；也许“政治”可以更多地意味着如何在纷乱复杂而又生生不息的生活世界中寻找到自己的角色、胸怀与坚持。[②]

---

① 包弼德：《历史上的理学》，王昌伟译，浙江大学出版社 2010 年版。

② 本章的部分内容参见罗祎楠：《中国传统士大夫政治中的“天下情势”——以北宋熙宁初年的“青苗法事件”为例》，《中国社会科学》2023 年第 8 期。

第八章　实践方法论自觉中的士大夫政治研究

在上一章“天下情势”中，我们以北宋熙宁时期的“青苗法事件”为例，探讨中国传统士大夫政治的历史性特质及其与我们时代的关系。本章结合“天下情势”一章探讨“认识实践”方法论可以如何引导我们“复活”被惯常思维所“遮蔽”的传统精神世界，进而重新看到理解我们时代问题的更多可能性。

研究者永远不可能脱离自身所处时代主流思想观念的影响，他们习惯于这些观念，并视之为惯常。这些观念使得他们相信自己所看到的“历史”也是“客观真实”的。但正如上一章所言，这种对“真实”的信奉恰恰体现了研究者的“遮蔽”状态。他们已经习惯了从个体视角理解和谈论历史，“沉沦”于因常识性思维而构造出的“历史真实”，却遗忘了传统中国士大夫精神世界中更为本真的部分。

正如本书引言所提出的，作为士大夫思想教育主流的“经世之学”已经被当代实证史学遗忘。士人的经世之学在于如何从切身的“实事”经历出发，理解整体社会现实及其变化之道，进而相信自身的何种行动可以如何改变现实。在传统士人的表达中，这一层次的“现实”包括如“天下”“情势”“风俗”“世”“人心”等。传统士人将这层“现实”视为自然，所谓“为己之学”也是围绕如何理解和改造这种现实而展开的。这便是“经世致用”的思想传统，延续千百年而不衰。费孝通先生在《试谈扩展社会学的传统界限》一文中感慨，这种传统精神世界难以被“现代”社会科学实证研究理解。在实证思维中，所谓“天下”“风俗”等要么被研究者视为抽象的理念，要么是被历史人物操纵的话术。研究者要么研究古人如何定义“天下”“风俗”，要么研究历史人物如何利用这些“权谋话术”达到自己的目的。这些研究方式来自学者自身时代的影响，却难以和历史中士大夫的精神血脉融会贯通。现有的研究难以揭示出士大夫如何在切身的经历中不断生成对天下现实的理解，这种理解如何推动了他们采取行动以改造天下现实，这些行动又如何推动了历史的发展运动。

如果说，身处20世纪变革时代中的学者如陈寅恪等，依然可以在士大夫传统的精神世界中理解历史，那么对21世纪的学者而言，这扇理解古人的大门似乎已经伴随着如《柳如是别传》①这般伟大作品的绝唱而关闭了。虽然一些杰出的历史学者依然曾有意无意地沿着这一路径理解历史，并提出了诸如“秦楚汉际”②、“祖宗之法”③、“风”④等具有想象力的论题，但在实证思维的桎梏下，

① 陈寅恪：《陈寅恪集：柳如是别传（上中下）》，生活·读书·新知三联书店2011年版；陆键东：《陈寅恪的最后20年》，生活·读书·新知三联书店1995年版。

② 田余庆：《说张楚——关于“亡秦必楚”问题的探讨》，载《秦汉魏晋史探微（重订本）》，中华书局2023年版。

③ 邓小南：《祖宗之法——北宋前期政治述略（修订版）》，生活·读书·新知三联书店2014年版。

④ 王汎森：《“风”——一种被忽略的史学观念》，载《执拗的低音——一些历史思考方式的反思》，生活·读书·新知三联书店2020年版。

史学和社会科学研究大多已难以把握这种精神的历史意义。

“天下情势”一章的写作过程就是尝试如何在“认识实践”方法论的引导下，找回这层历史脉络。所谓“找回”，并不是如实证研究所言去“识别”出业已存在的“客观”历史遗产。在“认识实践”视域中，新的“历史”图景的涌现必然需要研究者找到理解历史的新的方式。进一步说，我们需要超越自身对“常识”思维矩阵的沉沦，寻找到沟通古今的新的思想理论资源，将朴素的历史感受整合成对“历史真实”脉络的新的理解。“文明互鉴”变得尤为重要：当我们进入不同文明的思想系统之中时，可以寻找到帮助我们超越常识的“助推器”。比如，我们将展现出美国实用主义“想象性”理论如何帮助我们打开理解士大夫“天下情势”思想的大门。我们进而可以在“想象性”的维度勾画出士大夫政治超越惯常认识的历史性特质。

本章希望说明，发现历史“真实”的关键，在于学者不断突破自身思维的沉沦状态，在“反求诸己”的主体性自觉中建立起融通古今中西的历史意识。这便是“创造性”的意涵。所谓发现历史“真实”，并非将学者导向于认同某种固化的“真实”；探寻理解古今之变新的可能性这一实践过程本身，才是学者需要直面的“真实”。也正是在这个“真实”的过程中，作为物理时间区段的“过去”“现在”或“未来”，被融汇、转化为学者对自身时代所蕴含的整体历史辩证运动状态的理解。

下面，我们将逐层说明上述认识实践过程。

一、史料感受与常识性理论的不契合感:研究的开启

在对熙丰新法的研究中,尽管学者观点各异,但都体现了共同的“常识”。此常识将政治过程视为个体行动者为了固守儒家信仰、权力或利益而展开的纷争。

第一,在信仰(belief)研究看来,变法中的重要参与者和反对者,如王安石、司马光、苏轼、程颢、陈襄等,有着对理想的政治秩序以及达成这种政治秩序的方式的设计。研究者称此种理想设计为“信仰”。[①] 信仰不仅是关于秩序的认识,而且代表了相信自己的认识一定正确的信念。熙丰新法呈现为不同信仰(如新学、洛党、蜀党、朔党)之间无法调和的对立和冲突。变法者如王安石相信自己掌握了经书中的圣人之道,这种信念使他按照自己所理解的圣人之意来制定改革措施。[②] 他们相信这些措施体现了道、贯彻了道,是正确的,也必定可以成功。[③] 当面对反对意见或者是某些政策执行中出现的偏差时,王安石等相信,出现这类情况是因为人们没有真正领会“道”。只要通过教育等方式让人们领会道,新法就

---

① Peter Bol, “Conceptualizing the Order of Things”, in John W. Chaffee, Denis Twitchett (eds.), *The Cambridge History of China, Vol. 5, Part 2, Sung China, 960–1279*, Cambridge: Cambridge University Press, 2015, p. 681.

② 包弼德:《斯文:唐宋思想的转型》,刘宁译,江苏人民出版社 2017 年版,第 314—315 页。

③ Peter Bol, “Conceptualizing the Order of Things”, in John W. Chaffee, Denis Twitchett (eds.), *The Cambridge History of China, Vol. 5, Part 2, Sung China, 960–1279*, Cambridge: Cambridge University Press, 2015, p. 683.

可以达成其目的。王安石的道德性命学说使他确信，自己已发现了如何引导“为学”者掌握圣人之道，[①]于是变法者采取了“一道德、同风俗”的方式来消除意见和利益差异。这样的措施包括改革科举考试、统一对“三经”经义的理解以及排斥不同的学说等。[②]

王安石的信仰在反对者看来完全不可接受。反对者与变法者都相信可以通过“为学”而领会圣人之道。他们都认为“道”可以在历史变化中一直有效，可以被所有“为学”之人分享。他们都相信“为学”的过程就是“看到那些世界中不同的部分如何连接成一个连贯的整体”[③]。尽管如此，他们对“道”“性”“文”“学”的具体内涵存在极大的认识分歧。比如，司马光认为当时政体并非如王安石所说偏离了先王之道。[④] 苏轼则始终认为道可以在经验中被直觉，但不能被强行定义，“为学”者如果跟随教条亦步亦趋，是无法实现“道”的。[⑤] 王安石灌输教条的做法，只会让人们与道越来越远。这些思想家自信地认为自己对“一个有秩序的政体应该是什么样子”的看法和实践方案是正确的。[⑥] 由此，熙丰新法被描绘成不同信仰世界间的激烈冲突。变法者认为是正确的措施，在反对

---

① Peter Bol, “Conceptualizing the Order of Things”, in John W. Chaffee, Denis Twitchett (eds.), *The Cambridge History of China, Vol. 5, Part 2, Sung China, 960–1279*, Cambridge: Cambridge University Press, 2015, p. 684.

② 包弼德:《斯文:唐宋思想的转型》,刘宁译,江苏人民出版社 2017 年版,第 277 页。

③ Peter Bol, “Conceptualizing the Order of Things”, in John W. Chaffee, Denis Twitchett (eds.), *The Cambridge History of China, Vol. 5, Part 2, Sung China, 960–1279*, Cambridge: Cambridge University Press, 2015, p. 681.

④ 包弼德:《斯文:唐宋思想的转型》,刘宁译,江苏人民出版社 2017 年版,第 278 页。

⑤ 包弼德:《斯文:唐宋思想的转型》,刘宁译,江苏人民出版社 2017 年版,第 350 页。

⑥ 包弼德:《斯文:唐宋思想的转型》,刘宁译,江苏人民出版社 2017 年版,第 278 页。

者的信仰世界看来则必然会破坏秩序。[①] 双方的关注点在于整个变法的对错，而不是具体措施的修正。他们的意见针锋相对而难以调和。[②] 士大夫之间的信仰冲突也成为北宋党争的根本成因。[③]

第二，在权力研究看来，新法参与者的权力意识与争夺权力的行动是熙丰新法历史的主调。以《朱熹的历史世界——宋代士大夫政治文化的研究》这一经典作品为例，作者首先详细探讨了宋代士大夫"以天下为己任"的集体权力意识，[④]以此类比于现代公民的权力意识，提出这一观念意味着士人对国家和社会事务管理的权力与责任的追求。[⑤] 士大夫提出"以天下为己任"时，其核心关切是谁拥有治权：士大夫们"已隐然以政治主体自待……把建立秩序的重任放在自己的肩上"[⑥]。这种对"谁该统治"[⑦]的关切便是士

① Peter Bol, "Conceptualizing the Order of Things", in John W. Chaffee, Denis Twitchett (eds.), *The Cambridge History of China, Vol. 5, Part 2, Sung China, 960-1279*, Cambridge: Cambridge University Press, 2015, pp. 681-682.

② Peter Bol, "Conceptualizing the Order of Things", in John W. Chaffee, Denis Twitchett (eds.), *The Cambridge History of China, Vol. 5, Part 2, Sung China, 960-1279*, Cambridge: Cambridge University Press, 2015, p. 712; Jeyoon Song, *Traces of Grand Peace: Classics and State Activism in Imperial China*, Cambridge: Harvard University Asian Center and Harvard University Press, 2015, pp. 86-93.

③ Peter Bol, "Conceptualizing the Order of Things", in John W. Chaffee, Denis Twitchett (eds.), *The Cambridge History of China, Vol. 5, Part 2, Sung China, 960-1279*, Cambridge: Cambridge University Press, 2015, p. 712.

④ 余英时：《朱熹的历史世界——宋代士大夫政治文化的研究》，生活·读书·新知三联书店 2011 年版，第 214、218 页。

⑤ 余英时：《朱熹的历史世界——宋代士大夫政治文化的研究》，生活·读书·新知三联书店 2011 年版，第 210 页。

⑥ 余英时：《朱熹的历史世界——宋代士大夫政治文化的研究》，生活·读书·新知三联书店 2011 年版，第 6 页。

⑦ Robert Dahl, *Who Governs?: Democracy and Power in an American City*, New Haven: Yale University Press, 1989.

人权力意识的基本含义。

在作者看来，熙丰新法的发动者具有此种权力意识。新学将"'外王'与'内圣'必须相辅以行的观念"[①]牢固地建立了起来，这是王安石对儒家政治文化的重要贡献。[②] 内圣与外王并重，外王具备内圣的精神基础，内圣外王是人君与宰辅的共同责任。[③] 这种权力意识在变法初期得到了宋神宗的认同。皇帝承认宰相作为士大夫的代表与皇权分工合作，双方各尽职守来治理天下。[④] 士大夫权力意识得到了皇帝的承认。

作者展现了"以天下为己任"的权力意识如何转化为现实中的权力争夺："理想一落到权力的世界，很快便会发生种种难以预测的变化。惟一可以断定的是权力的比重必将压倒理想。"[⑤]皇帝和宰相形成了不同的集团，互相争夺统治的决定权和对政治资源的控制权。[⑥] 皇帝选取和他的政治倾向相似的一派议论，定为国是，压制一切反对派的异论，这反而加剧了权力纷争。皇帝与士大夫共定"国是"，使皇权无法置身于党争之外。[⑦] 作者认为，这样的权

---

① 余英时：《朱熹的历史世界——宋代士大夫政治文化的研究》，生活·读书·新知三联书店 2011 年版，第 48 页。

② 余英时：《朱熹的历史世界——宋代士大夫政治文化的研究》，生活·读书·新知三联书店 2011 年版，第 56 页。

③ 余英时：《朱熹的历史世界——宋代士大夫政治文化的研究》，生活·读书·新知三联书店 2011 年版，第 60、225 页。

④ 余英时：《朱熹的历史世界——宋代士大夫政治文化的研究》，生活·读书·新知三联书店 2011 年版，第 241—242 页。

⑤ 余英时：《朱熹的历史世界——宋代士大夫政治文化的研究》，生活·读书·新知三联书店 2011 年版，第 238 页。

⑥ 余英时：《朱熹的历史世界——宋代士大夫政治文化的研究》，生活·读书·新知三联书店 2011 年版，第 243 页。

⑦ 余英时：《朱熹的历史世界——宋代士大夫政治文化的研究》，生活·读书·新知三联书店 2011 年版，第 322 页。

力纷争局面在传统政治中持续存在,其根源在于熙丰新法。

“以天下为己任”充满了正义的“理想”色彩,作者更是不忍将其与争权夺利相提并论。但是如果淡化价值的色彩,则可发现二者在将政治过程理解为权力争夺这点上,并无二致。新法过程被描画成君主与宰相、不同士大夫集团之间争夺主导权的过程,体现了士大夫的“政治思维的方式和政治行动的风格”[①]。无论他们信奉的价值如何正义,依然是为了实现对他人的控制。权力资源的争夺往往与权力目的的正义感相伴而生,成为权力过程的“阴阳”两面。[②] 当研究者自己也沉浸于这样的权力意识中时,则会将历史装扮为某种政治理想的注脚。由于研究者对自己时代该由谁统治这一问题的关心,他们认为历史人物同样陷于“由谁统治”的纷争之中。[③]

第三,在信仰与权力之外,“利益争夺”成为勾画新法历史的第三种理论视角。研究者关注新法运行轨迹如何被固有的利益分配结构所左右。经典的讨论来自韦伯对中国家产官僚制的分析。在韦伯提出的家产官僚制的支配结构中,对支配结构的妥当性服从只是帮助不同参与者获得利益的手段而已。传统规则使支配者可以在传统之外任意而为以攫取资源;传统规则也为家产官僚对个

---

① 余英时:《朱熹的历史世界——宋代士大夫政治文化的研究》,生活·读书·新知三联书店2011年版,第5页。

② 梁庚尧:《市易法述》,载《宋代社会经济史论集》上册,允晨文化实业股份有限公司1997年版,第120—121页。本章将“阴阳”的概念扩展到权力领域。

③ Charles Hartman, “Zhu Xi and His World”, *Journal of Song-Yuan Studies*, No. 36, 2006, p. 131.

人官职的占有并利用官职牟利提供合法性,[①]还为其他家父长抵抗支配者干预提供依据。[②] 于是,他们捍卫传统而反对改革,政治过程因而呈现出自利、分裂、僵化、专断和靠实力说话的特点。[③]

在韦伯的解释中,家产官僚制的利益分配结构造成了王安石变法的失败。新法对财政征收和分配的统一威胁到了士人的俸禄利益,因而遭到他们的集体反对。[④] 统一国家财政收入的努力也损害了地方官员的利益,因此被地方官员集体抵制。君主尽管在传统上具有权威,但在新法开拓的政策领域,无法有效克服地方官员对纳税土地人口等信息的控制。[⑤] 新法由于官僚自我牟利的行动而失败,这成为被现今学界普遍接受的观点。[⑥] 韦伯还观察到,变法将国库的利益摆在优先,而忽略广泛存在于村落之中作为传统家产支配组织的氏族的利益。王安石试图加强官僚理性主义以提高国库利益的努力,面临着以地方氏族为代表的“坚定的、传统主义的势力”的对抗。氏族依靠传统维系自身利益,传统因此“受到最紧密的私人关系团体的支持”。加之村落另外的重要势力平

---

① 马克斯・韦伯:《支配社会学》,康乐、简惠美译,广西师范大学出版社 2010 年版,第 145 页。

② 马克斯・韦伯:《支配社会学》,康乐、简惠美译,广西师范大学出版社 2010 年版,第 112 页。

③ 相关讨论参见罗祎楠:《中国国家治理“内生性演化”的学理探索——以宋元明历史为例》,《中国社会科学》2019 年第 1 期。

④ 马克斯・韦伯:《中国的宗教:儒教与道教》,康乐、简惠美译,广西师范大学出版社 2010 年版,第 123 页。

⑤ 马克斯・韦伯:《中国的宗教:儒教与道教》,康乐、简惠美译,广西师范大学出版社 2010 年版,第 87、90 页。

⑥ 代表性的如,James T. C. Liu, *Reform in Sung China: Wang An-Shih (1021 - 1086) and His New Policies*, Cambridge: Harvard University Press, 1959, p. 59;王曾瑜:《王安石变法简论》,《中国社会科学》1980 年第 3 期。

民组织将这种财政上的改革视作国家图利,因此对其抱有怀疑并强烈反抗改革。这些原因造成王安石改革在地方社会的失败。[①] 学者将韦伯的看法扩展到市场领域。他们看到,新法试图在盐茶经销等领域建立为政府谋利的统购制度。但实际上,政府无法胜过那些可以左右市场运营的大商人。为了达成谋利的目标,政府只能和商人合作,共同损害小生产者的利益,这却进一步激发了小生产者的暴力反抗。[②]

上述三种理解看似不同,却体现了共同的理论视角。"天下情势"一章将此称为"个体主义"视角。该视角将政治视为具有固定属性的个体间相互纷争的过程,并将统治方式视为纷争的结果。[③] 这样的个体既包括历史人物,如宋神宗、王安石、司马光等;也包括抽象的行动者,如士人、士大夫、官僚、皇帝、宰相、党派、大商人、小生产者等。这样的"个体属性"包括思想家的信仰、士大夫的权力意识与行动、家产制官僚的利益追求等。研究者从历史资料中抽象出个体的固化特征,[④]进而围绕不同的个体属性来构造北宋熙丰新法论争过程的历史事实。新法的历史被表现为:历史

① 马克斯·韦伯:《中国的宗教:儒教与道教》,康乐、简惠美译,广西师范大学出版社2010年版,第143、145—146页。

② Paul Jakov Smith, *Taxing Heaven's Storehouse: Horses, Bureaucrats, and the Destruction of the Sichuan Tea Industry, 1074－1224*, Cambridge: Council on East Asian Studies, Harvard University Press, 1991, p. 309.

③ Ronald Jepperson, John Meyer, "Multiple Levels of Analysis and the Limitations of Methodological Individualisms", *Sociological Theory*, Vol. 29, No. 1, 2011, p. 57.

④ Mustafa Emirbayer, "Manifesto for a Relational Sociology", *American Journal of Sociology*, Vol. 103, No. 2, 1997, p. 282.

人物之间互相竞争，采取各种手段实现自己的权力、利益或信仰目的。[①]

关于熙丰新法的上述认识也直接被镶嵌到关于“前现代”中国的历史图景之中。信仰的冲突造成士大夫集团的分裂，权力的争斗造成政府治理的低效，利益格局的僵化导致社会发展的停滞，这些特点成为前现代中国难以突破的宿命。分裂、低效、停滞代表了“中国悲剧性近代的前夜”[②]或是“失败的总记录”[③]。新法的命运也必然如同传统时代其他的改革一样，淹没于传统政治结构的宿命之中，不可避免地走向失败。

当我们沉浸在这样的悲观之中时，却忘记了这种判断也是“个体主义”理论常识的产物。看似对传统社会充满“批判”态度的评论，却恰恰有意无意地顺服于常识的束缚。突破常识的力量源于对历史经验的朴素体验。当我们重新感受历史人物彼此间交流的状态时，会感到一层更为复杂的关系世界，这层世界是在历史人物对彼此的“理解”中展开的。

以往一些学者在阅读史料时，已经感受到了无法被“理念信仰、权力或利益争夺”所涵盖的丰富历史实态。研究者注意到，所

---

① 阿尔弗雷德·许茨：《社会世界的意义建构：理解的社会学引论》，霍桂桓译，北京师范大学出版社2017年版，第91页；Talcott Parsons, *The Structure of Social Action*, New York: The Free Press, 1968, p. 732; James Coleman, “Social Theory, Social Research and a Theory of Action”, *American Journal of Sociology*, Vol. 91, No. 6, 1986, p. 1312。

② 孔飞力：《叫魂：1768年中国妖术大恐慌》，陈兼、刘昶译，生活·读书·新知三联书店2014年版，第1页。

③ 黄仁宇：《万历十五年》，中华书局2014年版，第300页。

谓新法的"支持者"和"反对者"之间的界限并非泾渭分明。① 历史人物并没有将不同政见者纯粹地视为不可相容的敌人,他们对彼此的理解植根于生活交往的复杂情境。刘子健看到,变法派和反对派"观点的差异并不会降低相互的尊重"②。邓广铭看到,在王安石去世后,司马光于写给吕公著的信中提出了"介甫文章节义过人处甚多"这一评价。③ 邓小南引用了司马光熙宁三年(1070)《与王介甫书》中所言"光与介甫趣向虽殊,大归则同"一句,说明在二人不同立场背后有着"共同的忧国忧民的炽诚精神"④。钱穆早已看到:"荆公素善明道(程颢),尝谓:'此人虽未知道,亦是忠信。'"⑤有学者看到,尽管曾巩与王安石在变法问题上看法冲突,但二人一生都对彼此怀有深厚感情,以至于曾巩在元丰三年(1080)病故前,同在江宁府的王安石"日造卧内"。⑥ 在生活的意义世界中,我们看到了远比"冲突"更加丰富的交往经历。

同样地,历史人物的学术经历也影响他们对彼此的理解。"看似水火不容的两极之间,往往具有比人们意料中更多的思想共通

---

① Ari Daniel Levine, *Divided by a Common Language: Factional Conflict in Late Northern Song China*, Honolulu: University of Hawaii Press, 2018, p. 7.

② James T. C. Liu, *Reform in Sung China: Wang An-Shih (1021 - 1086) and His New Policies*, Cambridge: Harvard University Press, 1959, p. 29.

③ 邓广铭:《北宋政治改革家王安石》,生活·读书·新知三联书店 2007 年版,第 49 页。

④ 邓小南:《祖宗之法——北宋前期政治述略(修订版)》,生活·读书·新知三联书店 2014 年版,第 437 页。

⑤ 钱穆:《明道温公对新法》,载《中国学术思想史论丛》第 5 卷,九州出版社 2011 年版,第 73 页。

⑥ 梁建国:《朝堂内外:北宋东京的士人交游——以"嘉祐四友"为中心的考察》,《文史哲》2009 年第 5 期,第 117 页。

之处。”[①]比如，在关于司马光和王安石的关系问题上，史学家钱穆重新分析了《续资治通鉴长编纪事本末》和《温国文正公文集》等史料中记载的熙宁元年(1068)八月十三日二人对郊赉赏赐是不是过多的争论。他反对将这段材料阐释为二人的决然对立，因为材料只是围绕郊赉赏赐这一十分具体的问题来展开讨论。他进而提出，司马光的《论财利疏》中“养其本源而徐取之”的思想，便是增加货殖而开源的主张。司马光对王安石的开源理财并非简单地否定，只是认为此举不能够急迫。[②] 陈植锷看到二程赞扬和引用王安石之学不乏其例。[③] 钱穆还提出程颢与王安石都认同改革方案中“上下一体”“教养并重”的基本理念。程颢之所以开始反对新法，源于王安石任用小人和以制置三司条例司之名义公开反驳韩琦，而非固有理念的冲突。即使反对王安石，程颢也依然认同大有为之政。[④] 钱穆注意到苏轼“本主变法甚力”的情况。[⑤] 刘成国看到，变法反对者孙觉不仅仅与王安石是相交多年的朋友，而且二人实际上都认同“回归三代”的时代理想。[⑥] 熙宁初，孙觉在给皇帝提出的改革设想中所用话语，如“深造于道德性命之际”“窃观朝廷之政未尽得先王之意，而先后之序未尽合圣人之道”等，都和同时

---

① 邓小南：《祖宗之法——北宋前期政治述略(修订版)》，生活·读书·新知三联书店2014年版，第452页。

② 钱穆：《明道温公对新法》，载《中国学术思想史论丛》第5卷，九州出版社2011年版，第74—81页。

③ 陈植锷：《北宋文化史述论》，中华书局2019年版，第378—379页。

④ 钱穆：《明道温公对新法》，载《中国学术思想史论丛》第5卷，九州出版社2011年版，第70—72页。

⑤ 钱穆：《明道温公对新法》，载《中国学术思想史论丛》第5卷，九州出版社2011年版，第69、75页。《朱子语类》之引文也转引自钱穆此文。

⑥ 刘成国：《王安石年谱长编》，中华书局2018年版，第772—773页。

期的王安石的道德性命之学相通。①

一些学者进一步看到,当历史人物身处各种情境世界时,他们应对分歧的方式也是多样的。如钱穆所论,尽管在熙宁元年(1068)八月司马光与王安石就具体的郊赉赏赐这样的政策问题有过争论,但是在熙宁二年(1069)五月开始的议学校贡举这一"绝大议论"中,司马光基本接受了贡举改革的动议。同年六月当吕诲上神宗"论王安石奸诈十事"时,司马光表示诧异和难以认同。② 可见,司马光与王安石就具体政策的争论并不一定会导向他对王安石个人的道德、学术或改革的全盘反对。

这些历史描述似乎更加符合人与人日常交往中的感受。我们对他人的理解总是复杂的,是各种"理解"的交织,而不是简单地从权力、利益和信仰的异同看待他人;我们和他人的关系不是"单向度"的,谁都不是只知道为达成目的而采取手段的工具理性人。比如,当我们想到一个人时,与他(她)以往交往的复杂情境和经历都会涌现出来,各种复杂的情感记忆交织在一起。在一个具体的当下情境中,我们对他人的理解可能因为一个突然的事情而发生变化——对方的形象会发生很大的改变(此类现象在处于恋爱的情侣中尤其突出)。在现实生活中,人们对彼此的理解必然依赖于具体的情境。我们总会感受到一种交往的"现实",在"现实"中,我们自身和他人都具有角色形象,但这种"现实"图景既是不稳定的,也

---

① 孙觉:《上神宗论人主有高世之资求治之意在成之以学》,载赵汝愚编:《宋朝诸臣奏议》上,北京大学中国中古史研究中心点校整理,上海古籍出版社1999年版,第44页。

② 钱穆:《明道温公对新法》,载《中国学术思想史论丛》第5卷,九州出版社2011年版,第69页。

是多层次的。我们自然而然地相信自己身处“现实”图景之中，我们的行动动机因现实而牵动。荀子做了一个形象的比喻，他把人因为对情境之“知”而被驱动的状态称为“梦剧”。这里的情境就是“剧”，行动者则如在梦中，以为自己的情境之剧是真实的。荀子强调人应保持对现实的正确认识，而“不以梦剧乱知”①。我们在生活中切身理解“现实”，因现实而心动，这也正是上面历史资料中历史人物彼此理解的实态。通过自身的生活经历，我们便可以理解历史现象出现的合理性。我们同样感受到那些“常识”理论似乎难以涵盖这种朴素的生活理解。正是这种“不契合感”推动我们探寻分散的历史经验素材之间的内在联系。

我们需要寻找新的理论视角，使之贴合于历史现象与生活感受。我们从实用主义社会思想中挖掘出“想象性”理论视角，以此重新理解熙丰新法的历史事实。

二、“想象性”理论视角与“青苗法事件”：历史事实的构建

如何在理论上分析行动者对“现实”感受的生成过程？对此问题分析的重要理论流派便是“想象性”理论。此流派通过“想象”(imaginary 或 imagination)来解释政治过程中人和人角色关系的变化。所谓“想象”，并不是对立于行动者“理性”的不真实的“幻

---

① 袁行霈主编：《荀子·廖明春解读》，国家图书馆出版社 2019 年版，第 317 页。

想”。它指的是行动者将所经历的那些难以预料的事情、变故,重新转化为可以被自身所理解的情境。[①]“想象”是行动者将经验整合为社会图景的过程。[②] 在图景中,所谓“自我”和“他人”的目的、手段变得可以被行动者理解,它们属于图景中勾画出的角色特征,是在想象中才出现的。[③] 身处想象过程中的行动者是一种开放的状态,他们将当下视为不断前进的历史过程的一部分,时刻准备调动曾经的情境来理解框架,建立或接受对世界新的理解。[④]

首先,“想象性”理论揭示了行动者作为“社会性存在”的历史情态:他们通过对彼此主体状态的多元理解而相互连接起来。行动者想象的自我和他人的主体状态与彼此间关系构成了现实情境的图景。此图景中并非只有秉持目的的自我和物化的他者。角色是互动中人们对自我和他人主体状态的理解:我的角色是我对自己会如何行动的预期,也是我想到的他人眼中我的样子;他人的角

---

① Chiara Bottici, *A Philosophy of Political Myth*, Cambridge: Cambridge University Press, 2007, pp. 20-43; Thomas M. Alexander, “Pragmatic Imagination”, *Transactions of the Charles S. Peirce Society*, Vol. 26, No. 3, 1990, pp. 325-348; Henry Jankins, Gabriel Peters-Lazaro and Sangita Shresthova, *Popular Culture and the Civic Imagination: Case Studies of Creative Social Change*, New York: New York University Press, 2020, pp. 12-13.

② Mary Warnock, *Imagination*, Berkeley: University of California Press, 1976, p. 196.

③ C. Wright Mills, “Situated Actions and Vocabularies of Motives”, *American Sociological Review*, Vol. 5, No. 6, 1940.

④ Charles S. Peirce, *The Collected Papers of Charles Sanders Peirce I*, Charles Hartshorne, Paul Weiss (eds.), Cambridge: Harvard University Press, 1931-1935, p. 181; John Dewey, “The Reflex Arc Concept in Psychology”, *Psychological Review*, Vol. 3, No. 4, 1896.

色则是自我在计划行动时想象到的他人对我的应对。[①] 行动者对角色的想象便是他们“社会化”的过程，[②]此种“社会”并不是被行动者利用的制度工具，也不是决定行动者认知的规范结构。“社会”是行动者在不断地互动中所理解的自我和他人的社会意义；“社会”也是行动者这种不断相互理解的连接状态。人们无时无刻不在想象着自己和他人的主体状态，以及自己在他人主体状态中的意义。他们不断地根据互动交流中看到的“自己”和“他人”，重新想象着由主体状态交融而绘制的社会图景。

其次，在“想象性”理论看来，人的社会意义内生于想象过程，处于永恒变化之中，不断地被历史人物赋予新的意义。行动者相信自己可以理解他人的角色，但是这种“确信”时刻可能被突变性的“事件”(events)打破。[③] 行动者会习惯性地运用原有图景中的角色去预期他人的行动。然而，难以预料的事情却使他们的预期没有出现。这种落差意味着社会角色连接的暂时中断。突发的事件使人的情绪发生变化，促使他们寻找对他人言行之意义的新的理解。这是一种整合经验的过程，具有四个特点：第一，行动者记忆中存有框架(frame)，这些框架来自他们以往的经验；[④]第二，行动者将经历的事件作为对象(object)，他们将这些对象联系起来，

---

① Hans Joas, *The Creativity of Action*, Cambridge: Polity Press, 1996, pp. 187-188.

② Mustafa Emirbayer, Ann Mische, “What Is Agency?”, *American Journal of Sociology*, Vol. 103, No. 4, 1998, p. 969.

③ Robin Wagner-Pacifici, “Theorizing the Restlessness of Events”, *American Journal of Sociology*, Vol. 115, No. 5, 2010, pp. 1351-1368.

④ Erving Goffman, *Frame Analysis: An Essay on the Organization of Experience*, New York: Doubleday Anchor, 1974, p. 11.

看到其隐含的共同特征，进而找到和此特征相符合的框架；①第三，行动者将意义框架转化为情境图景，此种图景具有时间性(temporality)，是对“当下正在发生什么”的理解；②第四，对当下情境的理解并非一成不变，已经获得意义的那些人、事经验，会在新的情境图景中重新获得意义。这种“意义构建”过程永不停歇，不断塑造着历史人物心中的“现实”，重构他们对“经验”的理解。

最后，行动者可以同时保有对现实意义的多重理解，“社会世界根本不是作为某种同质的对象而给定的，而是通过某种由各种视角组成的复杂系统而给定的”③。尽管行动者的行动来自他们对当下情境的“一种”理解，但他们实则依然保有对同一人、同一事的意义的其他潜在理解。只不过在特定环境中，这些理解并没有推动他们真正行动起来。然而，如果他们又感受到突变的发生时，新的事件就可能激活这种潜在的情境图景，使他们扭转此前的行动。因此，所谓“现实情境”是“因其潜在性而存在的领域”。潜在性使行动者对同样的人和事保持不同的理解，并可能迅速改变态度。④

作为理论视角，“想象性”架构起历史叙事的基本要素。“天下

---

① Stefan Timmermans, Iddo Tavory, “Racist Encounters: A Pragmatist Semiotic Analysis of Interaction”, *Sociological Theory*, Vol. 38, No. 4, 2020, p. 297.

② Mustafa Emirbayer, Ann Mische, “What Is Agency?”, *American Journal of Sociology*, Vol. 103, No. 4, 1998, p. 971.

③ 阿尔弗雷德·许茨：《社会世界的意义建构：理解的社会学引论》，霍桂桓译，北京师范大学出版社2017年版，第9页。

④ Iddo Tavory, “Of Yarmulkes and Categories: Delegating Boundaries and the Phenomenology of Interactional Expectation”, *Theory and Society*, Vol. 39, No. 1, 2010, pp. 52-53.

情势”一章将从制定青苗法到“定国是”的历史过程构造为一个案例，称之为“青苗法事件”。实际上，在惯常理论视角看来，“青苗法事件”具有极强的“典型性”。在此事件中，决策者在权力、利益或者理念上的巨大分歧引发了激烈争论，争论推动双方为达成自己的目的而采用各种策略、动员各种资源。最终，改革派战胜保守派，按照自己的目的统一了国家的大政方针（“国是”）。这样的“历史事实”早已成为学界的普遍共识，“青苗法事件”也成为印证“个体主义”视角的典型案例。

但也正是在这个案例中，各种与惯常叙事“不契合”的现象却也格外突出。从熙宁二年（1069）青苗法颁布到熙宁三年（1070）二月，尽管关于变法的分歧持续存在，不同意见也的确可以反映出持有者相互冲突的目的，但每个人在他人眼中的面貌都是因事而异的，而并非只有敌人或朋友这样固定的标签。比如，王安石对苏辙过于重视言辞之学持批评态度，称其“飞箝捭阖为事”，这体现了二人在道德目标上的冲突。但他赞同苏辙关于变法使“吏缘为奸”[①]的劝告，这说明二人对变法要达成何种利益分配目标有同样的认识。再比如，熙宁三年（1070）二月韩琦上奏批评青苗法后，赞同韩琦意见的台谏官程颢、李常却坚定支持王安石继续担任宰辅。他们虽然不认同王安石追求的利益和信仰目的，但支持王安石保有宰辅权力。此外，“和而不同”“异论相搅”是当时被普遍认同的处理意见的方式。人们认为不同的意见争论是正常的状态。比如，熙宁二年（1069）十一月十九日，吕惠卿和司马光因青苗法当

---

① 苏辙：《栾城集》下，曾枣庄、马德富点校，上海古籍出版社 1987 年版，第 1817 页。

面争论,神宗却赞赏二人的争论,并表达了对他们的信任。再比如,司马光在熙宁三年(1070)二月的《与王介甫书》中尽管满篇都在批评新法政策,但他同样强调自己与王安石的关系是君子“和而不同”。①

我们对这些现象的感受,与前文提到的对熙丰新法整体过程的感受是一致的。根据“想象性”理论,我们重新解读“青苗法事件”的相关资料,发现这些现象都指向了“情境现实”在历史解释中的核心地位。历史人物看似矛盾的看法、态度和观点其实是因情境的改变而产生的。“天下情势”一章的叙事聚集在历史人物如何不断地重新理解和应对现实情境。正如文中所言:

> 围绕王安石、新法批评者与宋神宗,(我们)讲述在熙宁二年到三年(1069—1070)青苗法论争中先后出现的三种对“天下情势”的理解——它们构成了从青苗法颁布到“定国是”这一历史进程的关键节点。通过历史叙事,本章将展现历史人物如何不断将切身经历的分歧整合为“天下情势”的图景,从改造“天下”的角度采取行动以应对分歧,以及他们的行动如何引发超出预期的结果,推动他人建立起对“天下情势”截然不同的理解和应对。在环环相扣的历史进程中,“定国是”最终成为熙宁决策者的集体选择。

“想象性”理论引导我们将分散的历史资料按照叙事要素联系

① 王化雨:《从“慰反侧之诏”看元祐时期宋廷调和新旧的尝试》,《北京社会科学》2019年第2期,第126—127页。

起来。新的视角更引导我们对历史资料有不同于惯常叙事的解读。比如我们对"青苗法事件"中神宗皇帝和司马光在熙宁三年(1070)四月二十五日的一次关键谈话的解读，就不同于以往研究。这段史料如下：

> 翰林学士司马光读《资治通鉴》……及退，上留光，谓曰："吕公著言藩镇欲兴晋阳之甲，岂非谗说殄行？"光曰："公著平居与侪辈言，犹三思而发，何故上前轻发乃尔？外人多疑其不然。"上曰："此所谓'静言庸违'者也。"光曰："公著诚有罪，不在今日。向者朝廷委公著专举台官，公著乃尽举条例司之人，与条例司互相表里，使炽张如此。逼于公议，始言其非，所谓有罪也。公著与韩琦亲，何故以险语谗之？"上曰："非谗琦也，志在君侧之人耳。"光曰："据诰词则谗琦也。公著有罪无罪在于事实，不在诰词。诰词虽云尔，外人皆云公著坐乞罢条例司及言吕惠卿奸邪，不云坐为谗也。"……光曰："宋敏求缴定辞头，何至夺职？"上曰："敏求非坐定也。朕令草吕公著诰词，言兴晋阳之师，除君侧之恶。王安石以谕敏求，而曾公亮以为不可，敏求不遵圣旨，而承公亮之语，但云援据非实而已。"……上曰："李常非佳士，属者安石家居，常求对，极称其贤，以为'朝廷不可一日无也，以臣异议青苗之故，宁可逐臣，不可罢安石也'。既退，使人且以此言告安石以卖恩。"光曰："若尔，诚罪人也。"上曰："有诈为谤书，动摇军众，且曰'天不佑陛下，致圣嗣不育'。或云卿所上书。"光曰："臣所上书，陛下皆见之，且臣未尝以奏草示人也。"上曰："卿所言，外人无知者；台谏所

> 言,朕未知,外人已遍知矣。”上曰:“今天下汹汹者,孙叔敖所谓‘国之有是,众之所恶’也。”光曰:“然。陛下当察其是非,然后守之。今条例司所为,独安石、韩绛、吕惠卿以为是,天下皆以为非也。陛下岂能独与三人共为天下耶?”①

史料中提到的“国是”早已引起学者的注意。按照余英时等学者的解读,这段史料充分体现了变法派如何争取到皇帝的支持,将自己的主张上升为“国是”,由此获得了权力斗争中的优势。但是,当我们从“想象性”理论的视角进行解读时,映入眼中的则是另一番历史图景。这段史料反映了君臣双方对当前天下“现实”是什么的理解。这种理解也包含了对自身和他人角色的认识。他们的交谈是围绕各种此前难以预料的突发事件展开的,他们讨论的焦点在于如何将这些事件整合起来,形成对天下现实的理解。这种理解就是神宗皇帝说的“国之有是,众之所恶”,即皇帝对士大夫缺乏约束,导致他们无休止的异论。司马光则对天下现实有不同的理解:皇帝和条例司官员的做法引起了天下公议的反对。

在“想象性”理论的引导下,我们重新解读上述史料,看到神宗如何在切身的事情经历中形成了对“天下情势”的新的推断。

首先,神宗向司马光强调,正是那些没有想到的突变经验,促成他建立起对情势的新的判断。他在谈话中不断纠正司马光对情势的理解,并反复告诫对方要注意那些细微的人事变化,因为细微

① 李焘:《续资治通鉴长编》第9册,中华书局2004年版,第5112—5114页。

之处恰恰蕴含着整体天下情势的变化。比如，神宗提到，自己对吕公著平素为人的认识是不全面的——吕公著并不如其此前所认为的那般谨慎；皇帝提到，他刚刚经历了吕公著如何利用邪说来挑拨朝廷和韩琦的关系；神宗还承认，自己之前对李常人品的认识也是不正确的，因为他最近才得知李常竟然一边在奏疏中严厉批评青苗法，一边又私下讨好王安石。皇帝在言谈中提示司马光，如果还依然把批评视为公议的传达，就已落后于情势的发展。

其次，神宗依据对情势变化的推断重新界定自我角色。他谈到自己为何在四月二十三日罢免了宋敏求知制诰的职务。之所以这样做，是因为当他让宋敏求在诰词中公开写入吕公著的错误时，宋敏求“不依旨明言罪状，乃宣言于外，以为朝廷改诰词，须当乞免知制诰”。神宗道：“改诰词亦常事，何致如此？”他由此判断宋敏求“此乃挟奸，见朝廷前者不加罪，故今敢如此尔”。[①] 神宗认为，宋敏求竟敢公开以辞职要挟皇帝，就是因为皇帝之前对像他这样的士大夫的言论过于包容。神宗还提到令他不满的其他事情——“台谏所言，朕未知，外人已遍知矣”。作为皇帝，他竟然还不如外人消息灵通。这些言谈反映出神宗对自己过往角色的反思：由于对批评者过于包容，使得批评者可以肆无忌惮地向外发表反变法言论，搅动人心。神宗因此也重新界定了自己的角色：他要代表朝廷的权威，在公共政治空间中清除邪说，以此规制流俗。神宗认同了王安石“一道德”的学说，相信只有这么做，才可以使天下人因皇帝的表率而接受“道”。

① 李焘：《续资治通鉴长编》第9册，中华书局2004年版，第5105页。

最后，“国之有是，众之所恶”包含了对现实的多层理解，而不是简单地表明支持哪一方。神宗将此天下现实表述为：“今天下汹汹者，孙叔敖所谓‘国之有是，众之所恶’也。”这里的“国之有是”，指的是朝廷有了要推行的政令；而“众之所恶”，指的是臣下违背职责，为了追求个人名声而批评新法，导致法令无法推行。通过还原神宗引用的西汉刘向《新序》一书中所记孙叔敖和楚庄王有关“国是”的记载意思，可以看出神宗对现实的理解。[①] 孙叔敖列举了两种违背“共定国是”的君臣关系：第一种是“君骄士”，也就是国君认为自己已经给了士大夫富贵，所以就可以不去考虑士大夫的意见，随意决定国是的内容；第二种则是“士骄君”，也就是士大夫不受约束，随意批评君主。神宗将孙叔敖所说的第二种“士骄君”的图景和切身人事经历对应起来。“骄君”之士使得“国是”难以推行。神宗认为吕公著、宋敏求、李常等，都是此类角色的代表。所谓“骄君”，正是臣下为了自己的名声或利益而违背法律规定的对君主应当奉行的职责。神宗基于此前经历的如吕公著、宋敏求、李常等事件，才获得了对“士骄君”这一现实的认识。他相信，正是因为“士骄君”的出现，才造成了天下人言纷纷、秩序动荡。

“想象性”理论更为重要的作用在于，推动我们建立起对士大夫政治的历史性特质的分析。研究者通过与不同历史案例的比较，逐渐体会分散的现象中所蕴含的整体历史性。下面我们具体展示这一认识实践过程。

---

① 刘向编著：《新序校释》，石光瑛校释，陈新整理，中华书局 2017 年版，第 270 页。

三、历史质性分析:对历史辩证运动状态的体会与表达

“想象性”理论的核心关切在于,人如何不断理解自身所处的“社会现实”。现实是正在发生着的情境。所谓“正在发生”并不是一个点状的时间,而是感到有所源起又可能延展到未来的“时间感”。现实被行动者在实践过程中不断理解,行动者相信自己就处于现实之中。他们需要不断地根据切身经历理解现实是什么。“想象性”理论点明了这种人的实践状态。我们同样可以根据自身生活经历体会到这种状态。当我们体会到自身如何在生活中理解“社会现实”时,我们就会对历史资料中的一些话语产生不同于以往的理解。其中最为关键的,便是“天下”。

“天下”一说早就引起了历史学者的注意。但是,以往研究由于缺乏对“想象性”的理论认识,因而只是将“天下”视为一个抽象“概念”——研究者只知道去研究历史人物怎么“定义”天下。换言之,他们相信历史人物只是在用各种“客观”经验定义“天下”这一主观概念。另一种看法则将“天下”视为“话术”,历史人物只是操纵“话术”以达成自己的目的。这些认识忽视了“想象性”视角能够看到的本真实践状态。在该视角看来,“天下”是实践者不断理解的整体社会现实。换言之,历史人物乃是“实践者”,他们在实践中并不关心如何定义什么是“天下”,而是在有意无意地通过“天下”来理解现实。

这种“通过”有两层分析意义。首先,“天下”是一种“意义框

架”，通过这一框架，历史人物的各种具体经历对他们来说具有了“意味”，这种意味就是他们所感受到的自身在整体“天下”世界中的角色。其次，也正是那些具体的个人经历使得“天下”对每个人来说，不再是一个毫无感觉的空洞概念，而具有从切身经历而来的感受。在前一个层次中，“天下”具有整合切身经历的作用；在后一个层次中，“天下”是被赋予复杂个人感受的词语表达。在实践中，这两个层次相伴而生、相互推动，一个层次的展开也推动另一个层次的延伸。“天下”只有在历史人物经历的事情之中才能对他们有所“意味”；“天下”这个说法又引导历史人物从一个独特的意义层次理解他们的经历。

可见，“想象性”理论视角引导我们在阅读历史资料时，感受到个体视角无法觉察的历史情态：历史突变与身处突变中人的实践状态。我们首先感受到历史突变。历史人物本以为他们做某件事后会造成什么结果，然而这种结果并没有出现，他们由此产生了情感的波动，这种情绪推动他们重新理解天下现实。当我们带着这个视角重读历史资料时，以前不注意的历史情态便呈现了出来。比如，“天下情势”一章解读了王安石“勃然”所言“臣论此事已及十数万言，然陛下尚不能无疑，如此尚为异论所惑，则天下何事可为”。这句话中蕴含了一种因意想不到而产生的无奈和愤懑。在青苗法颁布前，王安石已经充分吸收了反对者的批评意见（“论此事已及十数万言”），设立了预防性措施来防止各种可能出现的问题。他本以为这些设计可以消弭分歧。结果批评之声不仅没有消失，其影响力反而进一步扩大，皇帝也因此而困惑。更令他感到不满的是，批评者根本无视他那些完善立法的努力，批评的意见毫无新意。王安石因此“勃然”，这推动他迫切向皇帝表达自己对天下的判断。他直接将批评意见视为“异论”，开始将现实理解为皇帝和其他人被“异论所惑”，使新法事业无法在天下可为。历史人物的“突变”感受是贯穿整个历史过程的状态。“天下情势”一章还展现出王安石对韩琦公开的反驳大大超出他的那些任台谏官的好友们的意料，推动他们转变态度，宣誓代表天下公议并与王安石对立。此外，通过对熙宁三年(1070)四月二十五日宋神宗和司马光的对话，我们展现出皇帝如何意识到自己以前对别人的理解出了问题，过分的包容导致天下人心动荡。这些未曾想到的事情推动他调整做法，开始排斥那些不遵职守的批评者。

除“突变”外，我们的另一层感受在于身处突变中的历史人物的实践状态。从表面上看，“青苗法事件”最终使论辩的双方走向了一种“对立”状态。这种对立状态实则却体现了双方的“共识”。反对新法的臣僚如司马光等主动请求退出决策层，他们希望向天下之人表达一种决绝的态度。王安石认为应该公开地反驳、批评乃至罢黜那些持“异论”的人。皇帝的担忧则在于，批评者只知道自己获得好名声，却不遵守职责，导致天下人心动荡，因此皇帝公开惩罚了这些人。这种“共识”意义上的“对立”恰恰说明，各方在筹划自身行为时，都以“天下人心”为出发点。

那么，我们该如何把握这种实践方式的实质性历史意涵呢？在“认识实践”方法论看来，我们的“历史质性分析”实际上源于自身的理论学养。具体说，我们需要从西方现代文明历史上出现的那些“分歧”时刻切入，把握社会科学理论如何理解“分歧”，进而与自身对“青苗法事件”历史经验的感受相联系,探讨中西不同案例蕴含的历史差异。尽管不同案例的结果看似都出现了分歧双方的对立,但比较思维引导我们看到历史中蕴含的理论意涵差异。具体说,我们从三个角度展开比较。

第一,历史人物理解“天下情势”的过程体现出一种“推断性”的特点。我们熟悉的社会理论从具体的人之主体“共在”状态理解对立的产生。不同于此,“天下”在历史人物的理解中乃是一个整体性的世界,历史人物相信他们可以从个体经历中推断出天下情势,他们将“天下”视为一个独特的现实层次。在突变过程中,他们并不是以“共在”的方式看待与他人的关系,而是在天下的整体角色系统中理解自身和他人。

具体说,在实用主义理论看来,想象图景表现了我和他人正在共同经历着什么的情境:我确信我和对方看到了同样的情境图景,“当我们经验同一个对象的时候,我把我自己对我的各种体验的解释,与你在这些情况下对你自己的各种体验的解释等同起来”[①]。在这属于“我们的环境”中,我“想象”着对方如何“想象”包括我在内的共同世界,并根据我对对方的想象来调整我的行动。在此理论中,所谓“角色”正是在主体间共在状态中生成的对自己和他人的行动预期。在想象的图景中,我的角色是我对自己会如何行动的预期,也是我想到的他人眼中我的样子。[②] 他人的角色则是“我

① 阿尔弗雷德·许茨:《社会世界的意义建构:理解的社会学引论》,霍桂桓译,北京师范大学出版社2017年版,第256页。

② Hans Joas, *The Creativity of Action*, Cambridge: Polity Press, 1996, pp. 187-188.

在计划我自己的行动的时候，也是通过幻想来设计另一个人的行为”[①]。因此，自我和他人的角色在共在情境中才会生成。角色形象分散于不同具体情境之中，依附每一个具体的共在状态而存在。当人们发现他们对对方的预期和实际感受不符合时，就会主动修正原本想象的共在图景，自我和他人的角色也会相应发生改变。[②]

实用主义社会理论进而讨论历史“突变”如何激活了行动者对与己共在的他人的“敌对”想象。集体不确定感乃是此过程的核心原因。具体说，在第一类机制中，当面对突发性的暴力威胁时，人们“不仅仅怀疑对方是不是正在准备伤害自己，而且他们感觉对方正在和自己的想法背道而驰，甚至要把意愿强加给自己”[③]。在这种突变引发的不确定感中，人们不知所措地将对方视作敌人。但是这种状态只是过渡。当双方发现怀疑中的敌人并没有出现时，想象中的对立角色便消逝了。或者，当一方抓住时机使自己的情绪表达占据支配地位时，另一方完全被胜者的情绪所支配，从而形成了稳定的支配和被支配的角色关系，不确定感也会随之消逝。[④] 在第二类机制中，集体不确定感促生了人们对“抽象群体”(abstract group)成员角色的想象。当面对着意料之外的突然变故

① 阿尔弗雷德·许茨：《社会世界的意义建构：理解的社会学引论》，霍桂桓译，北京师范大学出版社 2017 年版，第 258 页。

② Erving Goffman, *Frame Analysis: An Essay on the Organization of Experience*, New York: Doubleday Anchor, 1974, pp. 38-39.

③ Randal Collins, *Violence: A Micro-Sociological Theory*, Princeton: Princeton University Press, 2009.

④ Randal Collins, “Emotional Dynamics and Emotional Domination Drive the Micro-trajectory of Moments of Collective Contingency: Comment on Ermakoff”, *American Journal of Sociology*, Vol. 123, No. 1, 2017, pp. 277-278.

时,身处其中的人们在迷茫中更加依赖对同侪状态的想象。他们想象着周围人也在经历着同样的突变所带来的压力和迷茫,他们想象着这些人也有克服突变的共同诉求,因此将这些人视为同一个群体的成员,尽管他们根本无法指明对方都有谁。群体想象的内容并不是成员名单或制度规定,所谓"群体",只是被突变催生出的"想象的共同体"①。正是基于这样的群体想象,当人们面对周围某些人发出的突然举动时,他们便轻易猜想发出举动的同侪一定是因为某些不为人知的原因而找到了应对突变的正确方案。他们由此产生了对群体成员集体走向的想象。在这种想象中,他们会重新界定情境图景中的角色安排,这种界定来自他们所猜想到的群体成员们对"谁是敌人""谁又是朋友"的共同选择。之所以能够建立起这样的角色想象,在于不确定感促使人们更加确信自己可以知道他人的想法。实用主义理论所强调的主体间共在状态被集体不确定感所强化。总之,集体不确定感引发了行动者对角色的即时性和情境化理解。②

当我们将上述理论与"青苗法事件"的历史经验感受进行比较时,却感受到历史人物面对突变时的不同状态。其中实质性差异在于,身处突变中的人们,能否具有胸怀看到"天下"这个整体性的世界。"青苗法事件"中分歧双方都主动地将突变的事件置于"天下情势"这一整体中去理解。他们相信一种整体状态的存在,相信

---

① Benedict Anderson, *Imagined Communities: Reflections on the Origin and Spread of Nationalism*, London: Verso, 2006.

② Ivan Ermakoff, "The Structure of Contingency", *American Journal of Sociology*, Vol. 121, No. 1, 2015, pp. 106-109.

具体的经历可以和这种整体状态联系起来。在他们的理解中，“天下情势”指的是蕴含变化于具体人事之中的整体的世界状态（如唐岱《绘事发微》言“诸凡一草一木，俱有势存乎其间”）。情势的变化决定了权力的效果（如《管子》言“威无势也无所立”）。它处于动静之间，在稳定的整体状态中时刻孕育着变化的先机（如王夫之《宋论》言“相仍者之必相变也，势也”）。情势体现出中国传统士大夫独特的倾向：他们相信自己可以体察所身处的当下实况（“情”）中孕育的天下变化大“势”。尽管行动者也有对自身和他人“角色”的理解，但这种角色感受并不是共在性的。角色被视为超越具体个人经验的“类”，角色相互连接而构成“天下情势”的格局。

历史经验素材充分反映了历史人物如何超越“共在”而理解彼此关系。王安石根据自己与韩琦、司马光、苏轼等的交流，发现这些批评者固执地运用自己的学说批评变法；根据对人性的判断，王安石认为他们的内心已经偏离了“道”，其意见属于“邪说”。他因此将情势推断为有“邪说”在使天下不安，并重新将批评者的角色界定为持有和散布邪说之人。台谏官则观察到了王安石的偏执和自以为是。在他们的人性理论中，人心一旦被这些状态左右，就会丧失“中和”，他们由此认为变法者的言论和行为已经偏离了“道”。批评者发现很多与青苗法没有利害关系的普通人也在反对改革，他们运用人性理论得出这一推断：新法已经违背了代表“公”的天下人心，其言论主张是错误的，正在扰乱天下人心对“道”的依从。

历史人物运用关于世界一般状态的“理论”去整合具体人事经验，这是不同于“主体间共在”的“推断”过程。行动者运用儒家思想关于性、道、人心等观念将具体经验转译成情势中的角色特征和相互关系。他们并不关心如何在具体而分散的共在情境中去逐一理解自我或他人的角色意义,而只关心如何将自己的具体经验纳入整体性的“天下情势”之中,使之获得意义。他们并不关心自己对情势图景的想象是不是可以被他人所理解,而只关心自己将具体经验与整体情势对应的方式是否合理。他们争论的焦点并不在于每个具体情境中的角色有何差异,而是具体人事经验可以与情势中何种固定的“角色”(如君子、小人、异论之人等)特征相对应,以及为什么可以如此对应。当他们发现对方背离了自己的预期时,并不会将其与共在情境对应起来,而是首先考虑这是否意味着情势在发生改变;为了体察“情势”,他们会有意跳出对“情境”的感受,反观突变中蕴含的整体情势特征。①

通过上述比较分析,我们揭示出基于共在情境的“对立”与基于天下情势推断的角色对立二者之间的实质性差异。

第二,理解天下情势的过程体现了历史人物的高度主动性。他们相信存在“天下”这个理解世界的整体层次,在日常交流中,他们主动将自身与这个整体的世界联系在一起,相信一旦进入“天下”的层次理解切身经历,就可以获得和在具体共在情境中对世界的不同感受。

我们对这种“主动性”的感受同样是建立在比较基础上的。突变中的人如何产生敌对乃至冲突,这是政治想象研究的核心问题意识。根据欧美现代化进程历史经验得出的社会理论普遍强调人

① 比如神宗将台谏官对青苗法经济政策的批评与坊间流传的“天不佑陛下,致圣嗣不育”这样和经济毫不相关的经验连接起来,以此说明天下情势的特点在于“国之有是,众之所恶”,从而对台谏官重新赋予了角色意义。

在突变中的消极状态。两种主要理论解释了突变如何引发了消极的人们对共同敌人的想象。第一种解释来自阿伦特。如她所论，统治过程中行动者的公开角色和真实内心之间的冲突是结构性的、无法消除的；当塑造角色的政治美德成为政治体获得合法性的必要条件时，这种角色和真实的冲突就具有了现实意义。历史人物对他人的高尚道德角色预期与真实堕落状态之间存在巨大落差，这使他们产生“神经质的不信任感”，推动他们去搜查那些内心动机与公开角色不符的“伪君子”敌人，[①]由此陷于不断寻找敌人的怪圈之中。第二种解释关注“展演性”(performative)行动及其意义图景(landscapes of meaning)在平定人心和塑造共同敌人时的作用。在里德等学者的研究中，当社会公众丧失共享的意义图景时，他们因难以了解他人内心对世界的理解而迷茫。此时某些人物在公共空间的展演便具有了连接(bind)公众的因果力量。观看展演的人们相信其他人和自己一样，也在信任着展演者。他们由此相信展演者提出的意义图景就是真实的社会现实。他们以此获得确定感，并共同参与到展演者规划的集体行动之中。此种确定感和参与感的产生，依赖于展演图景中所树立的共同“敌人”。正因为展演者的图景中含有无情打击敌人的计划，迷茫的观众们才会相信那些计划可行。里德等学者通过对现代西方民主制早期历史的研究，勾画出在突变中人们如何被展演者描绘的敌人图景所鼓动，陷于对敌人的狂热斗争之中。研究者强调，这是一个充满

---

① 汉娜·阿伦特：《论革命》，陈周旺译，译林出版社2019年版，第88—93页。

了迷茫、盲从、狂热与仇恨的“民主政治的消极历史空间”[①]。

以上理论虽然各不相同,但都揭示出行动者因迷失了对他人角色的习惯性把握而产生的自主性缺失。无论行动者如何重获确定感,他们始终处于某种外在力量的推搡之中。此种力量并非属于具体的支配实体(如统治者或者支配结构)。它生成于由事件、制度结构、人与人的互动、既往的历史文化,以及个体内心状态等交织、碰撞而成的局势(conjuncture)之中。[②] 身处于局势中的行动者,被局势所裹挟。他们可以灵活应对局势中具体的人与事,却时常感觉“被赋予了一个消极被动的未来和过去”,那些不断重复的突变事件和感受在他们眼中“成了他们命运的一块碎片”。[③] 行动者面对局势时的“身不由己”成为这些理论所共同揭示的主体状态。

在比较意识中反观“青苗法事件”,我们感受到历史人物非常不同的主体状态。浸淫于中国士人文化中的决策者表现出将难以预料的突变转化为对天下情势判断的强烈自主意愿。正如学者所指出的,中国传统士人所受的经典教育使他们相信自己可以跳出具体的经验世界而体察到天下情势。[④] 在熙宁时期史料中经常可见此类意愿的表达,它们与诸如法国大革命参与者、选择支持希特

---

① Isaac A. Reed, *Power in Modernity: Agency Relations and the Creative Destruction of the King's Two Bodies*, Chicago: The University of Chicago Press, 2020, pp. 74-98.

② William H. Sewell, Jr., *Logics of History: Social Theory and Social Transformation*, Chicago: The University of Chicago Press, 2005, pp. 109-112.

③ Jean-Paul Sartre, *Critique of Dialectical Reason*, Vol. 1, trans. Alan Sheridan-Smith, London: Verso, 2004, p. 259.

④ 朱利安:《从存有到生活:欧洲思想与中国思想的间距》,卓立译,东方出版中心 2018 年版,第 6 页。

勒的魏玛共和国会议员的个人日记中所普遍表达的“身不由己”的哀叹形成鲜明对比。[①] 比如，“天下情势”一章讨论了熙宁初年苏轼和皇帝的对话。以往研究更多看到这段对话中体现出苏轼和王安石的观点差异。但是，当我们从新的比较意识中反观这一对话时，就可以体会到决策者“观天下”的主体性自觉。苏轼认为治天下如同用兵，君主不应当贸然推行改革，而应当“用静以应之于后”，只有先感天下情势，然后应对情势中的问题，“乃能胜天下之事”。当王安石听到宋神宗转述此意见时，他同意了苏轼所说的统治者应当先要“感”天下情势，强调皇帝需要“顾其时与势之所宜”[②]。这段讨论说明，无论是否支持变法，士大夫都相信自己不能拘泥于具体经验世界，而是要去“度”“顾”“体”天下时势。二人观点不同，但都表现出对自觉体察天下的充分信心。同样地，在青苗法案例的谈话中，我们都能感受到谈话者（如宋神宗、王安石、司马光等）经常游刃有余地出入于对具体人事与天下情势的讨论，毫无局促。这种出入天下的谈话形式在他们心中十分自然。

通过比较分析，我们揭示出产生“对立”意识的消极感与主动体察天下而想象“对立”关系的实质主体性差异。

第三，历史人物理解天下的过程看似在强化彼此间的对立，实则他们的核心关切在于对自身思想行动“正确性”的探寻、坚持与展现。“天下情势”一章通过若干重要历史细节展现这种行动状

① Ivan Ermakoff, “The Structure of Contingency”, *American Journal of Sociology*, Vol. 121, No. 1, 2015, pp. 89－90; Ivan Ermakoff, *Ruling Oneself Out: A Theory of Collective Abdications*, Duke: Duke University Press, 2008, p. xxiv.

② 黄以周等辑注：《续资治通鉴长编拾补》，顾吉辰点校，中华书局2004年版，第188—189页。

态:王安石和神宗皇帝关于如何战胜流俗的讨论;王安石对公开反驳韩琦这一行动的理解;在王安石反驳韩琦后,台谏官不顾与王安石的友谊转而公开上书反对他;神宗皇帝公开罢黜批评者。历史人物的做法实际上是在向"天下"展现自己的正确性,他们相信这种做法可以影响天下人心。"对立"并非针对具体某个人的敌对和打击,而是一种向天下人心展现正确性的方式。无论是改革者的公开批驳还是反对者的主动辞职,都是在向天下展现自身与错误势不两立。他们相信这是展现正确性的必要方式。历史人物还需要思考接下来的问题:他们如何知道自己的主张是正确的,又如何确认自己的行动可以扭转天下情势?

这是"以天下为己任"的第二层意涵。正是这一问题,引导我们将思想史素材与"青苗法事件"联系起来。比如,历史人物在《易经》等经典中获得的关于"几变"的认识。王安石在《致一论》《洪范传》《老子注》等作品中讨论提出,人具有知"无"的能力,也就是人能够体察出"有"如何出现。[①] 王安石称之为"穷神"状态:"能穷神,则知微知彰,知柔知刚。""为学"者进入这个状态,就可以掌握天地变化之道,也就是达成"一"的境界。这些思想作品以前只是被处理为"思想史"素材。但是,当我们将"天下情势"视为历史人物在实践中构想的现实时,我们就会发现,正是那些看似抽象的经典"思想"塑造了对现实的理解。比如,王安石在熙宁初年修订的

① 王安石:《老子注》,载王水照主编:《王安石全集》第4册,复旦大学出版社2016年版,第154—157页。

《洪范传》中，提出皇帝该如何感受"精神"并展示出来。[①] 王安石在熙宁元年(1068)初见神宗后所上的《本朝百年无事札子》中，谈到皇帝应该如何对天下加以"精神之运"——这里的"精神"乃是掌握世界变化之道，确立自己行动正确性的"为学"方式。[②] 这些思想都说明，"以天下为己任"这样的实践状态之所以能够出现，源于士人具备深厚的经典基础与"为学"积累。长期受到的经典思想教育，使他们相信自己可以在行动中逐渐理解正确性意味着什么，从而超越突变世界所带来的不确定感，获得"一以贯之"的精神力量。这也是他们的真实价值动力。

"以天下为己任"还体现了历史人物对他人在不同情境中角色的区分意识。当面对分歧者时，历史人物相信对方在"天下"中的角色并不能代表他们唯一的面貌。他们相信彼此间长期的私人友谊，相信双方在"为学"交流中形成的对彼此的尊重。这些友谊与尊重不会因为双方在天下中的对立而改变。"天下情势"一章通过对王安石和司马光关系的分析呈现出了这种状态。钱穆、邓广铭等历史学者已经注意到了这一多重角色意识。

我们通过比较获得了上述理解。社会理论对西方现代化进程的分析，揭示出深陷于突变世界中的人们只有建立"单向度"的"敌人"和"同侪"，才可以重新建立"秩序"：分散杂乱的个体意义世界变成"无论是在话语上还是在政治上，都秩序化了的差异对立"；分

---

① 王安石：《〈洪范〉传》，载《王荆公文集笺注》中，李之亮笺注，巴蜀书社 2005 年版，第 994 页。

② 王安石：《本朝百年无事札子》，载《王荆公文集笺注》上，李之亮笺注，巴蜀书社 2005 年版，第 137 页。

属对立类别的人群(诸如中心或边缘群体、支配者或反对者)各自形成内聚力。现有研究认为,此种从差异走向对立的过程是政治想象无法避免的道路。[①]

比如,有三种主要理论提出了敌我边界的不同意义模式。第一种理论将敌我之界限划定在是否背离公开的道德角色。革命依赖道德人格获得自身合法性,但身处其中的人们总是要面对所谓"道德模范"形象的崩塌。他们感到不安,这样的不安全感推动人们强化敌我界限,通过不断寻找"伪君子",将他们作为替罪羊以宣泄情绪,从而重建社会集体安全感。[②] 第二种理论将"主体性"(subjectivity)作为敌我界限。在敌我意义世界中,所谓"敌人",被剥夺了作为人的主体性。他们被视为"工具、欲望的客体对象,乃至替罪羊"。他们如劣马一般难以驯服,是充满不确定的"物"。这种人对物的优越感,激发了自认为具有"主体性"的行动者对敌人的斗争热情,因为只有如此,行动者们才能证明自己可以凌驾于物化的世界;才能证明自己可以通过与敌斗争来贯彻改造世界的伟大计划。[③] 第三种理论则将随情境而变动的群体身份(group identities)作为敌我界限的特点。此种界限之所以需要被划定,是因为人们天然地要寻找到和自己一样的"我们",以及和自己不一样的"他们"。因此,人们需要用相互对立的"类"(category)的标签来界

---

① William H. Sewell, Jr., *Logics of History: Social Theory and Social Transformation*, Chicago: The University of Chicago Press, 2005, p. 173.

② 汉娜·阿伦特:《论革命》,陈周旺译,译林出版社 2019 年版,第 88—93 页;克利福德·格尔茨:《文化的解释》,韩莉译,译林出版社 2014 年版,第 243—244 页。

③ Isaac A. Reed, *Power in Modernity: Agency Relations and the Creative Destruction of the King's Two Bodies*, Chicago: The University of Chicago Press, 2020, pp. 18-19.

定自己和他人的身份。敌我之“类”随着实际事情而生成并不断变化。①

上述理论相信，对于身处突变中的人们而言，“分歧”注定转化为“敌我”思维。敌我思维将世界划分为“敌人”与“我和我的联盟者”。② 行动者注定将他者归入其中的一类。敌我身份是单向度的。行动者为了自身的目的（诸如“获得集体安全感”“完成改造世界的计划”或是在具体情境中产生的个人目的）而看待世界中的他人。“敌人”和“朋友”都是依照“能否有助于实现我的目的”这一标准而划分出来的。行动者眼中因而只能看到对立和联盟两种关系。突变激发了敌我思维。

但是，我们在青苗法的历史中，恰恰感受到与敌我思维不同的实践精神。我们感受到，分歧对立并非意味着划分敌我，而恰恰是历史人物理解和展示自身“正确性”的必经过程。历史人物真实的关切在于“我如何相信我自己的行动是正确的、如何使这种正确性（‘道’）为天下所认同”。“为己之学”便是在探寻这个问题的答案。因此，他们相信任何具体的生命苦难，都是通达“正确性”的必然过程。“分歧对立”也是这种生命历程的一部分。只有在体验“分歧对立”的过程中，“为学”者才能够感受到自己为什么是正确的，以及该如何将这种“正确性”展示给天下人。这种“展示”并不是敌我斗争，而是切身体会“正确性”。展示的动力不在于排斥对手以达

---

① Rogers Brubaker, Frederick Cooper, “Beyond ‘Identity’”, *Theory and Society*, Vol. 29, No. 1, 2000, p. 4; Charles Kurzman, *The Unthinkable Revolution in Iran*, Cambridge: Harvard University Press, 2004, p. 169.

② 杰弗里·C. 亚历山大：《现代性之暗面》，熊春文译，商务印书馆 2023 年版，第 138—143 页。

成个人目的,而是相信自己可以推动天下朝向理想秩序。历史人物并没有拘泥于固化而抽象的敌我标签,他们相信切身的情境体会才是理解他人状态的依据。他人在多重情境中的角色不是固定的。天下情势只是一种情境而已。每个人在生命历程中对他人复杂多样的理解也必然构成了他人“真实”的一部分,就如同他人在“天下”现实中的角色也是其“真实”的一部分。

“突变”与“实践”交织成一幅围绕“天下情势”展开的历史整体运动图景。从经历突变带来的苦难到对天下秩序的追求,历史是在两种境况的相互激发中运动前进的。“天下情势”一章呈现了这种历史的辩证运动。文章的目的并非在于“歌颂”历史人物高尚的个人道德,而是勾画出道德人格难以左右的历史整体运动。[①] 历史人物将个人经历转化为对天下世界的理解,他们由此获得了改造世界的动力。这是一种极大的自信。一方面,这种自信使中国士人在历史中的诸多危难时刻奋发而起,投入改造社会的实践之中;但另一方面,“自信”引导下的社会改造,总会持续引发新的突

① 本书对历史性问题的讨论受到德国“历史主义”以及“二战”后美国学界对实证主义批评的影响。关于这个问题的讨论,可参见 George Steinmetz, “Historicism and Positivism in Sociology: From Weimar Germany to the Contemporary United States”, in Herman Paul, Adriaan van Veldhuizen (eds.), *Historicism: A Travelling Concept*, London: Bloomsbury, 2020; Frederick C. Berser, *The German Historicist Tradition*, Oxford: Oxford University Press, 2011; Heinrich Rickert, *The Limits of Concept Formation in Natural Science: A Logical Introduction to the Historical Sciences*, Cambridge: Cambridge University Press, 1986; Heinrich Rickert, *Science and History: A Critique of Positivist Epistemology*, New York: D. Van Nostrand Co., 1962。另外,中文学界关于中国历史性问题的新近讨论,可参见王明珂:《反思史学与史学反思:文本与表征分析》,上海人民出版社 2016 年版;赵汀阳:《历史・山水・渔樵》,生活・读书・新知三联书店 2019 年版;赵汀阳:《历史性与存在论事件》,《中国社会科学》2023 年第 7 期。

变、对立乃至苦难,因为他人并不总是按照“我”所预想的方式做出回应。突变难以避免,对立总会发生,行动者注定遭受新的苦难。苦难与希望是历史运动的两面。历史难以被归结为二者中的任何一方。苦难与希望又如同历史的双生子,一方总是和另一方相伴而生。因此,历史的前进不会被个人道德或权谋策略所左右,它总是在理想与现实、高尚与卑微的冲突中呈现出复杂的面貌。个体视角将历史拆解为具体的组织、个人或制度的理性,却无法看到超越那些具体“存在者”的历史整体。当研究者沉迷于人物的悲喜剧或王朝的兴衰史时,他们恰恰忘记了,那只是历史整体性的一种表象。

如果我们能够体会这一点,那么当我们“观”这段历史时,就不会只是从中抽取某些理想人格作为“学习榜样”,也不会只是感慨历史的是非成败如何在后世重演。“青苗法事件”如同一幕历史剧,当舞台的幕布沉沉落下时,台下的我们需要扪心自问:在这个苦难与希望相伴而生的时代,我们每个人又该如何自处?当鲜活的历史人物在我们眼前再次呈现时,他们的理想人格将焕发出力量。这种力量并非来自他们作为正面人物的形象,而是源于他们启发了我们对自身时代问题的创造性理解。

历史告诉我们,当人类文明面对充满分歧的时刻,“现代性”政治所主张的敌对、排斥、清除与占有并非解决分歧的唯一答案。真正的答案需要我们每个人在因“实事”而“求是”的实践历程中体味:“政治”大概不只是关于理念、利害或者权力的争夺;也许“政治”可以更多地意味着如何在纷乱复杂而又生生不息的生活世界中,寻找到自己的角色、胸怀与坚持。

四、本章小结

本章呈现出“反求诸己”的实践方法论可以如何切实推进我们对中国历史及其理论意涵的理解。这是一种超越惯常“现代性”思维的方式。它将历史与我们自身的时代贯通起来。在实践方法论中，我们将常识本身置于反观之中，从不同文明的思想系统中寻找启发，分析历史质性意涵。如果没有这样的自觉，我们便难以看到历史人物独特的实践逻辑，更难以看到历史在突变与希望中前进的整体状态。

在“文明互鉴”与“返回历史”的历史性辩证中，一种源于学者自身的“创造性”也被激发出来：我们没有试图在“现代性”发展道路谱系中给予中国一种“现代程度”的评判，而是在对自身研究实践的自觉中超越常识束缚，看到理解时代问题的更多可能性。“传统文化创造性转化”之关键在于此种“创造性”在实践中的不断推展。本章通过讲述“士大夫政治”研究的具体过程，呈现出“创造性”如何在“认识实践”方法论自觉中成为可能。

结　语　“历史”与我们的时代

如何通过感受“历史”来理解我们自身所处的时代？“反求诸己”的方法论回到“认识实践”的本真过程之中，超越将历史对象化的“当下主义”思维束缚，揭示出“历史”根植于实践中的多层意涵。这是对研究者实践主体性的分析，与“实证研究”或“自由理性”两种方法论立场构成实质性对话。

实证主义各流派遵循同一方式理解何为“方法”。在他们看来，历史由曾经真实存在过的人、事、物构成，研究者可以利用遗存史料来复原历史真实，进而识别历史的客观因果规律。所谓“规律”，指的是不同“实体-属性”之间的因果关系。要达成这些目的，就必须遵循一定的“科学方法”。虽然研究课题、对象千差万别，但方法是共同的。在实证思维中，方法乃是研究者行动的外部“规程”。研究者只有“遵守”或“不遵守”方法两种状态。学术共同体其他成员依据某项研究是否遵守方法规程来评判其合理性。方法规程决定了一个研究能否正确地识别历史真实规律。在第一章中，我们介绍了“实证统计”“比较历史分析”等流派，它们都以这种“方法”思维来想象自己和他人如何研究历史。

另一种方法论立场可称为“自由理性”论。本书第一章介绍的“理论建构”流派便属此类。该流派认为所谓“研究对象”及其“属性”都是由研究者建构出来的。这种“建构”是研究者自由观念的产物。尽管如“建构主义”等方法详细归纳了客观条件(如语言、经验图示等)对常识建构的影响,但其依然将“自由理性”视为历史知识产生的终极原因。理性意志之“自由”在于其无“法”可“方”。比如,“批判实在论”在解释研究者为何选择某种理论来表现“实在性”机制时,将原因归结为其“判断理性”的产物。这是一种“目的论”(teleology)式的回答,它将一切研究的合理性都归结为抽象的“理性”,实际上放弃了对“实践”中人之主体性特质的分析。作为一种视域,“认识实践”将研究者自身认识世界的活动纳入自觉分析,这就超越了从“主观理性”与“客观行动”的二分范畴来理解“何为研究”。方法不再被视为与“自由理性”对立的“操作规程”。一种新的“方法论”得以在“认识实践”维度中建立起来。

从“认识实践”维度俯瞰上述两种“当下主义”方法论立场,便会发现二者在“角色想象”中的局限性。研究者要么将自身视为方法规则的执行者,要么认为自己是“自由理性”的发挥者。所谓“执行者”和“发挥者”的角色看似差异极大,实则都以抽象的“个体状态”来理解自身行动。研究者只将自己视为身处“当下”的人,却把自己从切身感性(sensuous)认识中抽离出来,从理解世界的生命历程中抽离出来,从理解作为对等主体的“他者”这一“社会化”过程中抽离出来。抽象的个体与“客观实存”的历史对象二者构成了关于“研究过程”的单调想象。研究者相信作为“执行者”或“发挥者”,他们足以研究“客观真实”的历史对象。历史被对象化,隔绝于研究者自身主体性之外。

在“认识实践”这个新的方法论维度中,研究过程不再被简单想象成研究者按照规程或理念利用遗存的资料复原历史客体。当作为研究者的“我们”,将自身认识世界的行动纳入反观与分析时,就极大扩展了“方法”的意义。本书中的“史观”和“历史质性分析”两章,着重探讨了“认识实践”方法论的基本内涵:我们如何在对历史资料切身感受的激发中,自觉理解自身与学术世界的“历史性”关联。

“历史”由此在实践维度获得了远比“对象客体”丰富得多的意涵。“历史”内生于我们在认识世界过程中不断延展的主体性之中,这是“万物皆备于我”的感受。“认识实践”方法论勾画出“历史”在研究者主体感受中的多重意涵,进而揭示了“历史”如何随着我们自身研究的推进而不断改变意涵。具体来说,本书从五个层次呈现出“历史”在实践者主体性中的不同意义。

第一,历史是我们从史料中感受到的“现象”。比如,当我们仔细阅读熙宁四年(1071)神宗皇帝和文彦博、吴充、王安石等人关于“与士大夫治天下”的讨论后,一种不同于以往研究的历史之“象”浮现出来:历史人物并非在关切“与谁治天下”,而是“如何治天下”,即他们不断商讨如何在个人具体的事情经历中判断作为社会“整体现实”的天下大势。作为所“现”之“象”的历史,其样貌乃是因人而异的。不同的研究者即使面对同样的文字或图片素材,也会感受到不同的“历史现象”。即使同一个人,当他的人生阅历和理论学养发生改变时,也会从同样的素材中看到不同的“历史现象”。更为重要的是,人们在感受到“现象”时,某种“不契合感”也会油然而生。比如,当我们从史料中看到历史人物如何讨论“天下”时,会隐约感觉到这个现象似乎不符合以往对“与士大夫治天下”的“历史之象”解读。后者将这句话的历史场景描述成:士大夫中的变法派和反变法派为了争夺治天下的权力而千方百计地争取皇帝的支持。

我们为什么会有这种“不契合感”呢?因为我们的生活感受超出了“权力争夺”等“个体主义”理论视角所呈现的现实,而史料中的某些记载又激发了我们的这些感受。比如,我们感受到熙丰新法时期历史人物对彼此分歧的理解是多层次的,他们并非如“个体主义”视角以为的那样将不同观点者视为敌人,而是从更加丰富的交往情境中理解彼此的关系。我们由此开始从历史人物如何“理解”分歧入手展开研究。之所以如此,是因为前者更加符合我们日常生活中的交往感受。生活告诉我们,每个人对他人的理解总是复杂的。我们经常能够感受到,同一个人在不同的事情中,对我们而言“意味”着不同的角色“形象”。这种“意味”就是我们“理解”他人的过程。日常生活经验不会让我们只是从抽象的权力、利益或信仰看待他人。研究者在阅读原始史料时,眼前总是浮现出一段段历史现象,并感受到这些现象与惯常认识的不同。历史以“现象”的形态首先进入我们的认识实践之中。

第二,历史是生成理解现实“框架”的过往情境。这种框架便是“理论”。“当下主义”思维将“理论”或是视为世界的客观属性,或是视为研究者的主观概念。“认识实践”视角则将“理论”视为我们从自身情境经历中生成出的对世界特点的抽象,是我们用来理解新的情境经历的“暂时适用”框架。比如,我们将阅读历史素材时感受到的历史图景抽象为理论概念;我们从理论著作中感受到思想家如何设想“世界是什么样”的图景;我们感受到一些概念如何在特定的历史进程中产生。在我们的主体感受中，“历史”正是上面这些“历史情境”。

比如，在“史观”等章节中，我们对实证国家研究背后的“存在论”进行了分析：我们探讨了“理性人”这一理论视角的基本意涵，分析了以往学者如何从具体历史案例中抽象出这一视角，反思了这一视角如何塑造了我们对“国家-个体”关系的惯常认识，追溯了此种对“人”的理解如何在西方现代个体主义的世俗伦理中产生，如何在“二战”后成为英语世界的主流观念，又如何扩散到中国研究之中。这些历史“情境”都是以“我们”自身为主体而看到的学术世界。当我们感受到“治天下”的历史现象与此种“存在论”之历史意涵的不契合之处时，便会寻找新的“存在论”来理解历史资料。当我们选择新的理论时，同样需要理解产生这些“框架”的历史情境。因为只有如此，我们才可以阐明不同理论视角的差异。情境也便是我们眼中的“学术世界”。当我们不断反观如何从“学术世界”中选择理论视角时，也便感受到自身和世界的连接。

第三，“历史”乃是被我们呈现出的具有“质性”的事实。在“历史质性分析”一章中我们提出，“质性”指的是研究者将分散的现象整合成对世界的系统性呈现。实证思维将“事实”视为自证属性的客观存在，质性思维则强调，“质性”只有在比较分析中才能被领会和呈现。比如我们通过“想象性”理论的诸要素整合田野现象。这些“要素”之所以能够凸显出来，源于我们将“想象性”理论与“目的-手段”理论相比较的意识。当我们围绕“行动者如何不断改变在彼此关系图景中的角色特点”这一要素来构建“历史事实”时，实际上是要将此“事实”区分于“将行动视为达成目的的策略手段”的理论。“比较”思维强调新的理论可以整合原有理论无法涵盖的历史现象。研究者需要根据生成这些理论的“历史情境”,决定选择什么理论、展开比较以构建不同的历史事实。我们的选择借鉴了美国“实用主义”社会学理论三十年来对“目的-手段”理论的持续批评。这些批评使我们充分把握二者的不同。

第四,抽象“理论”概念在“历史事实”中获得意涵。实证思维将理论概念视为具有明确定义且可以自证其含义的客观实体属性。实践方法论则认为,理论“概念”是被研究者所理解的符号。概念的“意义”源于我们对历史事实的感受,理论的意涵通过“比较”得以呈现。比如,在“历史质性分析”一章中,我们比较了美国某社区工作人员交流时的“共在状态”与北宋士大夫政治中的“推断”状态的差异。我们从宋代史料中感受到行动者并不关心可以和具体共在者感受到什么样的共同情境,而是关切自身所处的整体性社会现实是什么;他们不会寻求对情境认识的妥协,而是勇于争论彼此对时势的推断过程是否合理。在对历史事实的比较中,我们感受到了“推断”与“共在”这对概念的实质性差异。由此展现出中国传统士大夫政治的理论意义:我们可以超越西方政治想象理论勾勒的身处突变中的人们那无可避免的揣测、观望与误解状态,探讨历史行动者如何穿越突变世界的重重迷雾,自主体察时代大势的整体变化。

第五,“历史”乃是超越了物理时间区隔的世界整体运动状态。“当下主义”思维将“当下”与“历史”视为两个彼此独立且相互稳定的物理时间区段。但是他们没有意识到,时间的流逝将一切当下瞬间变成过往。在物理时间意义上,我们难以对“当下”或是“历史"的属性给出界定，因为时光的流逝使一切暂时的界定都将面对即将到来的改变。因此，我们打破物理时间意识对"历史"与"现在"的区隔，将"历史"视为世界整体的永恒运动状态。在"天下情势"一章中，我们探究了"青苗法事件"所蕴含的历史辩证运动。行动者从"天下情势"的视角理解他们所遭遇的现实冲突，从而获得克服不确定感的自信；这种改造天下的自信却又必然催生出新的历史冲突。苦难与希望相伴而生，彼此塑造。我们感受到"历史"的整体运动，感受到我们的时代也处于历史运动之中。

认识实践主体性的自觉打破了历史对象化思维的局限性，照亮了多层次的历史感受。正是这些复杂的"历史感受"交织在一起，引导我们看到理解自身时代的更多的可能性。本书通过"现代性"与"传统文化创造性转化"两个研究领域呈现出实践方法论如何将"历史"与我们的时代沟通起来。

不同于主流研究普遍关注的"现代性是什么"或是"中国历史有没有现代性"这样的问题，本书将"现代性"思维本身置于反观与分析之中。"现代性"思维体现了对历史与现实的固化理解。比如，"个体性权力""目的-手段"等视角使学者深陷于类似"中国历史是否具有现代性"这样的问题意识矩阵中。他们或是将传统历史视为家产制国家权力结构的"僵化"存在，或是在传统中"挖掘"符合理想标准的制度，以此印证中国早已经具有了"现代性"。他们动用大量史料深化历史细部研究，但难以超越固化思维的局限。比如，美国学界对宋元明转型问题的研究尽管已经深入地域社会历史，并且衍生出诸如乡绅、士人精英和地方精英支配等长时段历史认识，但学者们依然自觉或不自觉地遵从于"个体性权力"

"目的-手段"的视角。类似情况也体现在中日学者对士大夫党争的研究之中。尽管学者们对不同时期的历史人物、事件细节作了详细考察,但层层"丰富"和"深入"的研究恰恰是在不断地固化个体主义理论视角;看似以"客观"历史为信仰,实则恰恰体现了惯常意识的支配。盲目的"历史真实"崇拜,阻碍了学者对自身创造性的自觉。

我们进一步通过对"历史转型"与"治理权力生成机制"两个具体问题的研究,说明"认识实践"方法论可以如何引导学者超越"现代性"思维的束缚。在长时段研究中,学者超越寻求所谓"历史普遍规律"的努力,转而探寻蕴含于不同历史情境中的"历史之质"。他们超越"历史分期论"的束缚,在自觉构造"历史之质"的过程中,不断感受自身与历史整体运动的关系。在对"治理权力生成机制"的研究中,学者超越"个体性权力"惯常视角的局限,从"制度性权力"视域理解中国治理权力的"内生性演化"进程。"个体性权力"视角将治理权力归结为统治者依靠资源占有优势而行使的强制力。"制度性权力"视角则强调,国家权力产生自制度与具体历史过程彼此交融而铸就的历史机制,"权力"的"历史意涵"只有通过认识实践才能得以揭示。因此,无论是治理问题的研究者还是治理过程的参与者,都需要找回实践主体性自觉:他们不仅看到具体的个人、组织或制度如何"占有"权力,而且要将"生成权力"的历史机制整体纳入分析,并对"如何分析"具有方法论自觉。

我们进一步探讨如何在"认识实践"方法论的引导下展开对"传统文化创造性转化"的研究。"创造性"的实质意涵在于:研究者能够不断反观并超越自身的认识局限,探寻理解世界的新的可能性。在关于“天下情势”的第七、第八章中,我们具体呈现出“创造性转化”的学理研究过程。我们展现出新的“存在论”视角如何将“个体主义”遮蔽的历史进程照亮,进而按照新的“想象性”理论视角重新阐释并组织历史资料,展现出历史人物如何不断地将切身经历的分歧整合为“天下情势”的图景,从改造“天下”的角度采取行动以应对分歧。我们还展现了他们的行动如何引发了超出预期的结果,推动他人建立对“天下情势”截然不同的理解和应对。这一叙事是在“质性分析”意识引导下建立起来的。这一质性叙事与学界通行的关于利益、权力或信仰的争夺的“青苗法事件”叙事构成实质性差异。通过与“个体主义”等相关理论的比较,我们探讨了“天下情势”政治的两个基本特质:历史人物对情境多元化理解产生的历史张力,他们将遭遇的历史苦难转化为追求内心与外在秩序的“为学”动力。“天下情势”政治的理论质性意涵是通过与“个体主义”等理论的比较而凸显出来的。

由此,我们呈现出一个超越了物理时间意义上的“过去”或“现在”的整体历史面貌:“青苗法事件”这样一个看似细微的案例,实则蕴含着历史整体性辩证运动的机理。透过这个案例,我们不仅看到了士大夫政治如何在历史内生矛盾与张力中不断自我赓续、创生不息,而且看到了苦难与希望共生互动的历史运动,这是任何道德人格或权谋策略都难以左右的历史整体。历史人物将个人经历转化为对天下世界的理解,他们由此获得了改造世界的动力。这是一种极大的自信。但是,这种自信引导下的社会改造,总会持续引发新的突变、对立乃至苦难。历史在希望与苦难中纠葛,它使一切“对错善恶”向着颠覆自身的方向运动,这种颠覆却意味着新生(newness)[①]。历史的整体运动使那些关于“现代”或“前现代”的学术标签沉沦于狭隘与局促。所谓现代性的“阴暗”或“光辉”在历史中也只是转瞬而逝的色彩。[②] 当我们开始感受到“逝者如斯”的历史意涵时,一个更为根本的困惑也由此出现:如果我们不再以诸如“现代性”“资本主义”“民族国家”的标签将我们的时代归于某种稳定的“历史阶段”,[③]如果我们不再能够依赖“规定时代”来寻求当下的秩序,那么我们该如何在永恒运动的历史中寻找到自身的秩序?“历史”在我们不断追寻的内心秩序中又意味着什么?

对这些问题的探究引导我们在历史辩证中理解自身的“创造性”。我们在对自身“历史感受”的自觉中想象着历史整体运动状态的图景;当历史图景浮现在眼前时,我们更加意识到自己也身处图景之中,这推动我们再次探寻自身在历史运动中的实践“主体性”问题。当我们不再拘泥于物理时间意义上的“过去”和“现在”时,那么“历史”也便对我们意味着永远的“未来”。我们对“未来”的期待恰恰植根于切身实践着的“现在”:理解我们的时代。这并不意味着我们要获得关于所谓“时代特征”的标准答案,因为历史永恒的运动使得一切答案变得僵硬而短暂。只有投入“理解时代”

---

① Iddo Tavory, Nina Eliasoph, “Coordinating Futures: Toward a Theory of Anticipation”, *American Journal of Sociology*, Vol. 118, No. 4, 2013; Hannah Arendt, *On Revolution*, London: Penguin Books, 1990; Xiaohong Xu, Isaac A. Reed, “Modernity and the Politics of Newness: Unraveling New Time in the Chinese Cultural Revolution, 1966 to 1968”, *Sociological Theory*, Vol. 41, No. 3, 2023, p. 230.

② 杰弗里·C. 亚历山大:《现代性之暗面》,熊春文译,商务印书馆 2023 年版。

③ 赵鼎新:《权力、结构和时间性——历史社会学和宏观历史发展规律》,载赵鼎新主编:《历史与变革(第一辑):什么是历史社会学》,中信出版社 2023 年版。

的认识实践之中，我们才能自信地面向未来的无限可能。一种文化的生命力，也恰恰源于身处其中的人们那面向“未来”又践行于“现在”的创造活力。“传统文化创造性转化”的关节之处并不是转化出什么具体的文化产品，而是“为学”者在永无止境的实践历程中逐渐理解如何激发自身的创造性。“创造性”并非止步于获得某个“新”的知识并论证其可推广性。在实践方法论中，没有一种固定的知识可以成为研究的出发点。“认识实践”乃是我们不断地选择研究“出发点”，进而将这种“选择”再次视为自觉超越的“惯常”。在人们认识世界的无尽过程中，永远的“出发点”恰恰在于，我们要不断地将某种具体的“出发点”置于实践中来给出反观与分析。

这种创造性使学术共同体以“我们”（而不是“我”和“他”）的角色登上历史舞台。“认识实践”方法论筹划了学术共同体成员的共在、共行与共生之道。所谓“方法”，并不是强迫人们遵守的权威规定，也不是只能“心传”的默会知识。方法乃是学术共同体成员的“生活方式”。他们在共同的“为学”实践中连接成“学术共同体”。在这个共同体中，“我们”的角色不是论证自己的成果可以如何推广，也不是去验证或推翻“他人”建立的知识，而是将自身置于与他人的“主体间对话”之中。“我们”不断了解其他成员如何理解“我们”，就好像“他们”可以知道“我们”如何理解“他们”。实践方法论将“差异”“可能性”“希望”视为构建学术生活的一种可能方式，学者的实践“创造性”也与此种生活样态相伴而生。

以上，本书呈现出作为研究者的“我们”，如何通过感受历史获得理解自身时代的不竭动力。这也正是“反求诸己”的意涵。孟子说："行有不得者，皆反求诸己。"本书希望阐明，"反求诸己"不是指向隔绝于世的孤立的自我，也并不是要在"改变世界"的"雄心"中丧失反观自身的诚意，并最终陷于迷茫无措。我们可以在"反求诸己"的认识实践中不断获得自身前进的胸怀、活力与坚持。同样地，当理解、创造与对话成为学者共同的"为学"生活时，一个属于"我们"的时代也将孕育而生。

（本书的部分内容发表于《学海》《政治学研究》《北京大学学报》《华中师范大学学报》《中国社会科学》等期刊，在此诚致谢意。）

附识：这本小书是我在博士毕业回国后人生体会与学术思考的一些呈现。

本书对"认识实践"方法论的探索还只是尚未完善的开端，但我相信这个开端的意义："方法"终将成为我们时代学术精神构造的一部分。

感谢"海德格尔读书会"师友们给我的深深启发。

希望以此书纪念在这个时代中逝去，却为我们留下无尽希望的先辈。

也将这本小书送给北大政府管理学院2022级的本科生同学们：作为班主任老师，我希望可以和你们一同经历更丰富的人生未来。

参考文献

一、中文著作与译作

阿尔弗雷德·舒茨:《社会世界的意义构成》,游淙祺译,商务印书馆2012年版。

阿尔弗雷德·许茨:《社会世界的意义建构:理解的社会学引论》,霍桂桓译,北京师范大学出版社2017年版。

安德鲁·阿伯特:《过程社会学》,周忆粟译,北京师范大学出版社2022年版。

安德鲁·阿伯特:《职业系统:论专业技能的劳动分工》,李荣山译,商务印书馆2016年版。

安东尼·吉登斯:《社会的构成——结构化理论纲要》,李康、李猛译,中国人民大学出版社2016年版。

柏文莉:《权力关系:宋代中国的家族、地位与国家》,刘云军译,江苏人民出版社2015年版。

包弼德:《历史上的理学》,王昌伟译,浙江大学出版社2010年版。

包弼德:《斯文:唐宋思想的转型》,刘宁译,江苏人民出版社2017年版。

包伟民、刘后滨主编:《唐宋历史评论》第1辑,社会科学文献出版社2015年版。

本尼迪克特·安德森:《想象的共同体:民族主义的起源与散布》,吴叡人译,上海人民出版社2016年版。

彼得·L.伯格、托马斯·卢克曼:《现实的社会建构:知识社会学论纲》,吴肃然译,北京大学出版社 2019 年版。

C. 赖特・米尔斯：《社会学的想象力》，李康译，北京师范大学出版社 2017 年版。

查尔斯・C. 拉金：《重新设计社会科学研究》，杜运周等译，机械工业出版社 2019 年版。

陈向明：《质的研究方法与社会科学研究》，教育科学出版社 2000 年版。

程颢、程颐：《二程集》，王孝鱼点校，中华书局 2004 年版。

崔瑞德、史乐民编：《剑桥中国宋代史（上卷：907—1279 年）》，宋燕鹏等译，中国社会科学出版社 2020 年版。

D. 瑾・克兰迪宁：《进行叙事探究》，徐泉、李易译，重庆大学出版社 2015 年版。

邓广铭：《北宋政治改革家王安石》，生活・读书・新知三联书店 2007 年版。

邓小南：《祖宗之法——北宋前期政治述略（修订版）》，生活・读书・新知三联书店 2014 年版。

杜正贞：《村社传统与明清士绅：山西泽州乡土社会的制度变迁》，上海辞书出版社 2007 年版。

费孝通：《费孝通全集》第 17 卷，内蒙古人民出版社 2009 年版。

风笑天：《社会调查中的问卷设计（第三版）》，中国人民大学出版社 2014 年版。

弗朗索瓦・阿赫托戈：《历史性的体制：当下主义与时间经验》，黄艳红译，中信出版社 2020 年版。

海德格尔：《存在与时间（中文修订第二版）》，陈嘉映、王庆节译，商务印书馆 2016 年版。

汉娜・阿伦特：《论革命》，陈周旺译，译林出版社 2019 年版。

汉娜・阿伦特：《人的条件》，王寅丽译，上海人民出版社 2017 年版。

赫拉尔多・L. 芒克、理查德・斯奈德：《激情、技艺与方法：比较政治访谈录》，汪卫华译，当代世界出版社 2022 年版。

侯旭东：《什么是日常统治史》，生活・读书・新知三联书店 2020 年版。

黄以周等辑注:《续资治通鉴长编拾补》,顾吉辰点校,中华书局 2004 年版。

J. L. 奥斯汀:《如何以言行事》,杨玉成、赵京超译,商务印书馆 2013 年版。

加里・格尔茨、詹姆斯・马奥尼:《两种传承:社会科学中的定性与定量研究》,刘军译,格致出版社 2016 年版。

加里・金、罗伯特・基欧汉、悉尼・维巴:《社会科学中的研究设计(增订版)》,陈硕译,格致出版社 2023 年版。

杰弗里・C. 亚历山大:《现代性之暗面》,熊春文译,商务印书馆 2023 年版。

卡尔・施米特:《政治的概念(增订本)》,刘宗坤、朱雁冰等译,上海人民出版社 2018 年版。

凯西・卡麦兹:《建构扎根理论——质性分析实践指南(原书第 2 版)》,边国英译,重庆大学出版社 2022 年版。

科大卫:《皇帝和祖宗:华南的国家与宗族》,卜永坚译,江苏人民出版社 2009 年版。

克利福德・格尔茨:《地方知识》,杨德睿译,商务印书馆 2016 年版。

克利福德・格尔茨:《尼加拉——十九世纪巴厘剧场国家》,赵丙祥译,商务印书馆 2018 年版。

克利福德・格尔茨:《文化的解释》,韩莉译,译林出版社 2014 年版。

孔飞力:《叫魂:1768 年中国妖术大恐慌》,陈兼、刘昶译,生活・读书・新知三联书店 2014 年版。

孔飞力:《中国现代国家的起源》,陈兼、陈之宏译,生活・读书・新知三联书店 2013 年版。

兰德尔・柯林斯:《互动仪式链》,林聚任、王鹏、宋丽君译,商务印书馆 2012 年版。

李华瑞:《王安石变法研究史》,人民出版社 2004 年版。

李华瑞主编:《"唐宋变革"论的由来与发展》,天津古籍出版社 2010 年版。

李怀印:《现代中国的形成(1600—1949)》,广西师范大学出版社 2022 年版。

李培林、覃方明主编:《社会学理论与经验》第 2 辑,社会科学文献出版社 2005 年版。

李焘:《续资治通鉴长编》,中华书局 2004 年版。

李晓:《宋朝政府购买制度研究》,上海人民出版社 2007 年版。

梁庚尧:《宋代社会经济史论集》,允晨文化实业股份有限公司 1997 年版。

林耀华:《金翼:一个中国家族的史记》,庄孔韶、方静文译,生活·读书·新知三联书店 2015 年版。

刘成国:《王安石年谱长编》,中华书局 2018 年版。

刘东主编:《中国学术》第 3 辑,商务印书馆 2000 年版。

刘俊文主编:《日本学者研究中国史论著选译》第 1 卷,中华书局 1992 年版。

刘向编著:《新序校释》,石光瑛校释,陈新整理,中华书局 2017 年版。

刘泽华主编:《中国政治思想通史(综论卷)》,中国人民大学出版社 2014 年版。

罗伯特·帕特南:《我们的孩子》,田雷、宋昕译,中国政法大学出版社 2017 年版。

《马克思恩格斯选集》第 1 卷,人民出版社 2012 年版。

马克斯·韦伯:《新教伦理与资本主义精神》,康乐、简惠美译,上海三联书店 2019 年版。

马克斯·韦伯:《支配社会学》,康乐、简惠美译,广西师范大学出版社 2010 年版。

马克斯·韦伯:《中国的宗教:儒教与道教》,康乐、简惠美译,广西师范大学出版社 2010 年版。

马林诺夫斯基:《西太平洋上的航海者》,弓秀英译,商务印书馆 2017 年版。

欧文·戈夫曼:《日常生活中的自我呈现》,冯钢译,北京大学出版社 2016 年版。

平田茂树:《宋代政治结构研究》,林松涛、朱刚等译,上海古籍出版社 2010 年版。

钱穆:《中国学术思想史论丛》第 5 卷,九州出版社 2011 年版。

荣新江主编:《唐研究(第十一卷):"唐宋时期的社会流动与社会秩序"研究专号》,北京大学出版社 2005 年版。

邵伯温:《邵氏闻见录》,李剑雄、刘德权点校,中华书局 1983 年版。

苏辙:《龙川略志 龙川别志》,俞宗宪点校,中华书局 1982 年版。

苏辙:《栾城集》,曾枣庄、马德富点校,上海古籍出版社 1987 年版。

孙飞宇:《方法论与生活世界》,生活·读书·新知三联书店 2018 年版。

田余庆:《秦汉魏晋史探微(重订本)》,中华书局 2023 年版。

脱脱等:《宋史》,中华书局 1985 年版。

王安石:《王荆公文集笺注》,李之亮笺注,巴蜀书社 2005 年版。

王汎森:《执拗的低音——一些历史思考方式的反思》,生活·读书·新知三联书店 2020 年版。

王明珂:《反思史学与史学反思:文本与表征分析》,上海人民出版社 2016 年版。

王水照主编:《王安石全集》第 4 册,复旦大学出版社 2016 年版。

王亚南:《中国官僚政治研究》,商务印书馆 2015 年版。

王梓材、冯云濠编撰:《宋元学案补遗》,沈芝盈、梁运华点校,中华书局 2012 年版。

温春来、黄国信主编:《历史学田野实践教学的理论、方法与案例》,广西师范大学出版社 2017 年版。

吴晗、费孝通等:《皇权与绅权》,天津人民出版社 1988 年版。

吴毅:《小镇喧嚣:一个乡镇政治运作的演绎与阐释》,生活·读书·新知三联书店 2018 年版。

小威廉·H. 休厄尔:《历史的逻辑:社会理论与社会转型》,朱联璧、费滢译,上海人民出版社 2021 年版。

谢贵安:《宋实录研究》,上海古籍出版社 2013 年版。

徐松:《宋会要辑稿》,刘琳等点校,上海古籍出版社 2014 年版。

阎步克:《士大夫政治演生史稿》,北京大学出版社 1996 年版。

杨国荣:《人与世界:以"事"观之》,生活·读书·新知三联书店 2021 年版。

杨善华:《感知与洞察:实践中的现象学社会学》,社会科学文献出版社 2012 年版。

杨仲良:《皇宋通鉴长编纪事本末》,李之亮点校,黑龙江人民出版社 2006 年版。

姚力等:《生命叙事与时代印记——新中国 15 位劳动模范口述》,人民出版社 2017

年版。

叶启政：《社会理论的本土化建构》，北京大学出版社 2006 年版。

叶启政：《实证的迷思：重估社会科学经验研究》，生活·读书·新知三联书店 2018 年版。

伊沛霞、姚平主编：《当代西方汉学研究集萃·中古史卷》，上海古籍出版社 2012 年版。

应星：《大河移民上访的故事》，生活·读书·新知三联书店 2001 年版。

余莲：《势：中国的效力观》，卓立译，北京大学出版社 2009 年版。

余英时：《朱熹的历史世界——宋代士大夫政治文化的研究》，生活·读书·新知三联书店 2011 年版。

袁行霈主编：《荀子·廖明春解读》，国家图书馆出版社 2019 年版。

詹姆斯·保罗·吉：《话语分析导论：理论与方法》，杨炳钧译，重庆大学出版社 2011 年版。

赵鼎新：《东周战争与儒法国家的诞生》，夏江旗译，北京联合出版公司 2020 年版。

赵鼎新：《儒法国家：中国历史新论》，徐峰、巨桐译，浙江大学出版社 2022 年版。

赵汝愚编：《宋朝诸臣奏议》，北京大学中国中古史研究中心点校整理，上海古籍出版社 1999 年版。

赵汀阳：《历史·山水·渔樵》，生活·读书·新知三联书店 2019 年版。

赵汀阳：《天下的当代性：世界秩序的实践与想象》，中信出版社 2016 年版。

赵翼：《廿二史劄记校证》第 26 卷，王树民校证，中华书局 1984 年版。

周雪光、刘世定、折晓叶主编：《国家建设与政府行为》，中国社会科学出版社 2012 年版。

朱杰人、严佐之、刘永翔主编：《朱子全书》第 24 册，上海古籍出版社、安徽教育出版社 2002 年版。

朱丽叶·M. 科宾、安塞尔姆·L. 施特劳斯：《质性研究的基础：形成扎根理论的程序与方法》,朱光明译,重庆大学出版社 2015 年版。

朱利安:《从存有到生活:欧洲思想与中国思想的间距》,卓立译,东方出版中心 2018 年版。

二、中文论文

晁天义:《阐释学对历史研究的启示》,《史学理论研究》2020 年第 3 期。

陈占江:《作为方法的乡土——以费孝通著述为中心》,《社会学研究》2023 年第 4 期。

程乐松:《重返经验的可能性——中国哲学的哲学史底色及其反思》,《中国社会科学》2023 年第 10 期。

费孝通:《试谈扩展社会学的传统界限》,《北京大学学报》(哲学社会科学版)2003 年第 3 期。

葛兆光:《"唐宋"抑或"宋明"——文化史和思想史研究视域变化的意义》,《历史研究》2004 年第 1 期。

科林·海伊、马雪松:《建构制度主义:起源、特点及应用》,《上海行政学院学报》2017 年第 1 期。

李红岩:《从阐释学到历史阐释学:何为历史的"正用"》,《探索与争鸣》2020 年第 11 期。

李华瑞:《"唐宋变革论"对国内宋史研究的影响》,《中国史研究》2010 年第 1 期。

李华瑞:《近二十年对王安石及其变法的重新认识——为王安石诞辰一千周年而作》,《史学月刊》2021 年第 11 期。

李华瑞:《宋神宗与王安石共定"国是"考辩》,《文史哲》2008 年第 1 期。

李华瑞:《走出"唐宋变革论"》,《历史评论》2021 年第 3 期。

梁建国:《朝堂内外:北宋东京的士人交游——以"嘉祐四友"为中心的考察》,《文史哲》2009 年第 5 期。

刘子曦：《故事与讲故事：叙事社会学何以可能——兼谈如何讲述中国故事》，《社会学研究》2018 年第 2 期。

柳立言：《何谓"唐宋变革"？》，《中华文史论丛》2006 年第 1 期。

罗祎楠：《"当国家遇上马路"：基层官僚如何思考》，《读书》2020 年第 7 期。

罗祎楠：《模式及其变迁——史学史视野中的唐宋变革问题》，《中国文化研究》2003 年第 2 期。

罗祎楠：《"认识实践"视域中的历史社会科学质性方法论》，《学海》2024 年第 1 期。

罗祎楠：《认识论视野中的唐宋变革问题》，《北京大学学报》(哲学社会科学版)2022 年第 4 期。

罗祎楠：《思想史视野中的质性研究：以方法意涵的构建为例》，《社会》2019 年第 1 期。

罗祎楠：《在田野中发现"质性"：回到认识过程的方法论》，《华中师范大学学报》(人文社会科学版)2023 年第 4 期。

罗祎楠：《中国传统士大夫政治中的"天下情势"——以北宋熙宁初年的"青苗法事件"为例》，《中国社会科学》2023 年第 8 期。

罗祎楠：《中国国家治理"内生性演化"的学理探索——以宋元明历史为例》，《中国社会科学》2019 年第 1 期。

罗祎楠：《认识论视野中的中国国家现代性问题》，《云南大学学报》(社会科学版)2022 年第 4 期。

罗祎楠：《作为认识实践方法论的"史观"：以国家研究为例》，《政治学研究》2024 年第 1 期。

罗祎楠、徐晓宏等：《重思长时段历史研究中的社会科学方法》，《读书》2023 年第 11 期。

罗祎楠、张浩东：《权力链条、意义图景与展演：一种现代性政治的解析路径》，《清华社会学评论》2021 年第 2 期。

马雪松、冯修青:《新制度主义政治学的建构主义转向》,《政治学研究》2023 年第 4 期。

渠敬东:《迈向社会全体的个案研究》,《社会》2019 年第 1 期。

渠敬东:《破除“方法主义”迷信:中国学术自立的出路》,《文化纵横》2016 年第 2 期。

渠敬东:《山林与社会》,《社会》2023 年第 2 期。

渠敬东:《作为文明研究的社会学》,《中国社会科学》2021 年第 12 期。

释启鹏、杨光斌:《世界政治研究的中国传统与史观问题》,《世界经济与政治》2022 年第 5 期。

王曾瑜:《王安石变法简论》,《中国社会科学》1980 年第 3 期。

王化雨:《从“慰反侧之诏”看元祐时期宋廷调和新旧的尝试》,《北京社会科学》2019 年第 2 期。

王浦劬、钱维胜:《当代西方文化国家理论评析》,《北京大学学报》(哲学社会科学版)2023 年第 2 期。

肖瑛:《从“国家与社会”到“制度与生活”:中国社会变迁研究的视角转换》,《中国社会科学》2014 年第 9 期。

谢宇:《走出中国社会学本土化讨论的误区》,《社会学研究》2018 年第 2 期。

徐晓宏:《大时代有风暴眼》,《读书》2017 年第 12 期。

徐勇:《历史延续性视角下的中国道路》,《中国社会科学》2016 年第 7 期。

徐勇:《实证思维通道下对“祖赋人权”命题的扩展认识——基于方法论的探讨》,《探索与争鸣》2018 年第 9 期。

徐勇:《田野政治学的核心概念建构:路径、特性与贡献》,《中国社会科学评价》2021 年第 1 期。

徐勇:《祖赋人权:源于血缘理性的本体建构原则》,《中国社会科学》2018 年第 1 期。

杨光斌:《历史政治学的知识主体性及其社会科学意涵》,《政治学研究》2021 年第 1 期。

杨光斌:《什么是历史政治学?》,《中国政治学》2019年第2期。

杨光斌:《政治学方法论与历史观问题》,《政治学研究》2023年第5期。

应星:《“把革命带回来”:社会学新视野的拓展》,《社会》2016年第4期。

应星:《“以史解经”与中国共产主义文明研究的整全性路径》,《开放时代》2021年第4期。

应星:《评村民自治研究的新取向——以〈选举事件与村庄政治〉为例》,《社会学研究》2005年第1期。

翟学伟:《仁、义、礼的道德框架及其实践限制——知识社会学的考察》,《社会学研究》2024年第2期。

赵鼎新:《〈中华帝国的兴衰〉之病》,《读书》2023年第7期。

赵鼎新:《从美国实用主义社会科学到中国特色社会科学——哲学和方法论基础探究》,《社会学研究》2018年第1期。

赵鼎新:《时间、时间性与智慧:历史社会学的真谛》,《社会学评论》2019年第1期。

赵鼎新:《质性社会学研究的差异性发问和发问艺术》,《社会学研究》2021年第5期。

赵吉、徐勇、杨阳等:《回归还是创新:历史政治学的共识与反思》,《探索与争鸣》2022年第8期。

赵汀阳:《历史性与存在论事件》,《中国社会科学》2023年第7期。

赵汀阳:《形成本源问题的存在论事件》,《哲学研究》2021年第12期。

周飞舟:《差序格局和伦理本位:从丧服制度看中国社会结构的基本原则》,《社会》2015年第1期。

周飞舟:《将心比心:论中国社会学的田野调查》,《中国社会科学》2021年第12期。

周飞舟:《行动伦理与“关系社会”——社会学中国化的路径》,《社会学研究》2018年第1期。

朱晓阳:《中国的人类学本体论转向及本体政治指向》,《社会学研究》2021年第1期。

三、英文著作与译作

Alan Garfinkel, *Forms of Explanation: Rethinking the Questions in Social Theory*, New Heaven: Yale University Press, 1981.

Alexander George, Andrew Bennett, *Case Studies and Theory Development in the Social Sciences*, Cambridge: MIT Press, 2005.

Alfred Schutz, *The Phenomenology of the Social World*, Chicago: Northwestern University Press, 1967.

Andreas Glaeser, *Political Epistemics: The Secret Police, the Opposition, and the End of East German Socialism*, Chicago: The University of Chicago Press, 2011.

Andrew Abbott, *Chaos of Disciplines*, Chicago: The University of Chicago Press, 2001.

Andrew Abbott, *Time Matters: On Theory and Method*, Chicago: The University of Chicago Press, 2001.

Andrew Bennett, Jeffery Checkel (eds.), *Process Tracing: From Metaphor to Analytical Tool*, Cambridge: Cambridge University Press, 2014.

Anselm Strauss, *Qualitative Analysis for Social Scientists*, Cambridge: Cambridge University Press, 1987.

Ari Daniel Levine, *Divided by a Common Language: Factional Conflict in Late Northern Song China*, Honolulu: University of Hawaii Press, 2018.

Arthur Stinchcombe, *Theoretical Methods in Social History*, New York: Academic Press, 1978.

Barbara Geddes, *Politician's Dilemma: Building State Capacity in Latin America*, Berkeley: University of California Press, 2023.

Benedict Anderson, *Imagined Communities: Reflections on the Origin and Spread of Nationalism*, London: Verso, 2006.

Bennett Berger, *The Survival of a Counterculture: Ideological Work and Everyday Life Among Rural Communards*, Berkeley: University of California Press, 1981.

Bernardo Zacka, *When the State Meets the Street: Public Service and Moral Agency*, Cambridge: Harvard University Press, 2017.

Carles Boix (ed.), *The Oxford Handbook of Comparative Politics*, Oxford: Oxford University Press, 2007.

Charles Kurzman, *The Unthinkable Revolution in Iran*, Cambridge: Harvard University Press, 2004.

Charles Ragin, *Fuzzy-Set Social Science*, Chicago: The University of Chicago Press, 2000.

Charles Ragin, Howard Becker, *What Is a Case: Exploring the Foundations of Social Inquiry*, Cambridge: Cambridge University Press, 1992.

Charles S. Peirce, *The Collected Papers of Charles Sanders Peirce I*, Charles Hartshorne, Paul Weiss (eds.), Cambridge: Harvard University Press, 1931-1935.

Charles Taylor, *A Secular Age*, Massachusetts: The Belknap Press of Harvard University Press, 2007.

Charles Tilly, *Coercion, Capital, and European States, AD 990-1992*, New Jersey: Wiley-Blackwell, 1993.

Chiara Bottici, *A Philosophy of Political Myth*, Cambridge: Cambridge University Press, 2007.

Claudio E. Benzecry, Monika Krause and Isaac A. Reed (eds.), *Social Theory Now*,

Chicago: The University of Chicago Press, 2017.

Clifford Geertz, *Negara: The Theatre State in Nineteenth-Century Bali*, Princeton: Princeton University Press, 1980.

Corey Abramson, Neil Gong (eds.), *Beyond the Case: The Logics and Practices of Comparative Ethnography*, Oxford: Oxford University Press, 2020.

D. F. Bouchard (ed.), *Language, Counter-Memory, Practice: Selected Essays and Interviews*, Ithaca: Cornell University Press, 1977.

Daniel Beland, Robert Cox (eds.), *Ideas and Politics in Social Science Research*, Oxford: Oxford University Press, 2011.

Daniel Little, *Understanding Peasant China: Case Studies in the Philosophy of Social Science*, New Haven: Yale University Press, 1989.

Daniel Ziblatt, *Structuring the State: The Formation of Italy and Germany and the Puzzle of Federalism*, Princeton: Princeton University Press, 2006.

Darin Weinberg, *Contemporary Social Constructionism: Key Themes*, Philadelphia: Temple University Press, 2014.

Dave Elder-Vass, *The Causal Power of Social Structures: Emergence, Structure and Agency*, Cambridge: Cambridge University Press, 2010.

David R. Gibson, *Talk at the Brink: Deliberation and Decision during the Cuban Missile Crisis*, Princeton: Princeton University Press, 2012.

Diana Kapiszewski, Lauren M. MacLean and Benjamin L. Read, *Field Research in Political Science: Practices and Principles*, Cambridge: Cambridge University Press, 2017.

Diane Vaughan, *The Challenger Launch Decision: Risky Technology, Culture, and Deviance at NASA*, Chicago: The University of Chicago Press, 1996.

Dingxin Zhao, *The Confucian-Legalist State: A New Theory of Chinese History*,

Oxford：Oxford University Press，2015.

Douglas Porpora，*Reconstructing Sociology: The Critical Realist Approach*，Cambridge：Cambridge University Press，2015.

Edward Schatz（ed.），*Political Ethnography: What Immersion Contributes to the Study of Power*，Chicago：The University of Chicago Press，2009.

Emile Durkheim，*The Elementary Forms of the Religious Life*，trans. J. W. Swain，London：George Allen & Unwin Ltd，1964.

Ernst Cassirer，*The Myth of the State*，New Haven：Yale University Press，1946.

Erving Goffman，*Frame Analysis: An Essay on the Organization of Experience*，New York：Doubleday Anchor，1974.

Eviatar Zerubavel，*Time Maps: Collective Memory and the Social Shape of the Past*，Chicago：The University of Chicago Press，2004.

François Hartog，*Regimes of Historicity: Presentism and Experiences of Time*，trans. Saskia Brown，New York：Columbia University Press，2015.

Frederick C. Berser，*The German Historicist Tradition*，Oxford：Oxford University Press，2011.

Gary Goertz，*Social Science Concepts: A User's Guide*，Princeton：Princeton University Press，2005.

Gary Goertz，James Mahoney，*A Tale of Two Cultures: Qualitative and Quantitative Research in the Social Sciences*，Princeton：Princeton University Press，2012.

Gary King，Robert Keohane and Sidney Verba，*Designing Social Inquiry: Scientific Inference in Qualitative Research*，Princeton：Princeton University Press，1994.

George Herbert Mead，*The Philosophy of the Present*，Chicago：The University of Chicago Press, 1932.

George Steinmetz (ed.), *State/Culture: State-Formation after the Cultural Turn*, Ithaca: Cornell University Press, 1999.

George Steinmetz (ed.), *The Politics of Method in the Human Sciences: Positivism and Its Epistemological Others*, Durham: Duke University Press, 2005.

H. H. Gerth, C. Wright Mills (eds.), *From Max Weber: Essays in Sociology*, London: Routledge, 1948.

Hannah Arendt, *On Revolution*, London: Penguin Books, 1990.

Hannah Arendt, *The Human Condition*, Chicago: The University of Chicago Press, 1958.

Hans Joas, *The Creativity of Action*, Cambridge: Polity Press, 1996.

Harold Garfinkel, *Studies in Ethnomethodology*, Cambridge: Polity Press, 1991.

Harold Lasswell, *Politics: Who Gets What, When, How*, New York: McGraw-Hill Book Company, 1936.

Harrison White, *Identity and Control: A Structural Theory of Social Action*, Princeton: Princeton University Press, 2008.

Heinrich Rickert, *Science and History: A Critique of Positivist Epistemology*, New York: D. Van Nostrand Co., 1962.

Heinrich Rickert, *The Limits of Concept Formation in Natural Science: A Logical Introduction to the Historical Sciences*, Cambridge: Cambridge University Press, 1986.

Henry Brady, David Collier (eds.), *Rethinking Social Inquiry: Diverse Tools, Shared Standards*, 2nd edition, Lanham: Rowman & Littlefield Publishers, 2010.

Henry Jankins, Gabriel Peters-Lazaro and Sangita Shresthova, *Popular Culture and the Civic Imagination: Case Studies of Creative Social Change*, New York: New York University Press, 2020.

Herman Paul, Adriaan van Veldhuizen (eds.), *Historicism: A Travelling Concept*, London: Bloomsbury, 2020.

Hilde De Weerdt, *Competition over Content: Negotiating Standards for the Civil Service Examinations in Imperial China (1127-1279)*, Cambridge: Harvard University Asia Center, 2007.

Hubert Buch-Hansen, Peter Nielsen, *Critical Realism: Basic and Beyond*, London: Red Globe Press, 2020.

Iddo Tavory, Stefan Timmermans, *Abductive Analysis: Theorizing Qualitative Research*, Chicago: The University of Chicago Press, 2014.

Ira Katznelson, Helen Milner (eds.), *Political Science: The State of the Discipline*, New York: W. W. Norton & Company, 2002.

Isaac A. Reed, *Interpretation and Social Knowledge: On the Use of Theory in the Human Sciences*, Chicago: The University of Chicago Press, 2011.

Isaac A. Reed, *Power in Modernity: Agency Relations and the Creative Destruction of the King's Two Bodies*, Chicago: The University of Chicago Press, 2020.

Ivan Ermakoff, *Ruling Oneself Out: A Theory of Collective Abdications*, Duke: Duke University Press, 2008.

J. David Lewis, Richard L. Smith, *American Sociology and Pragmatism: Mead, Chicago Sociology, and Symbolic Interaction*, Chicago: The University of Chicago Press, 1980.

Jack Katz, *How Emotions Work*, Chicago: The University Of Chicago Press, 2001.

Jaegwon Kim, *Philosophy of Mind*, 3rd edition, Cambridge: Westview Press, 2011.

James Mahoney, Dietrich Rueschemeyer (eds.), *Comparative Historical Analysis in the Social Sciences*, Cambridge: Cambridge University Press, 2003.

James Mahoney, Kathleen Thelen (eds.), *Advances in Comparative-Historical Analysis*, Cambridge: Cambridge University Press, 2015.

James Mahoney, Kathleen Thelen (eds.), *Explaining Institutional Change: Ambiguity, Agency, and Power*, Cambridge: Cambridge University Press, 2010.

James T. C. Liu, *Reform in Sung China: Wang An-Shih (1021 - 1086) and His New Policies*, Cambridge: Harvard University Press, 1959.

Janet Roitman, *Anti-Crisis*, Durham: Duke University Press Book, 2013.

Jean-Paul Sartre, *Critique of Dialectical Reason*, Vol. 1, trans. Alan Sheridan-Smith, London: Verso, 2004.

Jeffrey C. Alexander, Bernhard Giesen and Neil J. Smelser (eds.), *The Micro-Macro Link*, Berkeley: University of California Press, 1987.

Jeyoon Song, *Traces of Grand Peace: Classics and State Activism in Imperial China*, Cambridge: Harvard University Asian Center and Harvard University Press, 2015.

John R. Hall, *Cultures of Inquiry: From Epistemology to Discourse in Sociohistorical Research*, Cambridge: Cambridge University Press, 1999.

John W. Chaffee, Denis Twitchett (eds.), *The Cambridge History of China, Vol. 5, Part 2, Sung China, 960 - 1279*, Cambridge: Cambridge University Press, 2015.

Jon Elster (ed.), *Rational Choice*, New York: New York University Press, 1986.

Judith R. Blau (ed.), *The Blackwell Companion to Sociology*, Malden: Blackwell Publishing Ltd, 2004.

Julia Adams, Elisabeth Clemens and Ann Shola Orloff (eds.), *Remaking Modernity: Politics, History, and Sociology*, Durham: Duke University Press, 2005.

Karl Mannheim, *Ideology and Utopia*, New York: Harvest, 1936.

Karl Marx, Friedrich Engels, *The German Ideology: Including Theses on Feuerbach and the Introduction to the Critique of Political Economy*, New York: Prometheus Books, 1998.

Margaret Levi, *Of Rule and Revenue*, Berkeley: University of California Press, 1988.

Mark Blyth, *Great Transformations: Economic Ideas and Institutional Change in the Twentieth Century*, Cambridge: Cambridge University Press, 2002.

Mary Warnock, *Imagination*, Berkeley: University of California Press, 1976.

Michael Mann, *The Sources of Social Power*, Vol. 2, Cambridge: Cambridge University Press, 2012.

Nathan Houser, Christian Kloesel (eds.), *The Essential Peirce: Selected Philosophical Writings*, Vol. 1, Bloomington: Indiana University Press, 1992.

Neil Gross, Isaac A. Reed and Christopher Winship (eds.), *The New Pragmatist Sociology: Inquiry, Agency, and Democracy*, New York: Columbia University Press, 2022.

Niall Ferguson (ed.), *Virtual History: Alternatives and Counterfactuals*, Lodon: Papermac, 1997.

Norman K. Denzin, Yvonna S. Lincoln (eds.), *The SAGE Handbook of Qualitative Research*, Thousand Oaks: Sage Publications, Inc., 1994.

Orfeo Fioretos, Tulia G. Falleti, Adam Sheingate (eds.), *The Oxford Handbook of Historical Institutionalism*, Oxford: Oxford University Press, 2016.

Paul Edwards, Joe O'Mahoney and Steve Vincent (eds.), *Studying Organizations Using Critical Realism: A Practical Guide*, Oxford: Oxford University Press, 2014.

Paul Jakov Smith, *Taxing Heaven's Storehouse: Horses, Bureaucrats, and the Destruction of the Sichuan Tea Industry, 1074–1224*, Cambridge: Council on East Asian Studies, Harvard University Press, 1991.

Paul Jakov Smith, Richard von Glahn (eds.), *The Song-Yuan-Ming Transition in Chinese History*, Cambridge: Harvard Asian Center, 2003.

Paul Pierson, *Politics in Time: History, Institutions and Social Analysis*, Princeton: Princeton University Press, 2004.

Peter Bol, *"This Culture of Ours": Intellectual Transitions in T'ang and Sung China*, Stanford: Stanford University Press, 1992.

Peter Evans, Dietrich Rueschemeyer and Theda Skocpol (eds.), *Bringing the State Back In*, Cambridge: Cambridge University Press, 1985.

Peter Evans, *Embedded Autonomy: States and Industrial Transformation*, Princeton: Princeton University Press, 1995.

Peter Hall, *Governing the Economy: The Politics of State Intervention in Britain and France*, Oxford: Oxford University Press, 1986.

Peter Hedström, *Dissecting the Social: On the Principles of Analytical Sociology*, Cambridge: Cambridge University Press, 2005.

Peter Katzenstein, *Small States in World Markets: Industrial Policy in Europe*, Ithaca: Cornell University Press, 1985.

Pierre Bourdieu, *In Other Words: Essays Towards a Reflexive Sociology*, Cambridge: Polity Press, 1990.

Pierre Bourdieu, Loïc Wacquant, *An Invitation to Reflexive Sociology*, Chicago: The University of Chicago Press, 1992.

R. Bin Wong, *China Transformed: Historical Change and the Limits of European Experience*, Ithaca: Cornell University Press, 1997.

Randal Collins, *Violence: A Micro-Sociological Theory*, Princeton: Princeton University Press, 2009.

Reinhart Koselleck, *Critique and Crisis: Enlightenment and Pathogenesis of Modern Society*, Boston: The MIT Press, 1988.

Reinhart Koselleck, *Futures Past: On the Semantics of Historical Time: On the Semantics of Historical Time*, trans. Keith Tribe, New York: Columbia University Press, 2004.

Richard Davis, *Court and Family in Sung China, 960 – 1279: Bureaucratic Success and Kinship Fortunes for the Shih of Ming-Chou*, Durham: Duke University Press, 1986.

Richard Rorty, *Objectivity, Relativism, and Truth: Philosophical Papers*, Vol. 1, Cambridge: Cambridge University Press, 1991.

Richard Swedberg (ed.), *Theorizing in Social Science: The Context of Discovery*, Stanford: Stanford University Press, 2014.

Robert Dahl, *Who Governs?: Democracy and Power in an American City*, New Haven: Yale University Press, 1989.

Robert Hymes, *Statesmen and Gentlemen: The Elite of Fu-Chou, Chiang-Hsi, in Northern and Southern Sung*, Cambridge: Cambridge University Press, 1986.

Robin Wagner-Pacifici, *Theorizing the Standoff: Contingency in Action*, Cambridge：Cambridge University Press，2000.

Roger Chartier，*The Cultural Origins of the French Revolution*，trans. Lydia G. Cochrane，Durham：Duke University Press，1990.

Stefan Timmermans，Iddo Tavory，*Data Analysis in Qualitative Research: Theorizing with Abductive Analysis*，Chicago：The University of Chicago Press，2022.

Stephan Leibfried，et al.（eds.），*The Oxford Handbook of the Transformations of the State*，Oxford：Oxford University Press，2015.

Sukhee Lee，*Negotiated Power: The State, Elites, and Local Governance in Twelfth-to Fourteenth-Century China*，Cambridge：Harvard University Asia Center，2014.

Sven Steinmo，Kathleen Thelen and Frank Longstreth（eds.），*Structuring Politics: Historical Institutionalism in Comparative Analysis*，Cambridge：Cambridge University Press，1992.

Talcott Parsons，*The Structure of Social Action*，New York：The Free Press，1968.

Theda Skocpol，*States and Social Revolutions: A Comparative Analysis of France, Russia, and China*，Cambridge：Cambridge University Press，1979.

Thomas DeGloma，*Seeing the Light: The Social Logic of Personal Discovery*，Chicago：The University of Chicago Pres，2014.

Victoria Tin-bor Hui，*War and State Formation in Ancient China and Early Modern Europe*，Cambridge：Cambridge University Press，2005.

Walter Powell，Paul Dimaggio（eds.），*The New Institutionalism in Organizational Analysis*，Chicago：The University of Chicago Press，1991.

Wayne Brekhus，*Peacocks, Chameleons, Centaurs: Gay Suburbia and the Gram-*

mar of Social Identity, Chicago: The University of Chicago Press, 2003.

William H. Sewell, Jr., *Logics of History: Social Theory and Social Transformation*, Chicago: The University of Chicago Press, 2005.

William T. Rowe, *Hankow: Conflict and Community in a Chinese City, 1796 - 1895*, Stanford: Stanford University Press, 1989.

Wolfgang Schluchter (ed.), *Rationalism, Religion, and Domination: A Weberian Perspective*, Berkeley: University of California Press, 1989.

四、英文论文

Alberto Alesina, Paola Giuliano, "Culture and Institutions", *Journal of Economic Literature*, Vol. 53, No. 4, 2015.

Andreas Glaeser, "An Ontology for the Ethnographic Analysis of Social Processes: Extending the Extended-Case Method", *Social Analysis*, Vol. 49, No. 3, 2005.

Andreas Glaeser, "Hermeneutic Institutionalism: Towards a New Synthesis", *Qualitative Sociology*, Vol. 37, 2014.

Andrew Abbott, "Conceptions of Time and Events in Social Science Methods: Causal and Narrative Approaches", *Historical Methods: A Journal of Quantitative and Interdisciplinary History*, Vol. 23, No. 4, 1990.

Andrew Abbott, "Event Sequence and Event Duration: Colligation and Measurement", *Historical Methods: A Journal of Quantitative and Interdisciplinary History*, Vol. 17, No. 4, 1984.

Andrew Abbott, "From Causes to Events: Notes on Narrative Positivism", *Sociological Methods & Research*, Vol. 20, No. 4, 1992.

Andrew Abbott, "Linked Ecologies: States and Universities as Environments for Professions", *Sociological Theory*, Vol. 23, No. 3, 2005.

Andrew Abbott, "Sequence Analysis: New Methods for Old Ideas", *Annual Review of Sociology*, Vol. 21, 1995.

Andrew Abbott, "The Order of Professionalization: An Empirical Analysis", *Work and Occupations*, Vol. 18, No. 4, 1991.

Andrew Abbott, Alexandra Hrycak, "Measuring Resemblance in Sequence Data: An Optimal Matching Analysis of Musicians' Careers", *American Journal of Sociology*, Vol. 96, No. 1, 1990.

Andrew Abbott, Angela Tsay, "Sequence Analysis and Optimal Matching Methods in Sociology: Review and Prospect", *Sociological Methods & Research*, Vol. 29, No. 1, 2000.

Ann Swidler, "Culture in Action: Symbols and Strategies", *American Sociological Review*, Vol. 51, No. 2, 1986.

Anna Grzymala-Busse, "Time Will Tell? Temporality and the Analysis of Causal Mechanisms and Processes", *Comparative Political Studies*, Vol. 44, No. 9, 2010.

Arend Lijphart, "The Comparable-Cases Strategy in Comparative Research", *Comparative Political Studies*, Vol. 8, No. 2, 1975.

C. Wright Mills, "Situated Actions and Vocabularies of Motives", *American Sociological Review*, Vol. 5, No. 6, 1940.

Carl Hempel, Paul Oppenheim, "Studies in the Logic of Explanation", *Philosophy of Science*, Vol. 15, No. 2, 1948.

Carly R. Knight, Isaac A. Reed, "Meaning and Modularity: The Multivalence of 'Mechanism' in Sociological Explanation", *Sociological Theory*, Vol. 37, No. 3, 2019.

Charles Hartman, "Zhu Xi and His World", *Journal of Song-Yuan Studies*, No. 36,

2006.

Dan Slater, Daniel Ziblatt, "The Enduring Indispensability of the Controlled Comparison", *Comparative Political Studies*, Vol. 46, No. 10, 2013.

Dan Slater, Erica Simmons, "Informative Regress: Critical Antecedents in Comparative Politics", *Comparative Political Studies*, Vol. 43, No. 7, 2010.

Daniel A. McFarland, "Resistance as a Social Drama: A Study of Change-Oriented Encounters", *American Journal of Sociology*, Vol. 109, No. 6, 2004.

Daniel Hirschman, "Transitional Temporality", *Sociological Theory*, Vol. 39, No. 1, 2001.

Daniel Hirschman, Isaac A. Reed, "Formation Stories and Causality in Sociology", *Sociological Theory*, Vol. 32, No. 4, 2014.

Daniel Ziblatt, "Of Course Generalize, But How? Returning to Middle Range Theory in Comparative Politics", *American Political Science Association-Comparative Politics Newsletter*, Vol. 17, No. 2, 2006.

David Collier, Gerardo L. Munck and Sidney Tarrow, et al., "Symposium on Critical Junctures and Historical Legacies", *Qualitative and Multi-Method Research*, Vol. 15, No. 1, 2017.

David Diehl, Daniel McFarland, "Toward a Historical Sociology of Social Situations", *American Journal of Sociology*, Vol. 115, No. 6, 2010.

David Easton, "The Political System Besieged by the State", *Political Theory*, Vol. 9, No. 3, 1981.

David R. Gibson, "Avoiding Catastrophe: The Interactional Production of Possibility during the Cuban Missile Crisis", *American Journal of Sociology*, Vol. 117, No. 2, 2011.

Desmond King, Robert Lieberman, "Ironies of State Building: A Comparative Perspective on the American State", *World Politics*, Vol. 61, No. 3, 2009.

Diane Vaughan, "Theorizing Disaster: Analogy, Historical Ethnography, and the Challenger Accident", *Ethnography*, Vol. 5, No. 3, 2004.

Donald Davidson, "Actions, Reasons, and Causes", *The Journal of Philosophy*, Vol. 60, No. 23, 1963.

Douglas W. Maynard, Steven E. Clayman, "The Diversity of Ethnomethodology", *Annual Review of Sociology*, Vol. 17, 1991.

Duncan Watts, "Common Sense and Sociological Explanations", *American Journal of Sociology*, Vol. 120, No. 2, 2014.

Edgar Kiser, "Markets and Hierarchies in Early Modern Tax Systems: A Principal-Agent Analysis", *Politics and Society*, Vol. 22, No. 3, 1994.

Edgar Kiser, Michael Hechter, "The Debate on Historical Sociology: Rational Choice Theory and Its Critics", *American Journal of Sociology*, Vol. 104, No. 3, 1998.

Edgar Kiser, Yong Cai, "War and Bureaucratization in Qin China: Exploring an Anomalous Case", *American Sociological Review*, Vol. 68, No. 4, 2003.

Elisabeth Clemens, "Toward a Historicized Sociology: Theorizing Events, Processes, and Emergence", *Annual Review of Sociology*, Vol. 33, 2007.

Elisabeth Clemens, James Cook, "Politics and Institutionalism: Explaining Durability and Change", *Annual Review of Sociology*, Vol. 25, 1999.

Elisabeth Clemens. "Organizing Powers in Eventful Times", *Social Science History*, Vol. 39, No. 1, 2015.

Elizabeth Perry, "Review of Skocpol's *States and Social Revolutions*", *Journal of Asian Studies*, Vol. 39, No. 3, 1980.

Emanuel A. Schegloff, "Repair after Next Turn: The Last Structurally Provided

Defense of Intersubjectivity in Conversation", *American Journal of Sociology*, Vol. 97, No. 5, 1992.

Evan Lieberman, "Nested Analysis as a Mixed-Method Strategy for Comparative Research", *American Political Science Review* , Vol. 99, No. 3, 2005.

George Steinmetz, "Critical Realism and Historical Sociology: A Review Article", *Comparative Studies in Society and History*, Vol. 40, No. 1, 1998.

Giovanni Capoccia, R. Daniel Kelemen, "The Study of Critical Junctures: Theory, Narrative, and Counterfactuals in Historical Institutionalism", *World Politics*, Vol. 59, No. 3, 2007.

Gregory Mitchell, "Case Studies, Counterfactuals, and Causal Explanations", *University of Pennsylvania Law Review*, Vol. 152, No. 5, 2004.

Henry A. Walker, Bernard P. Cohen, "Scope Statements: Imperatives for Evaluating Theory", *American Sociological Review*, Vol. 50, No. 3, 1985.

Hillel David Soifer, "The Causal Logic of Critical Junctures", *Comparative Political Studies*, Vol. 45, No. 12, 2012.

Iddo Tavory, "Between Situations: Anticipation, Rhythms, and the Theory of Interaction", *Sociological Theory*, Vol. 36, No. 2, 2018.

Iddo Tavory, "Of Yarmulkes and Categories: Delegating Boundaries and the Phenomenology of Interactional Expectation", *Theory and Society*, Vol. 39, No. 1, 2010.

Iddo Tavory, Nina Eliasoph, "Coordinating Futures: Toward a Theory of Anticipation", *American Journal of Sociology*, Vol. 118, No. 4, 2013.

Iddo Tavory, Stefan Timmermans, "A Pragmatist Approach to Causality in Ethnography", *American Journal of Sociology*, Vol. 119, No. 3, 2013.

Isaac A. Reed, "Agency, Alterity and the King's Two Bodies", Unpublished Lecture Paper Given at Department of Sociology, Tsinghua University, December 12, 2020.

Isaac A. Reed, "Between Structural Breakdown and Crisis Action: Interpretation in Whiskey Rebellion and the Salem Witch Trials", *Critical Historical Studies*, Vol. 3, No. 1, 2016.

Isaac A. Reed, "Chains of Power and Their Representation", *Sociological Theory*, Vol. 35, No. 2, 2017.

Isaac A. Reed, "Deep Culture in Action: Resignification, Synecdoche, and Meta-narrative in the Moral Panic of the Salem Witch Trials", *Theory and Society*, Vol. 44, No. 1, 2015.

Isaac A. Reed, "Ethnography, Theory, and Sociology as a Human Science: An Interlocution", *Ethnography*, Vol. 18, No. 1, 2017.

Isaac A. Reed, "Power: Relational, Discursive, and Performative Dimensions", *Sociological Theory*, Vol. 31, No. 3, 2013.

Ivan Ermakoff, "Causality and History: Modes of Causal Investigation in Historical Social Science", *Annual Review of Sociology*, Vol. 45, 2019.

Ivan Ermakoff, "Motives and Alignments: Response to Kimeldorf's, Adut's, and Hall's Comments on Ruling Oneself Out", *Social Science History*, Vol. 34, No. 1, 2010.

Ivan Ermakoff, "The Structure of Contingency", *American Journal of Sociology*, Vol. 121, No. 1, 2015.

Ivan Ermakoff, "Theory of Practice, Rational Choice, and Historical Change", *Theory and Society*, Vol. 39, No. 5, 2010.

J. P. Nettl, "The State as a Conceptual Variable", *World Politics*, Vol. 20, No. 4, 1968.

Jack Katz, "From How to Why: On Luminous Description and Causal Inference in Ethnography (Part I)", *Ethnography*, Vol. 2, No. 4, 2001.

Jacob Hacker, "Privatizing Risk without Privatizing the Welfare State: The Hidden Politics of Social Policy Retrenchment in the United States", *American Political Science Review*, Vol. 98, No. 2, 2004.

James Coleman, "Social Theory, Social Research and a Theory of Action", *American Journal of Sociology*, Vol. 91, No. 6, 1986.

James Johnson, "Consequences of Positivism: A Pragmatist Assessment", *Comparative Political Studies*, Vol. 39, No. 2, 2006.

James Mahoney, "After KKV: The New Methodology of Qualitative Research", *World Politics*, Vol. 62, No. 1, 2010.

James Mahoney, "Beyond Correlational Analysis: Recent Innovations in Theory and Method", *Sociological Forum*, Vol. 16, No. 3, 2001.

James Mahoney, "Path Dependence in Historical Sociology", *Theory and Society*, Vol. 29, No. 4, 2000.

James Mahoney, "Toward a Unified Theory of Causality", *Comparative Political Studies*, Vol. 41, No. 4-5, 2008.

Jan Fuhse, "How Can Theories Represent Social Phenomena?", *Sociological Theory*, Vol. 40, No. 2, 2022.

Jeffrey C. Alexander, "Cultural Pragmatics: Social Performance between Ritual and Strategy", *Sociological Theory*, Vol. 22, No. 4, 2004.

Jeffrey Haydu, "Making Use of the Past: Time Periods as Cases to Compare and as Sequences of Problem Solving", *American Journal of Sociology*, Vol. 104, No. 2, 1998.

John Dewey, "The Reflex Arc Concept in Psychology", *Psychological Review*,

Vol. 3, No. 4, 1896.

John Downer, "'737-Cabriolet': The Limits of Knowledge and the Sociology of Inevitable Failure", *American Journal of Sociology*, Vol. 117, No. 3, 2011.

John Gerring, "Mere Description", *British Journal of Political Science*, Vol. 42, No. 4, 2012.

John Meyer, Ronald Jepperson, "The 'Actors' of Modern Society: The Cultural Construction of Social Agency", *Sociological Theory*, Vol. 18, No. 1, 2000.

Jonathan R. Wynn, "On the Sociology of Occasions", *Sociological Theory*, Vol. 34, No. 3, 2016.

Jørgen Møller, "Composite and Loose Concepts, Historical Analogies, and the Logic of Control in Comparative Historical Analysis", *Sociological Methods & Research*, Vol. 45, No. 4, 2016.

Josh Whitford, "Pragmatism and the Untenable Dualism of Means and Ends: Why Rational Choice Theory Does Not Deserve Paradigmatic Privilege", *Theory and Society*, Vol. 31, No. 3, 2002.

Julian Reiss, "A Pragmatist Theory of Evidence", *Philosophy of Science*, Vol. 82, No. 3, 2015.

Karl E. Weick, "What Theory Is Not, Theorizing Is", *Administrative Science Quarterly*, Vol. 40, No. 3, 1995.

Kellee S. Tsai, "Adaptive Informal Institutions and Endogenous Institutional Change in China", *World Politics*, Vol. 59, No. 1, 2006.

Kevin Fox Gotham, William G. Staples, "Narrative Analysis and the New Historical Sociology", *The Sociological Quarterly*, Vol. 37, No. 3, 1996.

Lily L. Tsai, "Bringing in China: Insights for Building Comparative Political Theory", *Comparative Political Studies*, Vol. 50, No. 3, 2016.

Lisa Wedeen, "Conceptualizing Culture: Possibilities for Political Science", *American Political Science Review*, Vol. 96, No. 4, 2002.

Loïc Wacquant, "Scrutinizing the Street: Poverty, Morality, and the Pitfalls of Urban Ethnography", *American Journal of Sociology*, Vol. 107, No. 6, 2002.

Loïc Wacquant, "The Pugilistic Point of View: How Boxers Think and Feel about Their Trade", *Theory and Society*, Vol. 24, No. 4, 1995.

Marc W. Steinberg, "The Talk and Back Talk of Collective Action: A Dialogic Analysis of Repertoires of Discourse among Nineteenth-Century English Cotton Spinners", *American Journal of Sociology*, Vol. 105, No. 3, 1999.

Margaret Somers, "Symposium on Historical Sociology and Rational Choice Theory 'We're No Angels': Realism, Rational Choice, and Relationality in Social Science", *American Journal of Sociology*, Vol. 104, No. 3, 1998.

Margaret Somers, "The Narrative Constitution of Identity: A Relational and Network Approach", *Theory and Society*, Vol. 23, No. 5, 1994.

Mario Luis Small, "'How Many Cases Do I Need?' On Science and the Logic of Case Selection in Field-Based Research", *Ethnography*, Vol. 10, No. 1, 2009.

Mario Luis Small, "Causal Thinking and Ethnographic Research", *American Journal of Sociology*, Vol. 119, No. 3, 2013.

Mario Luis Small, David J. Harding and Michèle Lamont, "Introduction: Reconsidering Culture and Poverty", *The Annals of the American Academy of Political and Social Science*, Vol. 629, No. 1, 2010.

Mark Traugott, "Determinants of Political Orientation: Class and Organization in the Parisian Insurrection of June 1848", *American Journal of Sociology*, Vol. 86, No. 1, 1980.

Martin Jay, "Historical Explanation and the Event: Reflections on the Limits of

Contextualization", *New Literary History*, Vol. 42, No. 4, 2011.

Mary E. Pattillo, "Sweet Mothers and Gangbangers: Managing Crime in a Black Middle-Class Neighborhood", *Social Forces*, Vol. 76, No. 3, 1998.

Matthew Norton, "Classification and Coercion: The Destruction of Piracy in the English Maritime System", *American Journal of Sociology*, Vol. 119, No. 6, 2014.

Matthew Norton, "Mechanisms and Meaning Structures", *Sociological Theory*, Vol. 32, No. 2, 2014.

Meg E. Rithmire, "China's 'New Regionalism': Subnational Analysis in Chinese Political Economy", *World Politics*, Vol. 66, No. 1, 2014.

Melvin Pollner, "Left of Ethnomethodology: The Rise and Decline of Radical Reflexivity", *American Sociological Review*, Vol. 56, No. 3, 1991.

Michael Armato, Neal Caren, "Mobilizing the Single-Case Study: Doug McAdam's Political Process and the Development of Black Insurgency, 1930 - 1970", *Qualitative Sociology*, Vol. 25, No. 1, 2002.

Michael Burawoy, "Revisits: An Outline of a Theory of Reflexive Ethnography", *American Sociological Review*, Vol. 68, No. 5, 2003.

Michael Burawoy, "The Extended Case Method", *Sociological Theory*, Vol. 16, No. 1, 1998.

Michael L. Schwalbe, "Mead among the Cognitivists: Roles as Performance Imagery", *Journal for the Theory of Social Behaviour*, Vol. 17, No. 2, 1987.

Michael Mann, "The Autonomous Power of the State: Its Origins, Mechanisms and Results", *European Journal of Sociology*, Vol. 25, No. 2, 1984.

Michael Strand, Omar Lizardo, "Beyond World Images: Belief as Embodied Action in the World", *Sociological Theory*, Vol. 33, No. 1, 2015.

Mustafa Emirbayer, "Manifesto for a Relational Sociology", *American Journal of Sociology*, Vol. 103, No. 2, 1997.

Mustafa Emirbayer, Ann Mische, "What Is Agency?", *American Journal of Sociology*, Vol. 103, No. 4, 1998.

Nancy Ammerman, "Rethinking Religion: Toward a Practice Approach", *American Journal of Sociology*, Vol. 126, No. 1, 2020.

Neil Gross, "A Pragmatist Theory of Social Mechanisms", *American Sociological Review*, Vol. 74, No. 3, 2009.

Nina Eliasoph, Paul Lichterman, "Culture in Interaction", *American Journal of Sociology*, Vol. 108, No. 4, 2003.

Patricia Ewick, Susan S. Silbey, "Narrating Social Structure: Stories of Resistance to Legal Authority", *American Journal of Sociology*, Vol. 108, No. 6, 2003.

Patricia Ewick, Susan S. Silbey, "Subversive Stories and Hegemonic Tales: Toward a Sociology of Narrative", *Law & Society Review*, Vol. 29, No. 2, 1995.

Patricia Paperman, "Surveillance Underground: The Uniform as an Interaction Device", *Ethnography*, Vol. 4, No. 3, 2003.

Paul Lichterman, "Religion and the Construction of Civic Identity", *American Sociological Review*, Vol. 73, No. 1, 2008.

Paul Lichterman, Isaac A. Reed, "Theory and Contrastive Explanation in Ethnography", *Sociological Methods and Research*, Vol. 44, No. 4, 2014.

Paul Lichterman, Nina Eliasoph, "Civic Action", *American Journal of Sociology*, Vol. 120, No. 3, 2014.

Peter Hall, "Policy Paradigms, Social Learning, and the State: The Case of Economic Policymaking in Britain", *Comparative Politics*, Vol. 25, No. 3, 1993.

Peter Hall, Rosemary Taylor, "Political Science and the Three New Institutionalisms", *Political Studies*, Vol. 44, No. 5, 1996.

Peter Hedström, Petri Ylikoski, "Causal Mechanisms in the Social Sciences", *Annual Review of Sociology*, Vol. 36, 2010.

Philip E. Tetlock, Richard Ned Lebow, "Poking Counterfactual Holes in Covering Laws: Cognitive Styles and Historical Reasoning", *American Political Science Review*, Vol. 95, No. 4, 2001.

Philip Gorski, "Social 'Mechanisms' and Comparative-Historical Sociology: A Critical Realist Proposal", *Frontiers of Sociology*, 2009.

Philip Gorski, "The Poverty of Deductivism: A Constructive Realist Model of Sociological Explanation", *Sociological Methodology*, Vol. 34, No. 1, 2004.

Pierre Bourdieu, "The Scholastic Point of View", *Cultural Anthropology*, Vol. 5, No. 4, 1990.

Randal Collins, "Emotional Dynamics and Emotional Domination Drive the Microtrajectory of Moments of Collective Contingency: Comment on Ermakoff", *American Journal of Sociology*, Vol. 123, No. 1, 2017.

Richard A. Hilbert, "Ethnomethodology and the Micro-Macro Order", *American Sociological Review*, Vol. 55, No. 6, 1990.

Richard Locke, Kathleen Thelen, "Apples and Oranges Revisited: Contextualized Comparison and the Study of Comparative Labor Politics", *Politics and Society*, Vol. 23, No. 3, 1995.

Richard Ned Lebow, "What's So Different about a Counterfactual?", *World Politics*, Vol. 53, No. 4, 2000.

Richard Swedberg, "Theorizing in Sociology and Social Science: Turning to the Context of Discovery", *Theory and Society*, Vol. 41, No. 1, 2012.

Richard W. Wilson, "The Many Voices of Political Culture: Assessing Different Approaches", *World Politics*, Vol. 52, No. 2, 2000.

Robert Bates, Avner Greif and Margaret Levi, et al., "Analytic Narratives Revisited", *Social Science History*, Vol. 24, No. 4, 2000.

Robert Hartwell, "Demographic, Political, and Social Transformations of China, 750-1550", *Harvard Journal of Asiatic Studies*, Vol. 42, No. 2, 1982.

Robert Lieberman, "Ideas, Institutions, and Political Order: Explaining Political Change", *American Political Science Review*, Vol. 96, No. 4, 2002.

Robin Wagner-Pacifici, "Theorizing the Restlessness of Events", *American Journal of Sociology*, Vol. 115, No. 5, 2010.

Roger V. Gould, "Patron-Client Ties, State Centralization, and the Whiskey Rebellion", American Journal of Sociology, Vol. 102, No. 2, 1996.

Rogers Brubaker, Frederick Cooper, "Beyond 'Identity'", *Theory and Society*, Vol. 29, No. 1, 2000.

Ronald Jepperson, John Meyer, "Multiple Levels of Analysis and the Limitations of Methodological Individualisms", *Sociological Theory*, Vol. 29, No. 1, 2011.

Scott Frickel, Neil Gross, "A General Theory of Scientific/Intellectual Movements", *American Sociological Reviews*, Vol. 70, No. 2, 2005.

Song Chen, "The State, the Gentry and Local Institutions: The Song Dynasty and Long-Term Trends from Tang to Qing", *Journal of Chinese History*, Vol. 1, No. 1, 2017.

Stefan Timmermans, Iddo Tavory, "Racist Encounters: A Pragmatist Semiotic Analysis of Interaction", *Sociological Theory*, Vol. 38, No. 4, 2020.

Stefan Timmermans, Iddo Tavory, "Theory Construction in Qualitative Research: From Grounded Theory to Abductive Analysis", *Sociological Theory*,

Vol. 30, No. 3, 2012.

Stephen D. Krasner, "Approaches to the State: Alternative Conceptions and Historical Dynamics", *Comparative Politics*, Vol. 16, No. 2, 1984.

Steven Hitlin, Glen H. Elder, Jr., "Time, Self, and the Curiously Abstract Concept of Agency", *Sociological Theory*, Vol. 25, No. 2, 2007.

Steven Shapin, "Here and Everywhere: Sociology of Scientific Knowledge", *Annual Review of Sociology*, Vol. 21, 1995.

Talcott Parsons, "The Role of Ideas in Social Action", *American Sociological Review*, Vol. 3, No. 5, 1938.

Thomas M. Alexander, "Pragmatic Imagination", *Transactions of the Charles S. Peirce Society*, Vol. 26, No. 3, 1990.

Timothy Mitchell, "The Limits of the State: Beyond Statist Approaches and Their Critics", *The American Political Science Review*, Vol. 85, No. 1, 1991.

Tulia G. Falleti, Julia Lynch, "Context and Causal Mechanisms in Political Analysis", *Comparative Political Studies*, Vol. 42, No. 9, 2009.

Tuong Vu, "Studying the State through State Formation", *World Politics*, Vol. 62, No. 1, 2010.

William H. Sewell, Jr., "Ideologies and Social Revolutions: Reflections on the French Case", *Journal of Modern History*, Vol. 57, No. 1, 1985.

William Julius Wilson, Anmol Chaddha, "The Role of Theory in Ethnographic Research", *Ethnography*, Vol. 10, No. 4, 2009.

Xiaohong Xu, "Dialogic Struggle in the Becoming of the Cultural Revolution: Between Elite Conflict and Mass Mobilization", *Critical Historical Studies*, Vol. 4, No. 2, 2017.

Xiaohong Xu, Isaac A. Reed, "Modernity and the Politics of Newness: Unraveling New Time in the Chinese Cultural Revolution, 1966 to 1968", *Sociological Theory*, Vol. 41, No. 3, 2023.

Yinan Luo, "Aligning Ontology and Historical Narrative: Reflections on the New Policies in Anglophone and Chinese Scholarship", *Journal of Song-Yuan Studies*, Vol. 50, 2021.

Yinan Luo, "Re-Examining Theories on Factionalism in the Maoist Period: The Case of the Lushan Conference of 1959", *Modern China*, Vol. 48, No. 2, 2022.